ネットと愛国

安田浩一

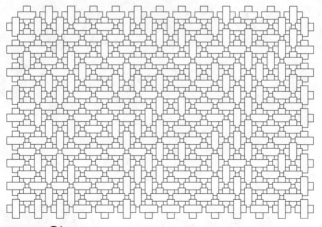

講談社＋α文庫
プラスアルファ

プロローグ

　環状線鶴橋《つるはし》駅（大阪市生野《いくの》区）の改札を出て、迷路のように入り組んだ路地裏に足を進めると、そこには「戦後」の風景が生き延《の》びていた。終戦直後の闇市を発祥とする商店街には、キムチ、惣菜、チマチョゴリなどの衣料品を売る気取りのない店が軒を連《つら》ね、どこからともなく漂う焼肉の甘辛い香りが鼻腔をくすぐる。

　鶴橋は日本最大のコリアンタウンだ。

　歴史は古い。1910年代から始まった平野川開削工事に伴い、周辺に朝鮮人労働者が集められた。その後、済州島《チェジュド》と大阪が定期航路で結ばれると、さらに多くの朝鮮人が定着する。終戦直後、鶴橋駅前で朝鮮人露天商を中心に闇市が形成され、コリアンタウンの原型がつくられる。現在、鶴橋を抱える生野区では、人口の4人に1人が在日コリアンだという。

雑然とした路地を進む。ソウルの市場を歩いているような気分だった。ハングル文字の看板が目立つ。日本語と韓国語の入り混じった「在日語」の会話が耳に飛び込む。カラフルなチマチョゴリが並べられた商店をのぞき、屋台のチヂミを頬張った。薄暗いアーケードを抜け、再び鶴橋駅前のガード下に戻る。

風景が微妙に変化していた。

耳にイヤホンを当てた、誰が見ても公安刑事とわかる男たちが、あちらこちらで鋭い視線を飛ばしていた。駅を背にして東西に伸びる千日前通りには、数台のパトカーが横付けされている。そのうちに制服警官が各所に配置された。張り詰めた空気が漂う。

周囲を見回す。遠くから日の丸を手にした集団が近づいてくるのが見えた。集団の前後左右は制服警官に取り囲まれている。

晩秋の日曜日。地元の人間だけではなく、韓流ブームの主役たる中年女性たちが、「身近な異文化」を楽しむために闊歩《かっぽ》する姿も目立った。コリアンタウンは大勢の人で賑わっている。

そうした空間に突然、数十人の日の丸集団が現れた。集団は駅前のガード下に立ち位置を定めると、大型のトラメガ（トランジスタメガホン＝拡声器）を路上に置いて街頭宣伝の準備を始めた。音量のチェックをしているのだろう。キーンという耳障りなハウリング音が環状線のガードに反響する。それが妙に私の気持ちをザラつかせた。

コリアンタウンで、幾本もの日の丸が風に揺れる。

駅前を行きかう人々が好奇の目を向ける。何者なのか、何をするつもりなのか。値踏みするかのように集団を見つめ、そして結局、首を傾げて通りすぎる。

日の丸を掲げているのは一見、「右翼」というパッケージには程遠い連中である。周囲を威圧するかのように睨《にら》みを利《き》かすコワモテが1人、2人いないわけではないが、彼らの多くは、スーツ姿のサラリーマン風であったり、おとなしそうなオタク風の若者であったり、ジーンズ姿やOL風の若い女性であったり、あるいはくたびれた感じの初老の男性であったりと、服装も雰囲気も年代も、まるでまとまりがない。

しかし、この日集まった一人ひとりの生真面目な表情からは、なにか切実なものを感じないわけにはいかなかった。「敵地」に乗り込んだかのような、ピリピリした雰囲気が伝わってくる。緊張した面持ちで周囲を警戒する者も目立つ。林立する日章旗の下、排他と団結が賑《にぎ》やかに共存していた。

この集団――「在日特権を許さない市民の会」（在特会）のメンバーと、その支持者たちである。

在特会は、「在日コリアンをはじめとする外国人が」「日本で不当な権利を得ている」と訴えることで勢力を広げてきた右派系市民団体だ。インターネットの掲示板などで〝同志〟を募り、ネット上での簡単な登録ながらも会員数は1万1000人を超える。朝鮮学校授業料無償化反対、外国籍住民への生活保護支給反対、不法入国者追放、あるいは核兵器推進など、右派的なスローガンを掲げて全国各地で連日デモや集会を繰り広げている。

この日も、彼ら彼女らは、在日コリアンへの生活保護支給反対を訴えるため、あえてこの鶴橋を街頭宣伝の場所に選んだのであった。

リーダー格の青年がマイクを手にした。

「みなさん、こちらは在日特権を許さない市民の会です！」

トラメガを通して、その声は路地裏まで響き渡った。

「本日は、この鶴橋において、在日朝鮮人の生活保護の問題について街宣したいと思います」

千日前通りを歩く人々の一部が足を止めた。マイクを手にした青年は穏やかな表情をしている。だが、紳士的な言葉遣《づか》いは冒頭だけだった。

「大阪ではね、1万人を超える外国人が生活保護でエサ食うとるんですよ。生活保護でエサ食うとるチョンコ、文句あったら出て来い！」

集団がいっせいに「そうだ！」「出て来い！」「チョンコ、いるのか！」と合いの手を入れる。

演説というよりは挑発である。ガード下を奇妙な高揚感が渦巻いた。

集団の叫び声がコンクリートの壁に反響し、周囲の波長を乱して滞留する。行き場をなくしたかのような熱気が、全体のボルテージを高めていた。だからこそ彼らの言葉は鋭いトゲと毒を伴い、聞き耳を立てる者に容赦なく突き刺さる。野次馬も、朝鮮人の蔑称《べっしょう》である「チョンコ」の連発には、さすがに顔をしかめ、なにか見てはいけないものを見てしまったときのようなバツの悪い表情を浮かべながら、逃げるようにその場を去っていく。

青年は演説を続けた。

「チョンコどもは、厚かましく生活保護を申請するんです。なんで外人に生活保護支給しなくちゃならないんですか。いいですか、みなさん、日本では一年間に3万人が自殺しています。その多くが生活苦で自殺してるんですよ。日本人がね、生活が苦しくて死んでいる状況で、大阪では1万人の外人が生活保護もらってるんです。だったらせめてチョンコは日本人に感謝せえよ！　強制連行で連れてこられただのなんだの、日本に対して謝罪や賠償ばかり求めているのが朝鮮人じゃないですか。オマエたちに民族としての誇りはないんか？　祖国に戻って生活保護をもらえ！　日本人からエサもらいたかったら、日本に感謝しろ！」

次にマイクを持ったスーツ姿の男性は、さらに激しいアジテーションをぶつけた。彼は生活保護の問題にはさらりと触れただけで、拉致問題に矛先を向けた。

「何百人も北朝鮮に拉致されたんですよ、日本人が！　外人がね、いきなり日本に入ってきて拉致なんかできますか？　日本で手を引いたチョンコと反日日本人がおるんですよ。だから何百人もやられたんだ！　こいつらね、ぶち殺さないとあかんのです！　怒れ、日本人！　立ち上がれ、日本人！　聞いてるか、こら、チョンコ！」

そうだあ、そうだあ、とひときわカン高い声で合いの手を入れていたのは、ひざ上丈のスカートに、薄手のカーディガンを羽織った若い女性だった。仕事帰りにそのまま駆けつけたOLといった感じの地味な佇《たたず》まいは、顔立ちが整っているだけに、街宣参加者のなかでもひときわ異彩を放っている。その彼女もまた、マイクを握ると憎悪に満ち満ちた言葉を繰り出した。

「在日朝鮮人は強制連行だなんだと、いまだにわけのわからないことを言ってます。謝罪だ、賠償だと騒いでいる！　日本人は在日にバカにされているんです！　そんなに日本が嫌いならば、在日は祖国に帰ってください！　ウソまでついて、そんなにお金が欲しいのですか、在日は！」

鶴橋は在特会言うところの「在日の聖地」である。余所者《よそもの》からこれだけ痛罵を浴びせられれば地元住民から何らかのリアクションがあってもおかしくない。ジャーナリストであれば誰もが予想するであろうハプニングや混乱を、私が期待していなかったといったらウソになる。だが、大きな混乱は起きなかった。ときおり野次を飛ばす者がいないこともなかったが、在特会側から「こっち来い、チョンコ！」「やるのか、こらあ！」といった罵声が返されるだけだった。

「文句のあるチョンコは、かかってこい！」。警察官にガードされながら挑発を繰り返す者たちを目で追いながら、それ以上、私は取材を続ける気力がなくなっていた。なんだか無性にタバコが吸いたかった。歴史認識の問題でもなく、あるいは言葉遣いの問題でもなく、なにかこのヒリヒリと痛痒《いたがゆ》くまとわりつく空気から逃れたかったのだ。

それまで私は何度も在特会の街宣を見てきた。全国各地でおこなわれたデモや集会に足を運んだ。どこにおいても同じような光景が繰り返された。しかしどれだけ取材に通っても、在特会が発散する独特の雰囲気に、私は慣れることができない。

私は、古びた商店がひしめく路地の奥に足を進めていた。

「チョンコ！」「朝鮮人！」。路地裏にまで容赦なくトラメガの音が響く。チッと舌打ちしながらさらに奥へ逃れようとする私の視界に、その光景は唐突に飛び込んできた。

それは何かに打ちひしがれたように、うなだれて座り込む、老人たちの姿だった。

韓国食材店の前に並べられた丸椅子に腰をおろした年寄りたちは、背を丸め、ひざの上で両手を組み、嫌でも流れ込んでくる大音量の罵声に、じっと耐えていた。誰もが押し黙っていた。

「チョンコどもに、なんで日本人の税金を使われなくちゃならないんですか！　とっとと祖国に帰れっ！」「帰れーっ！」

薄暗い路地に、ヒステリックな声が響き渡る。年寄りたちは微動だにしなかった。嵐がすぎ去るのをじっと待っているようだった。

この人々の「戦後」が、いまここで全否定されているのである。

ここで生まれ、ここで育ったのであろう。そしておそらくは、ここで死んでいく。耳を塞《ふさ》いで逃げ帰ろうとした私とは違う。この人たちには、どこにも逃げ場などない。こうしてじっと、罵声に耳を傾けていくしかない。

やりきれなかった。

怒りなのか、絶望なのか、年寄り以外の者たちも、押し黙ったまま、下を向いていた。

だが、もっとやりきれなかったのは、再びガード下に戻ったとき、街宣参加者のなかに、まだ21歳になったばかりの、顔なじみの青年の姿を発見したことである。ときおり個別に取材に応じてくれた彼のことはよく知っている。在特会の幹部でもある。何度か一緒に酒を飲み、焼肉をつついた。彼自身は日本国籍だが、彼の亡くなった祖父は在日韓国人だった。鶴橋には多くの親戚が住んでいるのだと話していたことがある。その彼が、他の参加者とともに拳を振り上げていた。朝鮮人は出ていけと叫んでいたのである。

私と目が合った彼は、人懐っこい笑顔を見せて軽く会釈した。憎めない笑顔だった。なぜこうも、屈託のない表情を見せることができるのだろう。なぜ、在日にルーツを持つ彼が、在日排斥の過激な運動に参加しているのだろう。キムチ屋の前でうなだれる老婆と、無邪気に拳を振り上げる彼との間に横たわる「距離」を思った。

その晩、私は在特会から「敵」だと認知されている朝鮮学校のOBたちと鍋を囲んだ。彼らの母校である京都朝鮮第一初級学校（日本の小学校に相当）は、２００９年12月に在特会から授業妨害などの嫌がらせを受けた。学校を守るために駆けつけた彼らは、在特会のメンバーらから「朝鮮人はウンコでも食っとけ」などと罵られている。

彼らは私に聞いてきた。なぜ、在特会は我々を攻撃するのか――と。

私は「まだ、よくわからない」と答えた。本音だ。どれだけ取材を重ねても、納得できる答えを得ることができない。

在特会メンバーの一人ひとりは、どんな人間なのかとも聞かれた。

これに対しても、私は正直に答えた。

「活動の場を離れれば、普通の人たちですよ。いろんなことに悩んだり、喜んだり……。要するに僕と同じです」

OB連中はとくに意外な顔を見せることもなく、「まあ、そうやろな」と相槌《あいづち》を打った。

「一緒に酒飲んでみたいな、在特会の兄ちゃんたちと」と一人が言い、「無理やろ、ウチら朝鮮人やし」と誰かが返した。

在特会という存在が不快ではないのかと私は訊ねた。するとリーダー格の青年が、独り言のようにつぶやいた。

「不快に決まっている。でも、朝鮮人がバカにされるのは、いまに始まったことじゃないしな。それに、あの人たちだって、楽しくてしかたないって人生を送ってるわけじゃないんやろ？　そりゃあ腹も立つけど、なんだか痛々しくて、少なくとも幸せそうには見えないなあ」

彼は鍋のなかで菜ばしをぐるぐる回しながら、ふうとため息を漏らす。

どう答えていいのか、私にはわからなかった。知っている限りの、一人ひとりの「愛国者」の顔を私は思い浮かべる。おとなしそうな若者ばかりだ。

理不尽で、荒々しい力で、彼らを駆り立ててやまないものは何なのか。彼らが口にする憎悪の源には何があるのか。いったい彼らは、かくも過激な在特会の活動の、どこに魅了されているのか。

在特会の取材を始めてから、何度となく繰り返されてきた情景を反芻《はんすう》する。日の丸の群れ、集団の熱狂、耳を塞ぎたくなるような罵り言葉。そこにはおそらく、彼らをぐいっと引き寄せるだけの論理があるはずだ。

しかし、いつまでたっても消えることのない疑問が頭のなかを駆け巡る。

そもそも、いったい何を目的に闘っているのか。いったい誰と闘っているのか。

相槌の代わりに、私もまた、ため息を漏らすしかなかった。

目次

ネットと愛国

文中敬称略

1 在特会の誕生

過激な〝市民団体〟を率いる謎のリーダー・桜井誠の半生

2両編成の筑豊《ちくほう》電鉄は起点の黒崎駅前駅（北九州市）を出ると、じきに洞海湾《どうかいわん》に面した工業地帯と並行するように走り、途中で南に大きくそれて筑豊方面へ向かう。車窓越しに見えるのは、低い山並みと住宅地からなる退屈な風景だけだ。停車するたびに「チン、チン」と小さく響く鐘の音が眠気を誘う。

無人駅をいくつかやり過ごし、中間《なかま》市に入ったあたりで下車すると、駅前から伸びる緩くて長い坂道の両脇に、戸建ての住宅街が広がっていた。かつては炭鉱町として栄えたというが、往時の面影はすでにない。

近くに住む古老によれば、この一帯は旧大辻《おおつじ》炭鉱の跡地だという。大辻炭鉱は、麻生家、安川家と並んで筑豊御三家の一つに数えられる貝島家が経営していた大規模炭鉱だった。創業者の貝島太助は貧農の出身で、家計を助けるために幼い頃から鉱夫として働き、苦労して財閥を成すにいたった立志伝中の人物であり、「筑豊の炭鉱王」なる異名も持つ。その貝島の飛躍を支えるきっかけとなったのが、明治29（1896）年から経営に携わるようになったこの大辻炭鉱なのである。

平屋建ての炭住（社員寮）が並び、商店街が活況を見せていたのも、しかし、1960年代前半までの話だ。68年に炭鉱が閉山してから風景は一変し、九州有数の「ヤマ」は北九州市のベッドタウンとして生まれ変わった。それでもかつての活況からは程遠く、どこか間延びしたような風景のなか、70年代から造成されたという住宅街も、すでにくすんだ色彩に変わりつつある。

そうしたなかにあって、薄れゆく採炭地としての記憶を懸命に守ろうとするかのように、唯一この町で存在を誇示しているのが、町はずれにある捨て石の集積場、つまりボタ山だ。炭鉱全盛期には富士山にもたとえられた円錐形のボタ山は、長年の風雨によってだらしなく形を崩し、いまや雑木に覆われた小高い丘陵でしかない。とはいえ古くから地元に住む人々にとっては〝石炭の栄光〟を振り返るべく、もっともノスタルジックな場所となっている。

その荒れ果てたボタ山と向き合うように、県立高校の校舎が建っていた。この高校も、地域の衰退を防ぐために、付近の住民が懸命に陳情と誘致運動を重ねて、83年に開校したものである。

その男――高田誠は、この学校に通っていた。

1972年生まれの彼が卒業してからすでに20年が経過している。放課後、自転車に乗って校門から勢いよく飛び出してくる生徒たちに高田の名を告げても、誰ひとりとして知る者がいなかったのは当然だろう。

そもそも、高田は在学中から影の薄い男だった。

「うーん、よく思い出せないんですよ。なんて言ったらいいのかなあ。とにかくおとなしくて目立たない、クラスで最も地味なヤツだったような気がします」

付近の喫茶店で会った高田の元同級生である会社員は、申し訳なさそうな表情を顔に浮かべた。

「まあ、とりあえずこれを見てください」

そう言って彼がカバンのなかから取り出したのは、高校の卒業アルバムだった。

表紙に『希望』と大きく刻まれたアルバムをテーブルの上に置くと、彼はゆっくりページをめくっていく。ページをめくる彼の指先が「CLASS 8 MATES」と書かれたページで止まった。

アルバムに掲載されている高田少年（左）は20年後の現在、在特会会長・桜井誠（右）として活動している

男女合わせて47人の顔写真が並ぶ。ページ下段には、全員の名前が写真の順番に合わせ、まとめて記されている。元同級生は、試すような口ぶりで私に言った。

「名前の欄を見ないで、高田を当てることができますか？」

前髪の一部を額に垂らしたリーゼント風の髪型の者が目立つ。たしか、この時代の流行だった。そんなことを考えながら全員の顔を確認したが、私の知っている高田の顔はない。

「無理ですよ。ぜんぜんわからない」

私は彼にそう告げると、ゲームを一方的に終了し、ずらりと並んだ名前を一つひとつ確認した。高田誠……あった。すぐに顔写真と照合する。

そこには短めの髪を左右にきちんと整え、どこか寂しげに微笑む少年の顔があった。高校生にしてはやけに幼く、突けばすぐにでも泣き出しそうなその表情は、私が知っている現在の高田とは大きく違っている。

「これ、本当に高田誠ですか？」

「ええ、地味な顔でしょ」

私は写真を凝視した。どれほど時間をかけても、幼くて優しい顔つきの少年を、いまの高田に重ね合わせることができなかった。

「友達もほとんどいなかったんじゃないですかね。仲間はずれというわけではなかったけど、いつも一人で行動していたような印象があります。昼休みのときとか、皆がワイワイはしゃいでいても、高田だけはぽつんと一人でいたんじゃないかな」

彼はそう言いながら、アルバムのページをもう1枚めくった。クラスの集合写真だった。

直立不動の高田がいる。友人同士でおどけたポーズをとったり、この世代特有の斜に構えた「決め顔」で写真に写る者が多いなかで、高田は恥ずかしそうな表情を浮かべ、周囲との繫《つな》がりをまったく感じさせることなく正面を向いていた。孤独な雰囲気を漂わせた少年の姿か、あるいは周囲に流されることのない、芯の強さともいうべきなのか。

私が話を聞いた元同級生たちは、誰もが同じような印象を口にした。

「無口で目立たない」

「物静か」

「高田? そんな名前の人、いましたっけ」と、存在そのものを疑う者もいた。

高田は一時期、生徒会の役員を務めたこともあるが、その事実ですら覚えている者は少ない。「ウチの学校では、生徒会なんて誰もやりたがらない雑用係みたいなものだったから、みんなで高田に押し付けたに違いない」と断言する元同級生もいた。ただし何人かの元同級生は、記憶の片隅に、かろうじてぶら下がった小さなエピソードを覚えていた。高田の「家出騒動」である。

「3年の夏休み前だと思います。ある日、担任の教師が『高田が家出した。誰か居場所を知っている者はいないか』と皆に聞いて回ったことがあります。母親と喧嘩して家を飛び出したとか、熊本あたりの寿司屋で住み込みで働いていたところを補導されたとか、色々とウワサが飛び交いました。まあ、結果的には1週間くらい欠席しただけのプチ家出だったわけですから、それほど大騒ぎになったわけではありませんけどね」(元同級生の男性)

そうした話を聞きながら、私はアルバムに残された高田の寂しそうな顔を何度も見つめた。そのたびに気が遠くなるような、現在の彼と過去の彼との「距離感」を覚えた。

カリスマ会長の正体

「ゴキブリ朝鮮人を日本から叩き出せ！」
「シナ人を東京湾に叩き込め！」
「おい、コラ、そこの不逞《ふてい》朝鮮人！　日本から出て行け！」
「死ね！」

カン高い声で絶叫しながら、拳をぶんぶん振り回して街頭を練り歩く「ネット右翼のカリスマ」が、まさかこの写真の男の未来の姿であるとは、誰も想像できないであろう。

在特会会長・桜井誠――「無口で目立たない」少年だった高田の、現在の姿だ。彼はいま本名を伏せ、ペンネームの「桜井誠」を名乗っている。

在特会の公式サイトによれば、同会の会員数は1万1181人（2012年2月10日現在）。北海道から鹿児島まで全国34支部を持ち、海外にも約270人の会員を抱える。会費を必要とせず、クリックするだけで会員資格が付与される「メール（一般）

「朝鮮学校無償化反対」を訴え、朝鮮学校までデモ行進をおこなう（2010年10月）。デモの様子はそのままリアルタイムでネット上に流れる

会員」がその大部分を占めるにしても、数ある保守・右翼団体のなかでも最大規模を誇ることは間違いない。

その名称が示すとおり、同会が最重要の政治課題として掲げているのは在日コリアンの「特権剝奪」だ。日本は長きにわたって在日の犯罪や搾取によって苦しめられてきたというのが、同会の〝現状認識〟であり、日夜、「不逞在日との闘い」を会員に呼びかけている。

昨今の糾弾対象は「在日」のみならず、外国籍住民全般や韓国、北朝鮮、中国といった同会いうところの「反日国家」、さらには、それらに融和的とされる民主党政権にも及び、日本各地でデモや街頭宣伝といった精力的な抗議活動を展開している。数百人規模の動員力を見せつけることも珍しくない。罵声怒声を響かせながら徹底的に「ハネる」（運動用語で「挑発を繰り返す」）のが彼らの街宣の特徴だ。

「朝鮮学校無償化反対」「外国人参政権反対」「外国籍住民への生活保護支給反対」「領土奪還」——掲げるスローガンはいわゆる右派的な主張であるが、在特会は自らを「右翼」と名乗ることはせず、「行動する保守」だと自称している。実際、会員の多くは右翼・民族派の活動に参加した経験を持たず、ネットの掲示板などで「在日叩き」をしている「ネット右翼」（通称：ネトウヨ）が目立つ。東日本大震災以降は、各地で盛り上がりを見せる「反原発」の動きに対抗すべく、「反・反原発」「核兵器推進」といったスローガンも掲げ、「強い日本」を訴えるデモや街宣も活発におこなうようになった。

この在特会の生みの親であり、〝理論的指導者〟でもあるのが桜井誠――つまり高田誠だ。

「カリスマ」と呼ばれ、約1万人の会員を誇る保守系市民団体のリーダーであり、複数の著作を持ち、ときに「先生」として崇《あが》めたてられる人物である。その特異なキャラクターはネットを通じて国外にも知れ渡り、ニューヨークタイムズをはじめ海外メディアが、「外国人排斥を主張する、日本の新しいタイプの右派指導者」として彼を取り上げた。

桜井の元同級生たちはそのことを知ると、誰もが「信じられない」と口をそろえる。

私の取材を受けた元同級生の一人である自営業者は、家に戻って早速、ネットで「桜井誠」を検索し、動画サイトにアップされた高田の「変わり果てた姿」を確認したという（在特会はデモや街宣の多くを動画サイトに残している）。

「いやあ、驚きましたよ」と呆れた口調で彼は私に電話してきた。

真っ先に目に飛び込んできたのは、在特会の街頭演説を撮影したものだったという。パソコン上の動画では、サスペンダーに蝶ネクタイという出で立ちでマイクを手にした「桜井会長」が、憎悪をむき出しにした表情で、滔々《とうとう》とまくし立てていた。

「朝鮮人ってのは何でもかんでも差別だと騒いで、日本人に譲歩を迫ってくる。だいたいねえ、日本のヤクザの3割は朝鮮人なんですよ。そして残りのうち6割は部落です。こうした汚物、ゴミ、蛆虫に、我々はいま、恐れることなく声をあげているんです！」

桜井の口調は澱《よど》みがない。饒舌《じょうぜつ》で、情熱的で、攻撃的で、そして緩急自在な話法はまるで新興宗教の教祖に通ずるものがある。

自営業者の彼は、電話口でこう漏らした。

「なんとなく怖かった。何かに憑《つ》かれたかのように話すところか」

そのうえで、さらにもう一つの動画について言及した。在特会の集会開催をめぐって、公民館の責任者とモメている場面を写したものだ。利用規則に基づいて会議室の貸し出しはできないとする責任者に向かい、「桜井会長」は机をバンバン叩きながら次のように怒声を浴びせていた。

「やかましい！　ふざけたこと言ってんじゃないよ。ここは公共の施設だろうよ。ちゃんと説明しろ。あんたは左翼か！　反日極左か！」

20年もあれば人はいかようにも変わることができる。そんなことは誰もがわかっている。だが、単なる高低差ではすまないような激しい変化は、人に不安と戸惑いを与える。

だからこそ元同級生の多くは「桜井会長」の姿を目にすると、最後には言葉を失い、絶句するのだ。

私は在特会の街頭演説やデモだけでなく、「桜井誠」の講演会にも何度か足を運んでいる。たしかに彼の姿は、ある種のカリスマ性を感じさせる。サスペンダーに蝶ネクタイといったおなじみの姿で桜井が登壇すると、会場からは割れるような拍手と声援が沸き起こる。彼らの信じる「真実」をさらりと流し、話の各所で「朝鮮人の悪行」を叫ぶように訴えれば、聴衆は大いに盛り上がる。桜井の話法は、聴衆の反応を計算したうえで巧みに組み立てられている。

「あなたたちもねえ、朝鮮人と闘うためには覚悟を持つべきなんだよ！」と、ときに子どもを叱り飛ばすような物言いをしても、言われた聴衆の側は無我夢中で手を叩く。これを「まるでマルチ商法」と評したのは、ある右翼団体幹部だが、少なくとも独特の熱気を醸《かも》し出すといった点については、まさにそのとおりだ。

自分からは本名や経歴を一切明かさず、正体が謎のベールに包まれていることも、なおさら彼の〝神格化〟に力を貸している。

しかし、昔の級友たちが語る「高田」は饒舌どころか、その存在すら疑われるあやふやな印象しか残していない。当時の高田が外国人の排斥を主張した場面など誰の記憶にもなく、むしろ彼自身が「排斥」されていたのではないかと思わせるような人物像しか浮かび上がってこない。

そしてそこに——私は自分自身の少年時代を少しばかり重ね合わせてしまうのである。

転勤族の父親を持つ私は、小中学校で何度も転校を繰り返した。臆病で引っ込み思案で、そのくせ我の強い私は、どこの学校でもクラスに溶け込むことができなかった。級友に媚びて仲間に入れてもらうことは、つまらぬプライドが許さなかったし、かといって孤独が好きなわけでもなかった。誰かに声をかけてもらいたいと、疼《うず》くような思いを抱えながら、私の義務教育期間は、あっさり終わってしまったような気がする。高田はどんな気持ちで孤独な時間をやりすごしたのだろうか。あるいは独りでいることの痛痒《つうよう》をいささかも感じることはなかったのか。

家出息子

私は高校時代の高田が住んでいた北九州市八幡西区の住宅街を訪ねた。学校からさほど離れた場所ではない。

高田の実家は、すでに人手に渡っていた。この土地に係累は残っていない。父親は大分前から家を離れ、スナックを経営していた母親は13年前に亡くなっていた。高田が東京に出てしばらくは彼の弟夫婦が住んでいたというが、現在は県内の別の場所へ転居している。

近隣住民の多くが、高田のことを覚えていた。ただし返ってくるのは「目立たない」「おとなしそうな子」といった通り一遍の言葉でしかない。高田家とわずかに交流を持っていたという主婦だけが、こめかみに指を当てながら、彼に関する記憶を無理やりに絞り出してくれた。

「お母さんとの間では、色々と問題があったみたいね。険悪というほどではなかったけれど、衝突して誠君が家を飛び出したこともあったわ。誠君は真面目だからね。学校のことなんかで、色々と苦しんでいたんじゃないかな。お母さんは『生徒会の役員を押しつけられて悩んでるみたい』って私には話していましたけど」

高田は高校卒業後、しばらくは地元でアルバイト生活を送っていたという。その後、今から15年ほど前に東京へ移った。

「進学しなかったし、定職にも就いていないって、お母さんは心配していました。東京では警備員をしていると聞きましたね。そう、お母さんは誠君のことが心配で心配でたまらなかったんじゃないかしら。以前、誠君が貧血を起こして東京で倒れたことがあったけど、お母さんは血相を変えて飛んでいったもの」

この主婦によれば、高田は高校生の頃から糖尿病を患い、身体はそれほど丈夫ではなかったという。ちなみに高田家の玄関先に、ゴミ袋に入った大量のジュースの空き缶が積まれていたことは、近所の住人のほとんどが覚えている。

私は高田の現在の姿をありのままに伝えることを躊躇《ちゅうちょ》し、この主婦には「韓国・朝鮮問題の専門家として活躍している」とだけ話した。事実、高田はそう自称することが少ない。

「あら、立派になったのね。それにしてもなぜ韓国と朝鮮なのかしら。見当がつかないわねえ」と主婦は怪訝《けげん》な表情を見せた。

実家のあった地域は、九州でも有数の在日コリアン集住地区に隣接している。地元の人によると、この近くには1950年代まで「朝鮮部落」と呼ばれるバラック小屋の並ぶ一帯があったという。その後、公営住宅の建設によって街路は整備され「混住化」も進んだが、現在でも在日コリアンが多く住む場所として知られている。九州にただ一つある朝鮮高校も至近距離だ。

ちなみに在特会の面々が何かと攻撃対象にするソフトバンクグループ代表の孫正義も、中学生だった一時期、同じ町内に住んでいた。孫は佐賀県の鳥栖《とす》で生まれているが、父親が北九州で商売を始めたことから、一家で同地に引っ越している。孫一家が住んでいた家と高田の実家は、ものの数分という距離である。この偶然には驚かされた。「朝鮮人を叩き出せ！」「ゴキブリ！」と鬼のような形相で叫ぶ「桜井誠」を〝つくり上げた〟のも、あるいはこうした環境と無関係ではないだろう。

実際、彼は自身のブログで次のように記している。

〈私がまだ子どもだったころはチョン校（当時は普通に朝鮮学校のことをこう呼んでいました）の生徒が福岡の街で喧嘩はもちろん他校の生徒からカツアゲはするは、日本の学校に殴り込みをかけて新聞沙汰になるは、暴力団組織となんら変わらないことばかりやっていました〉（桜井誠ブログ「Doronpa《ドロンパ》の独り言」２０１０年8月25日付）

あまりに一方的すぎる書き方ではあるが、この時代、地元高校生と朝鮮高校生の「喧嘩」が珍しくなかったことは事実だ。

ふたたび元同級生の話に戻ろう。今度は「高校時代、そこそこのワルだった」と自称する男性だ。

「たしかに朝鮮高校の生徒とはしょっちゅう、ぶつかっていましたよ」

「懐かしいなあ」と彼は20年前を振り返った。

JR折尾駅の近くに九州朝鮮中高級学校がある。現在は男女ともにブレザーの制服だが、当時、男子生徒は三本のペン先をデザインした校章（通称サンペン）が襟元に光るガクラン、女子生徒はチマチョゴリ姿だった。喧嘩好きの地元少年たちにとって「サンペン」は最上級の敵だった。

「あいつら、めちゃくちゃ喧嘩が強かったからね。だからこっちは、相手以上の人数で対抗していた。折尾駅に停車中の電車のなかで大乱闘になったこともありますよ。喧嘩の理由？　覚えていないなあ、そんなこと（笑）。目が合ったとか、なんとなく気に入らないとか、そんな感じですかね。何か憎しみがあったわけじゃないし、アトラクションみたいなものかな。とにかく朝高の連中と遭遇したら殴りあいするものだと決まっていた。いま考えたらバカバカしい話ですよ。当時の喧嘩相手とは、いま、折尾の飲み屋街で普通に酒飲んでます。『商売、うまくいっとうと？』なんて話をしながら、互いに仕事のグチをこぼしたり、『最近の高校生はケンカもようせん』と嘆いてみたり（笑）。じゅうぶん殴りあったんだから、いまは別に争う理由なんて何もないしね」

念のために聞いてみたが、乱闘の輪のなかに高田の姿を見たことはないという。

「この高田君とかって人も、高校時代に喧嘩でもしておけばよかったのにね。俺にはよくわからないですよ。いまどき朝鮮人がどうのこうのとムキになるのは」

若いときは多少の無茶はしておくべきなんだ、とでも言いたげな口ぶりだった。

朝鮮高校の最寄り駅である折尾から二駅——JR黒崎駅近くの飲み屋街を私は歩いた。13年前に亡くなった高田の母親は、その一角にある雑居ビルのなかで、スナック『たそがれ』のママをしていた。『たそがれ』のあった場所には当然ながら他の店が入り、高田の母親を知っている者はそこにはいなかった。

黒崎をはじめとする八幡地区は、旧八幡製鐵（現在の新日鐵住金）の時代から、鉄鋼産業に寄り添って歴史を刻んできた「鉄の街」である。鉄鋼産業全盛期の高度成長時代には、付近に新日鐵関係の社宅が軒を連ね、夜になると仕事帰りの労働者によって駅前の飲み屋街は賑わった。しかし80年代の「鉄鋼不況」以降、工場移転や合理化により街の活気は失われていく。溶鉱炉の火が消えると酔客の姿も減り、看板をおろす店も増えた。

筑豊といい八幡といい、産業の栄枯盛衰に付き合わされるのが企業城下町の宿命だ。飲み屋街も先細りの新陳代謝を繰り返す。古くから続く店は次々と寿命を迎え、チェーン系居酒屋の派手な看板ばかりが目立つようになっていた。

何軒かのスナックやバーを訪ねて回ったが、『たそがれ』のママを覚えている者はいない。あきらめかけていたとき、かつて『たそがれ』でチーママを務めていた女性の店に偶然たどりついた。

そこは10人も入れば満席となるような小さなスナックだった。古びた木製のドアを開けると、客の姿はなく、ママがカウンターの内側で暇をもて余している。垢抜けない雰囲気がかえって親しみを感じさせる50がらみの女性だ。

カウンター席の丸椅子に腰をおろし、さっきから酒ばかり飲んで何も食べていないと漏らすと、彼女は皿に山盛りのポテトサラダを「こんなものしかないけど、お手製なのよ」と言って出してくれた。無性に旨《うま》い。かきこむように胃袋へ収めてから、自分が取材者であることを告げた上で『たそがれ』について切り出す。彼女はさして表情を変えることなく私に向き合った。

「ええ、たしかにその店で働いてましたよ。ママ（高田の母親）のこともよく覚えてますよ」

彼女は『たそがれ』でチーママを務めた後に独立したのだという。だから自分にとって高田の母親は「水商売における育ての親」みたいなものだと彼女は言った。

「ママは姉御肌やったね。水商売のプロっちゅう感じ。若い頃は大きなキャバレーでナンバーワンのホステスだったと聞いてますよ。たしかに商売上手だったわあ。いまの私の店と規模はそんなに変わらんかったけど、『たそがれ』には筋の良いお客さんがいっぱいついていた。学校の先生とか、弁護士さんとか、銀行マンとかね。あの人、日舞もできるし、ゴルフも上手やったんよ。大昔、結婚してたけど、ダンナさんがいまでいうDV（ドメスティック・バイオレンス＝家庭内暴力）？　それが原因で別れて、それ以来、女手ひとつで2人の男の子を育てたんだからねえ。立派なもんよ」

ある日、店のなかで突然倒れ、運び込まれた病院で亡くなった。

「私が救急車を呼んだんよ。過労だったのかもしれんね。手抜きしないで働く人やったから」

彼女が亡くなる直前まで頭を悩ませていたのが自分の長男、つまり高田誠のことだった。

「よく嘆いていたんですよ。『ウチの子、だんだんと別れた夫に似てきた』って。何があったのか知らないけど、誠君とはしょっちゅう衝突していたみたい。何度も家出するものだから、そのたびに捜しにいくのが大変だって話していたわね」

何の特徴も摑むことのできない高田の人物評にあって、どこにいっても一度は耳にするのが、この「家出話」である。

高田の近況を知りたいというママの要望に応え、そのときばかりは知っている限りの現在の姿を話した。彼女は目を白黒させながら私の話を聞いていた。

「あの子、どうして、そんな風になっちゃったんやろねえ。朝鮮人や中国人と闘って、世の中の何が変わるっちゅうのかねえ。おかしな子やなあ」

カウンターで頬杖をつきながら、ママは何度も「おかしいねえ」とつぶやいた。

ママや近所の人の話などを総合すると、地元でアルバイト生活を送っていた高田が上京したのは1997年、彼が20代半ばのときだったという。町工場や古い住宅が軒を連ねる東京の下町で、高田は家賃3万5000円のアパートを借り、警備員の仕事に就いている。

「無口で目立たない男」だった高田が、カリスマ「桜井誠」として世間から注目を集めるようになるのは、それから10年の月日を要する。

ネットを使って台頭

私が桜井とはじめて言葉を交わしたのは、2010年9月のことだった。

その日は大分市内の繁華街で、在特会主催による「朝鮮学校無償化反対」を訴える街宣活動が予定されていた。街宣が始まる前、私は桜井に名刺を手渡し、在特会を取材したいのだと伝えた。桜井は名刺を一瞥《いちべつ》しただけで、「ああ、そうですか」と短く答えただけだった。取材慣れしている感じだな、というのが私の第一印象である。

実際、桜井はそれまで内外のメディアから数多くの取材を受けている。ほとんどの場合、「あなたなんかに話しても無駄だけどね」とでも言いたげな、敵意半分の受け答えではあるが。

その日の桜井は敵意でも好意でもなく、どちらかといえば「まあ適当に取材したら」という感じの、あっさりした対応だった。ただし、「私にきちんと話を聞きたかったら広報を通してくださいね」と、念を押すことも忘れなかった。

ちなみに、その頃の桜井は、どのメディアに対しても取材を断ることはなかった。以前の彼のブログには取材に対する姿勢が次のように記されている。

〈これまで韓国のメディアを含めて世界各国そして国内メディアの取材を一切断ることなく受けてきました。相手がどのようなスタンスであれ、伝えることがまず第一であることを信じて取材拒否は行っていません〉

（桜井誠ブログ「Doronpa の独り言」２００９年12月25日付）

〈在特会は基本的にいかなるメディアの取材も断らないことを公言しています。朝日新聞どころか、先日は週刊金曜日の取材も受けており、また韓国メディアの取材も受け入れています。反日極左連中のように何のかんのと理由をつけて保守系メディアの取材を断り続けるやり方は、自分たちの思想信条に何の信念も持っていない証拠です。相手がだれであれ、自分の言動が正しいと信じるならば可能な限りメディアの取材を受け入れて、持論をぶつけるべきではないでしょうか〉（同　2010年3月16日付）

この「スタンス」が崩れたのは、私が講談社のノンフィクション雑誌『G2』に長編ルポ「『在特会』の正体」を発表した2010年末からである。いずれにせよ、初対面時の桜井は、それほど悪い印象を私に残してはいない。

はじめて間近で目にした桜井は、実年齢より若い印象を私に与えた。けっこう童顔なのである。だが、サスペンダーに蝶ネクタイといった出で立ちのせいか、妙なアンバランスさを醸し出していた。それは演出というよりも、本来の自分を隠すための偽装に見えなくもなかった。

その日の街宣におけるスピーチは、やはりいつもどおり攻撃的で、憎悪に満ちたものだった。

マイクを手にした瞬間、桜井の顔つきはとたんに険しいものになった。買い物客で賑わうデパート前で、カン高い声を放つ。

「いいですか、皆さん。朝鮮高校というのは、まともな学校じゃないんですよ。我々の同胞を何百人と拉致した国家につながっているんです。そんな学校にいま、政府は税金を投入しようとしているんですよ。冗談じゃない！　こんなこと許してはならない！　日本人をこんな目にあわせて、なにが朝鮮人の人権だ！」

無償化問題を論じるときに必ずと言っていいほど用いられるロジックだ。話の節々で「冗談じゃない！」とまくしたてるのは桜井の癖でもある。

桜井は周囲の反応を見ながら、攻撃の矛先を中国にも向けた。

「いま、大分県には大勢のシナ人が入り込んでいるんです。とくに、お隣の別府！　この温泉地にシナ人が入り込み、土地を買い漁っているんです。シナ人ってのは日本人と違うんですよ。他人の財産を侵しても、屁とも思わないのがシナ人。恐ろしい連中だ。こんな状態を大分の皆さんは黙って見ているのか！」

ご当地ネタを織り込みながら、ときおり聴衆をも挑発する。桜井にとっては手馴れた話法である。そこに身振り手振りも加わる。ときおり左右に数歩ずつ移動しながら、右手を大きく振りかざす。スタンダップコメディの舞台を見ているような気持ちにもさせられた。

人だかりができるというほどでもない。通行人の多くは「朝鮮人！」だの「シナ人！」といった、明らかに侮蔑を含んだその言葉に一瞬ぎょっとした表情を浮かべるが、あとは関わるのを恐れるような素振りで足早に通りすぎるだけだ。

桜井にとっては、どちらかといえば高齢者の姿が目立つ地方都市での反応などどうでもよいのだろう。重要なのは、この「桜井節」が、リアルタイムでネット中継されていることなのだ。

在特会の活動のほとんどは、「ニコニコ動画」や「USTREAM《ユーストリーム》」といったネット上の動画投稿サイトで生中継される。視聴した者によって、それがさらに他の動画サイト（「YouTube《ユーチューブ》」など）にもコピーされるだけでなく、ブログやツイッターを通してリンクが張られる。ネット用語でいうところの「拡散」である。ネットユーザーはたとえデモや街宣の場にいなくとも、いつでも在特会のこうした活動を目にする機会が与えられているのだ。

動画サイトにアップされる桜井の映像には、ときに数万という再生回数がつき、その一挙手一投足に、いわゆるネット右翼と呼ばれる者たちが「支援するぞ！」といった賛辞のメッセージを寄せる。若者が在特会へ入会するきっかけとなるのは、こうした「動画を観て」というケースが圧倒的に多い。つまり桜井の視線の先には、振り上げる指先の向こう側には、パソコンに向かって快哉《かいさい》を叫ぶ多くの若者の姿がある。

在特会の組織拡大の原動力となったこの〝動画戦略〟は、ネット掲示板への投稿と並んで、会設立時から一貫したものだった。いわばネットの持つ力が在特会を世間に知らしめたのである。

ネットは桜井自身の飛躍をも促すきっかけともなった。

九州から上京した彼が、はじめて多くの人間から注目をされるのは2003年頃である。当時、彼はネット掲示板で韓国や北朝鮮を批判する投稿を繰り返していた。

「〝高田誠〟でも〝桜井誠〟でもなく、Doronpa《ドロンパ》というハンドルネームを使って活躍していました。まあ、ネット上における、ちょっとした有名人ではありましたね」

そう話すのは、同じ頃にネット掲示板で「Doronpa」と交流のあった男性である。

彼らが利用していたのは韓国のネット企業が運営する「日韓翻訳掲示板」だった。もともとは翻訳機能を相互に使って両国の交流を深めることが目的の掲示板であった。

「それが徐々に日韓のネットユーザーが衝突する場に変わっていくのです。歴史や領土の問題で相手を非難したり、あるいは互いの文化を揶揄《やゆ》しあったりするといった感じです。

とはいえ、現在のように『死ね』だの『殺せ』といった文言が飛び交うことなどなく、まだ冷静なやり取りができていたと思いますね。というか、双方のアラ探しをしては、それをネタとして取り上げるといった雰囲気が強かった」

その掲示板の常連の一人が「Doronpa」だった。

「論客というほどの存在ではありませんでしたが、『反韓国』『反在日』を訴えるヘビーユーザーとして、なかば掲示板に〝常駐〟していたので、名前だけは知られていました。自分からネタを提供するといったタイプではなく、他人の議論に乗っかって、俺はこれだけ日韓の歴史問題を知っているんだぞと、知識自慢するようなタイプだったと記憶しています。その知識が正確だったかどうかはともかく、たしかにネット上では〝雄弁〟でした。他の論客のように文章が上手だったわけでもないし、ユーモアにも欠けていましたが、よく勉強しているなあとは思わせましたね」

彼は掲示板でのやりとりを、自身のブログでも逐一報告していた。韓国・北朝鮮、あるいは在日コリアンの問題に特化した彼のブログは、一部好事家の間では評判だった。

ネット掲示板の有名人だった、その「Doronpa」にテレビ局が目をつける。2005年1月、日本テレビの討論番組だった「ジェネジャン！」に、朝鮮問題に詳しいブロガーとして、彼はゲストに招かれた。「Doronpa」がはじめて公衆の面前に姿を現したのである。

同番組ではKinKi Kidsの堂本光一を司会に、芸能人や一般参加者によって毎回違ったテーマで討論がおこなわれていた。いわゆるトークバトル番組である。

「Doronpa」が出演した際のテーマは「韓流と日韓関係」だった。その頃は「冬ソナ」ブーム全盛であり、「韓流」なる言葉が登場したのも同時期だ。「韓流」人気が高まるなか、一方では若者の間で韓国に対する悪感情、「嫌韓」といった流れも広がりを見せていた。「韓流」と「嫌韓」との狭間で、若い世代は日韓関係をどのように構築すべきか——というのが番組のテーマである。

女子高生や在日コリアンの若者たち、韓国からの留学生、そしてタレントの眞鍋かをり、〝キム兄〟こと、芸人の木村祐一らに交じり、桜井は「会社員・木村誠（32）」の名前で出演した。

このとき、すでに高校生の頃に見られた地味であどけない様子は失われている。ただひとりスーツにネクタイという堅苦しい姿で登場した「木村誠」こと桜井は、カメラにもまったく臆することなく、胸をそらせ、まるで急成長を遂げた青年実業家のような尊大な態度で振る舞った。

番組はおおむね、過去の歴史問題を重視する在日コリアンや韓国人に対し、過去よりも未来を論じようとする日本の若者を対置させる形で進行した。「昔は色々あったが、これからは仲良くしよう」という番組が狙う落としどころは、誰の目にも明らかだったが、しかし予定調和をぶち壊すように、ひとり気を吐いたのが桜井だった。にこりともせず、かといって激するわけでもなく、どこか突き放すような口調で他の出演者を挑発したのである。

「みなさん、これ、わかります？」

桜井は1枚の写真を広げた。修学旅行でソウルを訪ねた日本の高校生たちが、韓服姿の老人に向かって頭を下げている場面が写されていた。

「(韓国人は) こういうことを、やっているわけです。(高校生に対して) 土下座して謝罪しろと言ってるんですよ」

どこか評論家然とした桜井の物言いに対し、出演者の間から「それは極端な事例じゃないか」といった声が飛ぶ。

桜井が示した写真は一時期、ネットで流通したものである。正しくは、広島の県立高校の生徒が、地元の老人から「植民地体験」の説明を受けている光景だ。さらに言えば、「土下座で謝罪」というよりも、老人の話を高校生が神妙な態度で聞いている、と言ったほうが正確であろう。事実、「土下座」している者など、そこには写っていない。もっとも、当時の右派的なネットユーザーにとってみれば、「土下座」かどうかは、さほど問題ではなかったろう。彼らを刺激したのは、植民地体験を話す韓国の老人と、それを黙って受け入れる日本の高校生といった〝構図〟なのである。だからこそこの写真はネットのなかでコピーが重ねられ、屈辱的な光景として流布されたのだ。

桜井は、そうした「愛国者」たちの代弁者だった。胸を張ってカメラの前で問題の写真を示し、「日本の高校生に土下座を迫る韓国人の傲慢さ」を訴えた。

出演者の一人である韓国人の若者が桜井に問うた。

「あなたは韓国人と仲良くやっていきたいと考えているのですか？」

それに対し、桜井は少しも表情を変えることなく次のように言い放っている。

「できればね。でも、韓国人が変わらないとダメなんですよ」

言葉とは裏腹に、相手を蔑《さげす》むようなその表情から、拒絶の意思を明確に示したことは誰の目にも明らかだった。さすがに出演者のなかで桜井を積極的に擁護する者はなく、ゲストの木村祐一も「あら探しばかりしてても仕方ない。愛情のない批判は意味がない」と、名指しこそ避けたものの、暗に桜井の物言いを批判している。

だがネットの掲示板では桜井を賞賛する声で溢れた。「韓国人を論破した」「かっこいい」といった書き込みが相次いだ。「Doronpa」の〝名声〟は高まったのである。

同じ頃、桜井に注目したテレビ局がもう一つあった。当時、衛星放送で「唯一の保守系専門テレビ局」と呼ばれていた日本文化チャンネル桜、通称「チャンネル桜」である。衛星放送「スカパー！」と一部ケーブルテレビ局の放送枠を使って「チャンネル桜」が開局したのは２００４年８月。「不偏不党」を謳《うた》ってはいたが、放映される番組の多くは保守的な立場に基づいた報道ドキュメンタリーや、オピニオン番組だった。実際、同局のホームページを開けば、真っ先に目に飛び込んでくるのは「日本の伝統文化の復興と保持を目指し日本人本来の『心』を取り戻すべく設立された日本最初の歴史文化衛星放送局です」といった文言である。

扱うテーマも北朝鮮による拉致事件をはじめ、皇室、夫婦別姓、外国人参政権、従軍慰安婦など、保守層を意識したものがほとんどだ。一時期は24時間ぶっ通しの放送を続けるなど、保守論壇における新しいメディアとして、それなりに影響力を発揮したが、その後は有料視聴者数が伸び悩み、現在では、放送枠も大幅に減少、ネットの有料配信などが事業の中心となっている。

そのチャンネル桜が桜井をオピニオン番組のゲストとして招いたのは、やはり２００５年初頭であった。

「最初は Doronpa のハンドルネームで出演してもらったのです。ネット上の有名人でしたし、在日問題に関する彼の豊富な知識にはウチのスタッフも注目していた。私自身、彼がカメラの前でどんな話をするのか興味がありましたしね」

格闘家のようながっしりとした体格をスーツに包んだ社長の水島総（62歳）が、スタジオを備えた同局の応接室で当時を振り返る。

「カメラを前にしてまったく臆するところがなかったですね。彼は実に堂々としていた。在日や朝鮮半島に関して、相当に勉強したのでしょう。しかも弁が立つ。在日コリアンが歴史的被害者であるという通俗的な見方に対し、彼は具体的な数字を示したうえで、在日コリアンの多くが自由意志で日本に渡ったのだと、難解な言葉を使うことなく、わかりやすく説明しました。さすがだなあと思いましたね」

期待に応えた桜井はその後、同局オピニオン番組の常連となり、中国、朝鮮半島、在日、部落問題といったテーマで水島との対談も果たした。

YouTubeなどの動画サイトには、いまでも桜井が出演したときの映像が残されている。ネクタイ姿の桜井は、やはり表情を崩すことなく、官吏然とした雰囲気が印象的だ。

番組では、桜井は例のごとくカン高い声で次のように述べている。

「在日は就職活動も制限されていません。ほとんど日本人と変わらないんです。東京都で、たしかバカがいましたね。在日でありながら都に雇われているのに、管理職にはなれないからと裁判に訴えた保健婦。アンタが出ていけという話です。雇われているだけでも特権なんですよ」

また、在日問題と同様に〝日本の病巣〟だとして、桜井は同じ番組で部落問題にも言及した。

「差別がなくなったら困る人たちがいる。その代表が部落解放同盟なんですよ。差別がなくなったら存在意義がなくなるのですから。もちろん一部に差別は残っているかもしれませんが、では、これまで差別を助長してきたのは誰か。部落解放同盟ですよ。この人たちが騒ぎに騒ぎまくってきた」「私が通っていた福岡の学校では、3年間にわたって同和教育がおこなわれてきた。要するにですね、知らなくてもいいことをわざわざ教えているんです。文部科学省はそんなことのために30年間で15兆円を突っ込んでいるんですよ。ナメとんのか、という話なんですね」

たしかに水島が言うとおり、桜井は饒舌だった。立て板に水のごとく言葉が流れていく。

こうしてネット以外のメディアで露出することにより、桜井の知名度はさらに増し、右派の若き論客として、あるいはネット言論界の「カリスマ」として地歩を固めていくことになる。

いうなればチャンネル桜は桜井の飛躍に大きく貢献したことになる。いや、ネットの世界にとどまっていた「Doronpa」を、朝鮮問題の専門家である「桜井誠」に押し上げた最大の功労者、生みの親といってもよいだろう。だが、そのことについて触れると、水島の表情に、わずかばかり暗い影が差した。

「いいヤツなんですけどね、本当は……」

どこか素っ気無い物言いには、水島と桜井の現在の関係が表れている。2009年以降、桜井はチャンネル桜には一切、出演していない。いまや桜井はチャンネル桜を「エセ保守」「きれいごと保守」などと糾弾し、片や水島も「日本人としての誇りが感じられない」と桜井を批判するのであった（詳細は第6章で後述）。

水島はときおり深いため息を交えながら言う。

「いまの桜井君とは、距離を置きたいと思っています。彼らの運動は国民から誤解される。あのような下品な罵声は聞くに堪えない」

桜井の〝暴走〟に辟易《へきえき》しているといった感じだった。

広報局長の見解

在特会の設立は2007年1月20日である。

設立の経緯について聞きたい――。そのことで私が同会本部に取材を申し込んだのは、

２０１０年10月のことだ。取材に応じてくれたのは同会広報局長の米田《よね》隆司《だ》（49歳）である。

すでに夜の10時をすぎていた。待ち合わせ場所として指定されたＪＲ秋葉原駅前に、米田は小走りで現れた。

「お待たせしてすみません。会社の仕事が長引いてしまって遅くなりました」

息が上がっていた。夜風が冷たく感じる季節だというのに、米田は額に汗を浮かべている。本当に慌てて駆けつけたのであろう。いまでこそ広報の責任者として私に「在特会への出入り禁止」を告げ、会員に対しても「安田の取材は受けるな」と指示している米田だが、その頃はまだ、腰が低くて誠実そうな人柄を私には見せていた。

事務所までの道すがら、米田は汗を拭いながら「遅くなって申し訳ない」と頭を下げ続けた。

「ウチは専従（職員）なんていませんからね、取材を受けるのも、活動するのも、みんな仕事の合間を縫って、やりくりしてるんです。日当を払ってデモ要員をかき集めるような労組みたいな左翼団体とは、そのへんが大きく違うんですよ。それが我々の強みでもあるんですけどね」

手弁当の活動こそ強いのだと彼は強調した。

なお、桜井と同様、米田隆司という名も彼のハンドルネームである。そのとき、私は米田の本名も、彼がスピリチュアルな分野を得意とする小さな出版社で働いていることも知っていたが、そのことはあえて黙っていた。

会長の桜井をはじめ、在特会幹部のほとんどが本名ではなく、仲間内でもハンドルネームやペンネームを使っている。彼らなりの〝革命的警戒心〟なのであろう。創設時から活動を続けているある古参会員は私にこう告げた。

「よほど親しくならない限り、本名や職業などを教えあうことはありません。そうしたことを聞くのは、会員同士でもどこかタブーみたいな雰囲気が在特会にはあります」

さらに言うと、在特会は本部事務所の住所も公にはしていない。幹部が持っている同会の名刺には連絡先として品川区（東京都）の住所が記されているが、これは民間の私書箱業者の住所で、ここに送られた郵便物は、秋葉原の事務所に転送される仕組みになっている。私も取材の条件として、本部事務所の詳細な住所を他に漏らさないことを確約させられた。

こうした「市民団体」らしからぬ秘密主義について、前出の古参会員は次のように述べる。

「市民団体を名乗ってはいても、ネットユーザーが中心になって始まった活動です。リアル社会とは違った、いわばネットの慣習がそのまま持ち込まれたんです。ネット掲示板に本名で書き込むようなバカなど、いまどき存在しない。ネット活動の延長として在特会を捉えている者が多い以上、本名を隠したがるのはむしろ自然なことなんですよ。そもそも、自分が活動に参加していることを、学校や職場はもちろん、親や友人にも隠している人は少なくありません」

政治活動が身内の人間から歓迎されないであろうことは十分に理解できるが、ならばなぜに「市民団体」を名乗るのか。しつこいようだが、日頃から「市民」を強調する在特会が極端な秘密主義に走るところが興味深い。

在特会の秘密主義には、もう一つ理由がある。「セキュリティの問題」だ。

これに関してはすでに在特会を脱会した九州在住の元支部長が打ち明ける。

「地方支部の運営や支部長のような幹部に〝昇格〟すると、本名を使うのは避けたほうがいいと本部からアドバイスを受けます。在日やサヨクに襲われるかもしれないから、というのが理由です。それだけリスキーな活動であることはみんな自覚しているんですね。とはいえ『日本を支配しているのは在日』と強く信じ込む人間が少なくありませんから、過剰な危機感だとは思いますが」

そんな市民団体の事務所は、裏通りにある瀟洒《しょうしゃ》なマンションの一室だった。部屋は質素である。ワンルームタイプの間取りで、室内には簡単な応接セットと、パソコンが置かれた作業用デスクがあるだけだ。後に近隣の不動産業者に聞いてみたところ、家賃は月に8万円ほどだという。

私が秋葉原駅構内の売店で買った「メイドさんクッキー」を手土産として渡すと、米田は「ウチの人間はお菓子が好きなんです。ありがたくいただきますよ」と人懐っこい笑顔を返した。近場で仕入れたこんな適当な土産であっても、とりあえず喜んでくれる米田に私は好感を持った。

独身。恋人もいないらしい。仕事と運動で忙しく、プライベートな時間はほとんどないという。「もしも結婚なんてしていたら、こんな運動できないでしょうね」と米田は笑いながら言った。

彼は作業用の肘掛け椅子に、やや肥満気味の身体をおろし、私には応接セットの小さなソファーを勧めた。

本題を切り出す前に、私は軽口の延長のような口ぶりで米田に訊《たず》ねた。

——米田さんって、昔から保守的な考え方を持っていたんですか？

「いやあ、どちらかというと日教組の申し子みたいな感じですかね。大学を卒業するまではずっと関西ですから、同和教育の洗礼も受けましたし。中学校のときかなあ、先生が『世界で一番に美しい言語は朝鮮語です』なんてこと言ってましたよ。そんな教育を受けてきた人間です」

――でも、なんで在日とか朝鮮半島とか、中国とか、そこまで嫌いになってしまったんですかね。

「ネットの情報などで、だんだんと本当のことを知るようになりましたからね」

――たとえば在日コリアンなどには、日本から出て行ってほしいと思ってます？

「権利ばかりを主張して日本人の生活を脅かすのではなく、外国人として普通に生活しているのならば構わないんじゃないですか？　正規の手続きを踏んで、払うべき税金を払って、用が済んだら帰っていただく。それが普遍的なマナーというものではないでしょうか。永住を望むのであれば、それなりに努力してもらわないと。日本のために。当然のことじゃないですか」

――ちなみに韓国料理とかも嫌い？

「少なくとも朝鮮料理屋に行くことはありませんね。食べたくなったら自分で作りますよ。中華料理だって、シナ人が働いているような店には絶対に足を運びません」

筋金入りですねと、これには私も苦笑して応じざるを得なかった。同時に「韓国」を

「朝鮮」に、そして「中国」を「支那」に、いちいち言い換えるところがおかしかった。意地というほどのものでもなかろう。在特会のみならず、昨今のネット右翼にとってはもはや共通の言語として流通しているだけなのに違いない。

ペットボトルの麦茶をグラスに注ぎながら、米田は在特会の設立経緯について話を進めた。

「在特会の母体となったのは、『2ちゃんねる』のようなネット掲示板で、保守的な意識をもって〝活動〟してきた人たちです」

ネット掲示板などを通じて「愛国」や「反朝鮮」「反シナ」「反サヨク」を呼びかける者たちは、一般的にネット右翼と呼称される。朝から晩までパソコンや携帯にかじりつき、「朝鮮人は死ね」などと必死に書き込む者たちの存在は、ネットが一般化した90年代以降、急速に目立つようになった。当初こそこのネット右翼は、いわば変形型の「オタク」に位置づけられていた。匿名性を盾に差別的な言辞を繰り返す様から、攻撃的な引きこもりと揶揄されることもある。

一方、今世紀に入った頃から、そうしたネット右翼のなかにも、キーボードを連打するだけでは飽き足らず、リアルな「連帯と団結」を目指す動きが活発化した。あくまでもネットを利用して情報収集、交流、呼びかけをおこないながら、「闘いの場」をネットの外にも広げたのだ。

米田言うところの「ネット掲示板で、保守的な意識をもって〝活動〟してきた人たち」が、すべてそこに当てはまるとは言えないが、このネット右翼なる〝資源〟がなければ在特会も存在しなかったであろう。

ちなみに米田は、ネット言論が大きく〝右に振れた〟要因として「日韓ワールドカップ」と「小泉訪朝」の2つをあげた。いずれも2002年の出来事である。なかでもワールドカップは「ネット言論におけるエポックメーキングだった」とまで断言した。

「日韓両国による共催という形でおこなわれたワールドカップが残したものは、韓国に対する失望と嫌悪でした。数々のラフプレー、サポーターによる日本選手へのブーイングなど、本当にすさまじかった。韓国国民の品格を疑いましたよ。ふだんから在日は『差別はいけない』などと口にしますが、その前にオマエの母国をなんとかしろよと思いましたね。実際、私の周囲でも、それまでは韓国に親近感を持っていた人ですら『ワールドカップで目が覚めた』と、一気に嫌韓感情を膨らませたケースが多いんですよ」

私が取材した在特会会員の多くも、〝右ブレ〟の理由としてワールドカップを真っ先にあげている。当時の「2ちゃんねる」では、韓国選手やサポーターの一挙手一投足をあげつらったスレッドが乱立、いわゆる「祭り」状態となっていた。韓国側のナショナリズムに煽られ、日本人の一部もまた、眠っていたナショナリズムが刺激された側面はあったように思う。

たしかに韓国側サポーターのなかには極度に政治的な者もいた。日本が負ければ喜び、日本が勝てば日の丸を踏み潰すといった韓国側サポーターの姿に、憤慨した日本人も少なくはないだろう。その憤りを手軽に表明できるのが、ネットの世界だった。ネットは間違いなく、ナショナリズム高揚をもたらす酵母菌の役割を果たした。

ネット言論を沸かせた「小泉訪朝」は、もっとわかりやすい。これによってはじめて北朝鮮政府は拉致事件の関与を公式に認めた。在日コリアン社会にも震撼を与えたこの国家的犯罪に対して、憤りを覚えなかった日本人は稀であろう。当然、ネット掲示板は北朝鮮に対する悪罵と怨嗟の声で溢れることになった。

南（韓国）のナショナリズムと北（朝鮮）の犯罪――を目の当たりにして、朝鮮半島だけでなく、在日コリアンに対しても、さらには日本と朝鮮半島の歴史的関係についても、庶民感情のなかで「見直し」が進んでいく。

これが米田の言うネット言論の「エポックメーキング」である。

そうしたネットの世界に彗星のごとく現れたのが、桜井誠だった。ネットで、ときにテレビにも顔をさらし、桜井はアジり続けるのである。在日コリアンは本当に「虐げられた存在」なのか。歴史教科書に記された従軍慰安婦の「悲惨な境遇」など、すべてデタラメであり、戦時下中国における日本軍の「南京大虐殺」など、虚構そのものであると訴え、日本の復権を唱えたのだ。

桜井が語るこうした「歴史の真実」は、時代の気分に乗って、たちまち保守系ネットユーザーを糾合していく。

米田が説明を続ける。

「在特会結成前年の2006年、桜井を主宰者として、『東亜細亜問題研究会』という組織ができます。これはあくまでもネット上での勉強会といった性格でしたが、チャンネル桜などでも取り上げられ、それなりの注目も集めました」

この研究会は、その頃に爆発的なベストセラーとなっていた『嫌韓流』（山野車輪著）の解説本を、同じ出版社から出すなど、活字方面での活躍も見せている。朝鮮半島、中国、そして在日に関するさまざまな情報をネットで収集してはそれを共有し、各自のブログなどで発信した。

ちなみに米田をはじめ古参メンバーの多くは、この東亜細亜問題研究会の出身だ。ただしネット上の勉強会という性格であったため、この頃はデモや街宣のような活動はしていない。

翌2007年、東亜細亜問題研究会を発展的解消させて創設されたのが在特会だった。

「ネットは大きな武器であり、多くの賛同者を集めることもできました。しかし、それだけでは世の中は変わらない。目に見える行動も起こしていこうとの思いから、より能動的な性格の組織をつくることにしたのです」

同年1月20日。東京・江戸川区の東部フレンドホールで、在特会の「第1回総会」が開催された。事実上の設立集会である。来場者は約100名。現在の在特会の規模から考えれば小ぢんまりとした集会ではあるが、〝ネット活動〟以外に実績を持たない組織の初陣としては、よく集まったほうだろう。しかも発足当初の会員数は500名。〝出席率〟は高い。その頃は蜜月の関係にあったチャンネル桜の撮影クルーも、会場でカメラを回した。

そのときの映像が残っている。

壇上に立った桜井はスーツの左胸にバラの造花をつけ、襟元には「北朝鮮に拉致された日本人を救出するための全国協議会」（通称、救う会）のブルーリボンバッジが光っていた。当時、ブルーリボンを襟章としていた在特会員は少なくなかった。ネット右翼など一部の者たちにとってブルーリボンは間違いなく「反北朝鮮」のシンボルだった（その後、救う会と在特会の間でトラブルが生じたこともあり、現在、ブルーリボンを付けた在特会員の姿は極端に減った）。

初代会長として紹介された桜井は壇上のマイクに顔を近づけると、一呼吸置いてから会設立の動機について次のように話した。

「在特会をつくろうと私が考えましたのは、在日による無年金訴訟がきっかけとなっています。私はこれに大変な憤りを覚えた。冗談じゃない！（会場から『そうだっ』の声）1円も掛け金を払っていない在日が、カネ寄こせと言ってるわけです。多くの日本国民は歯を食いしばって、少ない給料のなかから掛け金を払っている。こんな訴訟、許せるわけがありません！」

桜井が言う「無年金訴訟」とは、無年金の状態にある全国各地の在日コリアンの高齢者が、日本政府に対して慰謝料を求めて訴えた裁判を指している。１９５９年に施行された旧国民年金法は、国籍条項によって老齢年金支給対象者を日本人に限定した。つまり在日コリアンを含む外国人は国民年金に加入したくとも、その資格がなかったのである。

82年、国籍条項は撤廃されるが、当時35歳以上の在日外国人は加入期間が25年未満のため支給要件を満たさないとされた。86年の法改正によって一部救済措置がとられたが、それでも60歳以上は救済の対象とならなかった。そこで各地の在日コリアン高齢者を中心に、「納税しているのに、外国籍を理由に年金が受給できないのは憲法の平等原則に反する」として、国に対して慰謝料の請求を求めたのだ（2012年現在、いずれの訴訟も原告側が敗訴している）。これに対し桜井は「掛け金を払っていない在日が、カネ寄こせと言ってる」と噛み付いたのである。

当時の桜井はまだ「ゴキブリ」「叩き殺せ」といった下卑た言葉は用いていない。だが、それでも十分に扇動的な表現を使いながら、演説は在日に対する属性攻撃へと向かっていく。

「在日の青年人口の10人に1人がヤクザだという報告もある。いったい、どんな民族なんですか。こういう人間を野放しにしてきたんですよ、我々は。そのうえ生活保護まで支給している。考えてほしい。いま、生活保護を受けることができずに、どれだけの日本人がクビを吊って死んでいるのか。我々の血と汗と涙でもある税金が、外国人に使われてしまっていいのか！」

会場からは「よくない！」「そのとおりだ！」との声が飛ぶ。

聴衆を煽り、その反応をたしかめながら、ときに早口でまくしたてる緩急自在の話法は、この頃から堂に入っている。たいしたものだと感心する一方、まだ30代半ばだというのに老獪《ろうかい》ともいうべきテクニックを駆使する桜井に、私は少しばかりのうすら寒さも感じた。

在特会のある幹部が、私にこっそりと打ち明けた話がある。桜井は、自分の演説を効果的に見せるために、懸命に練習を積んでいるのだという。

「会長の自宅には大きな姿見があるそうなのですが、その前に立って、指先の動きまでを確認しながら、毎晩のようにアジテーションの練習をしていると話していました。さすがにそこまで努力する幹部はいませんね。練習の成果もあってか、演説の上手さは、やはり会長の独擅場です」

この話を聞いたとき、地味で目立たない高校時代の「高田誠」が頭のなかによみがえった。そして、思った。「高田誠」は変わったのではなく、希代のアジテーター「桜井誠」を演じているだけではないのか。平凡な「高田誠」から最も遠い場所につくられた「桜井誠」というキャラクターに、彼は近づこうとしているのではないのか。姿見の前に立ち、腕を振り上げ、〝セリフ〟をつぶやく彼の孤独な闘いを私は想像したのだった。

設立総会を終えた直後、桜井は自身のブログで次のように〝決意〟を記した。

〈在日特権の廃止を目指して、在特会では取れる限りのあらゆる方策をもって在日問題を世に訴えかけていきます。ネットの世界では周知のことも、残念ながらまだまだ世間一般に浸透しているとは言いがたい状況です。日韓の関わりたる歴史問題から説き起こし、在日特権とは何か？　在日になぜこのような特権を与えたのか？　犯罪まみれ、不正まみれ、反日まみれの不逞在日の実態を分かり易く解説し、様々な活動を経て社会に伝えていきます〉

（「Doronpa の独り言」２００７年1月26日付）

演説同様に座りの悪い言葉が並ぶ。しかしそれは、憎悪というエネルギーを導き出すための最も効果的な燃料であった。

桜井と在特会の「祭り」が始まったのである。

2 会員の素顔と本音

ごくごく普通の若者たちは、なぜレイシストに豹変するのか

在特会の設立はネット言論の世界に大きな衝撃を与えた。それまでネット上の掲示板に書き込むだけで満足していた「ネット右翼」と呼ばれる者たちのなかから、はじめてリアルな〝活動家〟が姿を現したのである。彼らは市民団体を名乗り、在日コリアンの特権廃止という具体的指針を団体名に掲げたことで、実社会ではそれまで小声で語られることの多かった「在日」というテーマが、あたかも〝市民権〟を得たかのように受け止められたのであった。

設立に合わせ、在特会は綱領ともいうべき「7つの約束」を発表している。

1・在日による差別を振りかざしての特権要求を在特会は断じて許しません。

2・公式サイトの拡充、各地での講演会開催などを様々な媒体を通じて在日問題の周知

を積極的に行っていきます。

3・各所からの講演要請があれば在特会は可能な限り応じ、集会の規模を問わず講師の派遣を行います。

4・「在日特権に断固反対」「在日問題を次の世代に引き継がせない」意思表示として在特会への会員登録を広く勧めていきます。

5・当面の目標を登録会員数一万人に定め、目標に達し次第、警察当局や法務当局、各地方自治体、各政治家への在日問題解決の請願を開始します。

6・在日側からの希望があれば、放送・出版など様々なメディアにおいて公開討論に応じます。

7・不逞在日の犯罪行為に苦しむ各地の実態を知らしめ、その救済を在特会は目指していきます。

発足当初の会員数は500名。「当面の目標」とされていた会員数1万名は、わずか4年間で達成している。この種の団体としては、急成長を遂げたといってもよいだろう。

それにしても在特会がことあるごとに主張する在日コリアンの「特権」なるものが、よくわからない。広報局長の米田は「外国籍でありながら、日本人と同じような権利が与えられていることじたいが異常だ」としたうえで、次のような「特権」を指摘した。

・彼らは特別永住資格によって、ほぼ無条件に日本に永住できる。滞在資格による条件がなく、たとえば他の外国人であれば犯罪を起こせば強制送還されても、在日コリアンにはそれがない

・彼らは通名(本名以外の氏名)使用が認められている

・彼らは外国籍でありながら生活保護の受給が認められている

・一部自治体では、在日コリアンや、在日団体の関連施設に対し税制面で優遇措置をしている

いずれも事実だ。事実ではあるが、はたしてこれが本当に「特権」と呼べるものなのか。その詳細については第5章で検証するが、彼らの物言いには日本が朝鮮半島を植民地支配したという歴史認識も、旧宗主国としての責任も、すっぽり抜け落ちているように思える。いや、在特会の認識としては、そもそも〝植民地支配〟などというものは存在しない。ましてや「強制連行」や「従軍慰安婦」などは、左翼勢力のデッチ上げにすぎない。

戦前、戦中、日本は朝鮮半島のインフラを整備し、近代化を手助けし、教育の復興に力を

注いだ。であるのに、その恩を仇で返すのが韓国・北朝鮮両国であり、在日コリアンはその影響下に置かれた手先、寄生虫だ——というのが彼らの主張である。

国によって歴史認識に違いがあるのは当然だ。強制連行などについては、その「真実」をめぐって国内でもさまざまな議論がある。歴史の専門家でもない私は、その点について簡潔かつ正確に判断する術も力量もない。だが、仮に「歴史の真実」が在特会の主張するとおりだったとしても、なぜに「朝鮮人を叩き殺せ」なのか。そこが私には、わからないのだ。

「たとえばですね」と米田は生活保護の問題に言及した。

「いまの時代、日本人の多くが貧困に苦しんでいる。ホームレスになったり、自殺したりする人も少なくない。年間3万人もの人が自ら命を絶っているんですよ。なのに在日は外国籍でありながら生活保護を優先的に受け取り、しかも日本への悪口ばかり言ってるではないですか。貧困を理由に在日が自殺したなんて話は聞いたことがない。特権を享受しながら、差別反対運動や戦争犯罪追及など、事実無根の反日活動をおこなっている在日こそ、日本の元凶じゃあないですか」

在特会ではおなじみの主張である。末端会員から幹部まで、この問題に関しては必ず冒頭に「自殺者3万人」を持ち出したうえで、外国籍住民への生活保護支給を批判する。

東大院卒のエリート副会長

2011年2月26日。在特会は東京・代々木公園の一角で「朝鮮総連と朝鮮学校の解体」を訴える街頭宣伝をおこなった。同日、公園内では朝鮮総連をはじめとする組織が、学校無償化を訴える集会を開催していた。これに対抗するための、いわゆる〝カウンター街宣〟である。

このとき私が最も興味を感じたのは、在特会副会長・八木康洋のアジ（アジテーション）演説だった。日の丸の鉢巻きをした八木は、苛立ったような表情を浮かべてマイクを握ると、まずは、今日が「二・二六事件」から75年目の日であると切り出した。

「いったいなぜ、二・二六事件が起きたのか。政治は腐敗し、財閥はマネーゲームに奔走し、その一方で多くの農民が餓死していた。あまりにもひどい格差ができていたんです。だから青年将校は決起した。そしていま、日本は同じような不況のなかで、みなさんは職をどんどん奪われている。しかも、生活保護を打ち切られた日本人も少なくない。すでにニュースなどでご存じの人も多いかと思いますが、生活保護を打ち切られ『せめて、おにぎりが食べたい』と言い残して餓死してしまった日本人もいるんです。こうした状況にもかかわらず、朝鮮人は生活保護をもらっているどころか、まだまだ足りない、もっと権利を寄こせと要求しているんです！　生活保護を打ち切られた朝鮮人なんて聞いたことがありません。こんなバカなことがあるか！」

八木は東京工業大学を卒業した後、東大大学院に進み、現在は大手化学メーカーの研究所に勤めている。在特会のなかでは数少ない学歴エリートだ。活動には必ずスーツにネクタイといった姿で参加し、ときにその上から白衣をまとうこともある。

この日の街宣では、二・二六事件で決起した青年将校への黙禱から始まった。

二・二六事件と在日コリアンの生活保護受給とが、どこで結びつくのか私にはよくわからないし、ツッコミどころはたくさんあろう。そもそも、在特会が社会の理不尽な格差や、生活保護の支給を渋る行政責任について、これまでどんな活動をしてきたのかも私は知らない。

むしろ私が興味と関心を覚えたのは、在日特権廃止のために立ち上がった自分たちを、決起した青年将校の姿に重ね合わせ、世の中の不条理を訴えるという、彼らのヒロイズムに染まった心情である（余談だが、この演説を聞いたある右翼関係者は「青年将校とお前らを一緒にするな」と激怒した）。

取材を進めていくなかでさらに確信を深めたことだが、在特会の会員は、どれだけ薄汚い罵りの言葉を口にしても、加害者としての意識など微塵《みじん》も感じていない。うしろめたさもない。むしろ彼らは自らが「被害者」であることを強調する。若者の「職が奪われる」のも、生活保護が打ち切られるのも、在日コリアンといった外国籍住民が、福祉や雇用政策に〝ただ乗り〟しているからだと思い込んでいる。自らを「被害者」だと位置づける者たちに、外国人を略奪者にたとえるシンプルな極論は一定程度の説得力を与える。だからこそ彼らは青年将校の悲劇や、困窮した農民の涙に共感することで、運動の正当性を補強しているのだ。

秋葉原の在特会の事務所で取材に応じたときの米田もそうだった。在日こそが日本の元凶だ、差別されているのは日本人のほうなのだと彼は何度も強調した。

なるほど、と私は曖昧に相槌を打った。共感や理解を覚えたからではない。言わんとしていることが、なんとなくわかりかけてきたからだ。それは、米田の次の言葉で、より明確になった。

「要するにですね」

そこで米田は一呼吸置くと、私を正面に見据えたうえで一気呵成にまくしたてた。

「我々は一種の階級闘争を闘っているんですよ。我々の主張は特権批判であり、そしてエリート批判なんです」

このときばかりは米田の表情から穏和な色が消えていた。顔には険しさが増し、目の奥には憎悪が光っていた。軽く怒気を含んだような声で米田は続けた。

「だいたい、左翼なんて、みんな社会のエリートじゃないですか。かつての全共闘運動だって、エリートの運動にすぎませんよ。あの時代、大学生ってだけで特権階級ですよ。差別だ何だのと我々に突っかかってくる労働組合なんかも十分にエリート。あんなに恵まれている人たちはいない。そして言うまでもなくマスコミもね。そんなエリートたちが在日を庇護《ひご》してきた。だから彼らは在日特権には目もくれない」

ここで「階級闘争」なる言葉が飛び出してくるとは予想もしなかったが、言わんとすることはわかる。つまり彼らは自らが社会のメインストリームにいないことを自覚しているのだ。自分たちを非エリートだと位置づけることで、特権者たる者たちへの復讐を試みているようにも思える。

在特会は、デモや街宣中に左翼党派の学生組織などに出くわすと、「親の脛《すね》をかじっておいて、何が革命だ！」といったヤジを飛ばす。ずいぶんと古典的な物言いだなあと感じつつも、どこかしら切実さの伴った、悲鳴にも似たその声にはある種のリアルな説得力があった。

私は在特会の下卑たアジテーションは完全なヘイトスピーチ（人種、属性や外見を理由に他人を貶《おとし》めるような言動）だと思っているし、なかでも在日コリアンや中国人留学生などに対する攻撃は弱いものイジメ以外の何ものでもないと確信している。焼肉店に向かって「ゴキブリ朝鮮人」と連呼したり、街宣中に目の前を通りかかっただけの中国人女性に対して、「シナ人、出て行け」「バカヤロウ！」と会員らが突っかかる光景は、とてもじゃないが正視できなかった。

会長の桜井にいたっては、やたら「殺す」を連発する。朝鮮大学校の前で「我々は朝鮮人を殺しに来たんだよ！」などとマイクでがなりたてたこともある。正直に言えば、こんなものは政治活動でも市民運動でもあるものかと反発を覚えながら取材を続けたことも少なくなかった。

だが米田をはじめとする在特会会員は、自分たちこそが「弱者」であり、貶められているのだと信じている。彼らは「弱者」によるレジスタンスを闘っているのだ。

米田の話を聞きながら、私はこの１ヵ月ほど前に取材した、在特会の大分での街宣の様子を思い出していた。手馴れた感じの桜井の演説はともかく、次々とマイクを握る会員たちの声や表情から垣間見えたのは、怒りというよりは、得体の知れぬどろどろした憎悪のようなものだった。

20代OLの〝激情〟アジ演説

「私たち日本人は逆差別を受けているんですよ！」

大分市の中心部。老舗デパート前の歩道に大声が響き渡った。『朝鮮学校無償化』は憲法違反！　反日朝鮮人への公的資金投入を許すな！」と大書された横断幕が風に揺れる。

集まったのは会長の桜井をはじめ、在特会の大分支部や福岡支部のメンバー15人。それぞれが会の幟《のぼり》や日の丸、「在日特権の正体」などと書かれたプラカード、あるいは拉致被害者である横田めぐみさんの写真を手にしていた。

マイクを手にしているのは大分支部に所属する30代の男性だ。白い半袖のワイシャツに紺のネクタイ。サラリーマン風の出で立ちである。

「在日は生活保護の受給率が非常に高いんです。なのに日本人はなかなか受給できないんです！」

在特会の街宣では欠かすことのできない「生活保護」に関する話題だった。

「通名制度だって、在日だけに許されているんですよ。これによって、日本人になりすますことができるんです！」

いわゆる「在日特権」を訴えているわけだが、カンペを見ながらの演説は、どこかたどたどしい。いま一つ迫力に欠けるし、語彙《ごい》も乏しい。そこが桜井との〝格〟の違いであろう。桜井であれば右に左にせわしなく身体を移動させながら、手振りを交えて聴衆の耳目を惹きつけるだけの〝芸〟がある。滑舌《かつぜつ》もはっきりしているので、聞き取りやすい。だが、その男性の素朴な口調には、内容はともかくも、ある種の生真面目さは滲《にじ》み出ていた。

おそらくは、これが在特会員の平均的な姿であろう。人前で話すことに慣れていない。それまで政治活動の経験もない。いわばまったくの素人ではあるのだが、芝居がかっていないぶんだけ、少なくとも私には、なにか切実さみたいなものだけは伝わってくるのである。

次にマイクを握ったのは、八木と同じく在特会副会長の肩書を持つ先崎玲（ハンドルネーム・54歳）だった。先崎は九州方面を統轄する責任者で、設立時からのメンバーだ。福岡市内で美容院を経営している。

職業柄なのか、短く刈り込んだ髪型は50代にしては若々しい印象を与え、地味なファッションの若者が多い在特会にあって、洋服の着こなしも洗練されている。この日も黒いシャツの前面をはだけ、身体にフィットした白いニットシャツを見せるといった〝ちょい悪《ワル》〟な演出が光っていた。ただしアジ演説は怒鳴りあげるだけの一本調子である。

「これまでねえ、日本人をナメるな、朝鮮人は出て行けと言える団体はなかったんですよ。それはなんでですか、みなさん。朝鮮人が怖かったんでしょ？　朝鮮総連が怖かったんでしょ？　韓国民団が怖かったんでしょ？　善良な市民がね、彼らにどれだけやられてきましたか。もういい加減にしてほしいと立ち上がったのが我々なんですよ」

大分でおこなわれた「支部発足記念街宣」

　そこまで話すと先崎はさらに表情を険しくした。おそらくは桜井の真似なのだろうが、マイクを持っていない右手を大きく振り上げ、絶叫した。

「強制連行はあったんですか？（「ありませーん」と合いの手）従軍慰安婦なんて存在したんですか？（「いませーん」）この大分にも韓国人売春婦がいっぱいいるでしょう。日本全国に5万人も韓国人売春婦が来ているんですよ。慰安婦なんてのはそれと同じことでしょう。要するに股をおっ広げて、カネもらってただけでしょう（「そうだあ」）。そんな女性たちになんで謝罪や賠償をしなくてはならないのですか！　そんなことを言い出したのが、村山富市、筑紫哲也といった大分県出身者なんですよ！　わかってるんですか、大分のみなさん？　日本をナメるなと言いたい！」

いつのまにか糾弾の対象が大分県民にすり替わっている。何かを訴えるというよりは、まるで説教しているようだった。目の前を足早に通りすぎるだけの人々に、先崎も苛立ちを隠せなかったのかもしれない。だが先崎がどれだけ煽ったところで、この日、聴衆と呼べるのは、買い物に疲れてバス停の椅子に腰掛けた数人の老人だけで、最後まで街宣に耳を傾けていたのは地元警察の公安刑事くらいのものだった。

そうしたなか、私の目を引いたのは、紅一点の街宣参加者である。赤白ボーダーのTシャツにジーンズというラフな格好で来ていた29歳のOLだ。肩甲骨のあたりまで伸びた長い髪が風に揺れる様は、どことなく野暮ったい男性参加者との差異を際立たせている。くりくりした二重の目には幼さが残り、「少女」と表現してもおかしくない顔立ちだ。

「在日特権を許さない市民の会でございまーす。みなさーん、ご静聴をお願いしまーす」

と、可愛らしい声で切り出したものの、話が「在日特権」に及ぶと、声色に突然、凄みが加わった。

「お前ら在日は、差別だ人権だと騒ぐばかりで、何かあれば顔を真っ赤にして金を要求する。それが人に物を頼む態度か！　高校サッカーの全国大会にも、高校でもなんでもない朝鮮学校が出場している。それが特権なんですよ。朝鮮学校なんて得体の知れないものに、大学の受験資格まで与えている。そのうえ授業料の無償化ですか？　どこまで厚かましいんですかあ？　いままで一度でも日本人に『ありがとう』って感謝したことがあるんですかあ？　こんな輩《やから》が通う朝鮮学校に、税金を投入するなど許されません！」

若い女性だけあって、さすがによく通る声だった。言葉の刺々《とげとげ》しさと、あまりにも「普通」な外見とのギャップは、それまで無関心を装っていた買い物客を、ちらりと振り向かせるくらいの力はあったようだ。彼女はひときわカン高い声を張り上げて、演説を次のように締め括《くく》った。

「こちらが一歩引けば、一歩踏み込んでくるのが朝鮮人なんです。この恩知らず！　恥知らず！　礼儀知らず！」

強烈だった。陶酔したようにまくしたてる桜井や、怒鳴りあげるだけの先崎とも違う。空気を切り裂くようなピリピリした鋭さを持っている。まるで目の前にいる「朝鮮人」を吊るし上げているかのような迫力だった。

私は演説を終えたばかりの彼女に、おそるおそる話しかけてみた。名刺を差し出すと、こちらが拍子抜けするほどに、か細い声が返ってきた。

「あっ、どうも。はじめまして」

ちょこんと頭を下げる彼女の表情には警戒の色こそ浮かんでいたが、拒絶するような素振りは見えない(その頃はまだ、私が誰に話しかけようが、在特会側もとくに咎《とが》めることはなかった)。

福岡支部に所属する彼女は、応援のためにわざわざ福岡から大分まで駆けつけたのだという。なぜ活動に参加しているのかと訊ねる私に、彼女は「増え続ける外国人が怖いから」と答えた。

「私が住んでいる福岡は昔から在日が多く住んでいます。加えて最近では集団で歩く中国人を多く見かけるようになりました。ハングルや中国語で書かれた標識や看板も増えてきました。このままでは街が在日や中国人に汚されていくようで悲しいんです」

故郷が外国の軍隊から侵略を受けたかのような、それこそ〝悲しい〟表情を浮かべながら、彼女は静かに訴えた。彼女のなかでは華僑や在日コリアンといったオールドカマーと、留学生などのニューカマー、あるいは韓国人と中国人とが一緒くたになっている。具体的に何か「被害」を受けたことでもあるのかと訊ねても、「とくにないけど、怖くてしかたない」と繰り返すだけだ。

漠然とした外国人への恐怖を、さらに増幅させたのがネットや書籍で得た知識だった。

「2ちゃんねるで情報を集めたり、『嫌韓流』を読んだりするなかで、在日特権の存在を知ったんです。外国人として日本に住んでいながら、反日ばかりを訴える在日に、ものすごく腹が立ちました。なぜ、そんな人たちに特権など与えるのか、本当にわからない。このままでは日本が反日勢力に乗っ取られてしまう」

『嫌韓流』は2005年に発売され、シリーズ累計で90万部という、この手のものとしては驚異的な販売実績を記録した漫画作品である。韓流への対抗軸、いわゆる「嫌韓」をテーマとし、日韓の歴史問題（植民地政策、慰安婦問題など）に関して、韓国側を徹底的に批判した内容となっている。在特会のみならず、昨今の草の根保守を支える「ネット右翼」には、この本に影響を受けた者が多い。彼らにとってはバイブルともいうべき作品だ。

たしかによくできた本ではある。冒頭でサッカーの日韓ワールドカップを取り上げ、韓国代表選手のラフプレーや同国サポーターの「反日ぶり」を描くあたりは、まさに、当時の右派的心情を代弁している。この描写を端緒として歴史問題や「在日特権」につなげていく手法もこなれたものだ。「韓国には、そもそも誇れる文化なんかないのだから！」といった登場人物のセリフにカタルシスを得た者も少なくはないだろう。その一方で、著者の主張と対立する人物（在日韓国人や、その権利擁護を主張する者）が醜く描かれるといった表現方法に、私は違和感を覚えた。

いずれにせよ「嫌韓」といったムーブメントの源流となった歴史的価値は記録されてよい（ちなみに2011年に刊行された『文庫版・嫌韓流』には、巻末に著者の山野車輪と桜井誠の対談が収められている。そこでは私に対する批判も展開されているのだが、これについても後に詳述したい）。

カルデロン一家への抗議デモ

福岡支部の女性会員に話を戻そう。2ちゃんねるや『嫌韓流』に影響を受けた彼女は、しかしその後、さらに大きな衝撃と出会うことになる。彼女が在特会に入るきっかけともなったそれは、動画サイト「YouTube」にアップロードされた1本の動画であった。

「在特会によるカルデロン一家への抗議デモ。この様子を映した動画を目にして、日本に居座る外国人に対して、強い憤りを覚えたんです。同時に、堂々と声をあげて抗議デモする在特会の姿に共感を覚えました。私はこれをきっかけに在特会への入会を決めたんです」

これは2009年4月におこなわれた、いわゆる「カルデロン一家追放デモ」と呼ばれるものだ。その頃、不法滞在を理由に入国管理局から強制送還を迫られていたフィリピン人のカルデロン一家の問題が連日、テレビや新聞で大きく報道されていた。両親と娘からなる3人家族のカルデロン一家は、中学1年生の娘だけが日本生まれだったため、彼女自身は「友達と離れたくない」と、涙ながらに両親の送還処分撤回を訴えた。しかし結局、入管当局は両親だけをフィリピンに送り還《かえ》し、家族は離れて暮らすことになる。しかし支援団体はこの入管の処置を非人道的な行為であると強く抗議し、メディアもこぞって「引き裂かれた家族の悲劇」を報じた。私個人の意見としては、たとえ不法な入国手段であったとしても、長く日本に居住し、生活基盤を確立した家族に対しては、特別在留許可というオプションを用いてもよいのではないかと考えている。移民政策のようなものがない日本は、しかし、単純労働の分野では外国人に依存してきたのだ。柔軟な対応があってもよいはずだ。

だが、問題発覚時から一貫してネット言論は「強制送還支持」を訴えていた。2ちゃんねるをはじめとするネット掲示板には「処分は当然」「お涙頂戴の報道はやめろ」といった書き込みが殺到した。在特会も早くから「不法入国者、外国人犯罪者を助長させるな」とのメッセージを発表、ついにはカルデロン一家の居住地だった埼玉県蕨市において、「国民大行進」と銘打った大々的なデモ行進を展開したのである。

２００９年4月11日。集まった約２００人のデモ隊は「不法滞在者を即時追放せよ」「犯罪外国人を擁護する左翼やマスコミは出て行け」「カルデロン一家を叩き出せ」とシュプレヒコールをあげながら、日章旗を担いで市内を行進した。

デモのコースには、当事者である娘が通う蕨市立第一中学校前も含まれていた。デモ隊は中学の校門に差し掛かると、わざわざそこで立ち止まり、「ここが第一中学校です。怒りの声をあげましょう」と叫ぶ先導役に合わせ、「不法滞在者、不法就労のカルデロン一家を、直ちに日本から追放するぞ！」とシュプレヒコールを繰り返したのである。

いくらなんでも13歳の少女をターゲットに「叩き出せ」だの「追放」はないだろうと、後に在特会がアップした動画を目にしたとき、私は気分が悪くなった。このとき、カルデロン家の娘は音楽部の活動のため、学校内にいたのである。彼女はどんな思いで、罵声に耐えたのだろう。

この日のデモに対しては外国人支援団体なども蕨に駆けつけ、沿道からデモに抗議の声をあげた（在特会側の横断幕を引きずりおろしたとして、支援団体のメンバーが逮捕される騒ぎもあった）。右派の論客として知られる新右翼団体「一水会」代表の木村三浩は、左翼系の「人民新聞」に寄稿し、次のように論じている。

〈「在特会」は、街頭でも勇ましいことを言って、相手を口汚く罵って排除するという運動スタイルで、「品位がない」という批判が右翼からも出ている。蕨市・カルデロンさん一家に対する抗議デモもまるで弱い者イジメで、到底賛同できるものではない。右翼は弱い者イジメはしない。だがこれも、マスメディアが多く集まっているところでのパフォーマンス戦術なのだ。こんな表層的な感情論に左右されてしまうほど、滑稽なことはない。彼らが登場してきた背景としては、不安定労働が激増し、世の中もギスギスして、やるせない不安やストレスを抱えた若者が多く生み出されたことだ。彼らがそのはけ口を求めて弱い者を攻撃しているのだろうか〉

ただし――ネット言論の世界に限定すれば、在特会を非難する声は少数派にすぎなかった。中学生の少女を槍玉にあげるようなデモを、「よくやった」と賞賛する声が圧倒的に多かったのである。しかも、この「カルデロン一家追放デモ」は、私が取材した福岡支部の女性だけではなく、多くのネット右翼の心を激しく揺さぶり、結果として在特会の急成長を促す原動力ともなった。

前出、広報局長の米田は私の取材に対して、次のように話している。

「(カルデロン家の追放デモは)在特会にとってのエポックと言ってもよいでしょう。デモの動画をアップしたとたん、ものすごい数の視聴者がついたし反響も過去に例がないほど大きかった。これで会員が急増したんです。デモ後しばらくは、一日に数百人単位で会員が増えたんですからね」

なお、米田は、「カルデロン一家追放デモ」の目的をこうも語っている。

「あえてカルデロンの地元でデモをしたのは、市民にも地元行政にも、もっと危機感を持ってもらいたかったからですよ。国外追放はかわいそうだというお涙頂戴報道が溢れるなか、地元では問題の本質が少しも理解されていない。国外追放反対の署名活動までおこなわれていますからね。密入国した犯罪外国人を放置しても、本当にかまわないのか。我々はそのことを訴えたかったんです。そもそもカルデロンがかわいそうだという主張は、正規の手続きを経て日本に来ている外国人に対しても失礼な話じゃないですか」

「不法入国を許すな」という訴えが、ある一定の層に対して相当に強力な説得力を持つのは事実だろう。福岡支部の彼女も、そこに在特会の〝正義〟を見たのである。

「法律違反を許さない、犯罪を許さないというのは、当たり前の主張じゃないですか。でも、その当たり前のことを堂々と口にできないのが今の日本なんです。在特会は、そんな状況に対して正論をぶつけただけなんです。私はその姿に感動したんです」

その「感動」が彼女を在特会へ導き、入会から1年後には「恩知らず！　恥知らず！

礼儀知らず！」と在日コリアンを街頭で罵るまでになったのだ。

この日、大分ではじめて街宣に参加したという男性（32歳）も、「正しいことを正しいと言えない日本」への苛立ちを私に訴えた。大分県内で家業の農家を継いでいるという。朴訥《ぼくとつ》な印象の青年だった。

「日本は左翼勢力が強すぎる」と彼は言った。

メディア、教育、そして政治家。どこもかしこも左翼に侵食されているというのが彼の認識だ。いや、これは在特会員にとっては、きわめてスタンダードな考え方でもある。当の左翼からすれば腰を抜かすほどの過剰評価ではないのかと思うのだが、彼らからすれば、まともな軍隊を持つことができないだけでも十分に「日本は左翼！」なのである。

「社会主義なんて、とっくの昔に終わっている。世界中で失敗したのは誰の目にも明らかであるのに、日本ではいまだに左翼が強いのですから、どうかしていますよ」

この男性は子どもの頃から「強い日本」に憧れていた。外国人にナメられない、日本人のための日本であるべきだと思っていた。しかし学校で教わったのは「平和を目指す日本」「差別のない日本」であり、テレビをつければ、これまた「左翼的な言説」が幅を利かせていた。

「在日の問題にしてもそうなんです。差別はいけないとか、同じ人間だからとか、そんなことばかり教えられてきました。でも、なんで外国人が特別に守られなければいけないのか、僕にはよくわからなかったんです。みんな神経質になりすぎている。僕の知り合いの在日は『祖国（韓国）に誇りを持っている』と言うのですが、それではなぜ日本に住んでいるのか。それは、彼ら在日が日本で優遇されているからなんですよ。特権に甘えているんです。多くの人間はそのことを知っていながら指摘しない。怖いのか面倒なのか知らないけど、保守を含めて日本人はこの問題をずっと避けてきたんですよ」

悶々とした気持ちを抱えていたときに、彼はネット上で桜井誠の動画と出会った。それまで保守の人間というのは行儀が良く、おとなしく、議論下手な者ばかりだと思っていた。しかし桜井は違った。桜井の口からは機関銃のように言葉が飛び出してくる。どこまでも攻撃的で容赦なかった。保守の側にも、これだけ力強い人間がいるのかと感動した。日頃自分が抱えている不満や疑問を、桜井がすべて代弁してくれたような気持ちになった。

「こんなにも力強い味方がいたのかと嬉しくなったんです」

自分は独りじゃない——そう感じたのだという。

この日、街宣に参加することは同居している両親には告げてこなかった。

「たぶん、こんな活動に参加したと知ったら心配すると思います。僕の両親は、僕ほどには日本が危ない状況にあると思っていません。それに県内の農家ではいま、人手不足を補うために中国人の実習生を積極的に招いています。僕の家でも、いつかはその流れに乗るかもしれない。これからも表立って活動に参加することはできないかもしれませんね」

つい先ほどまで、桜井や副会長の先崎が、「犯罪シナ人は出て行け」と叫んでいたばかりである。いずれは中国人の雇用も考えなければいけない農業現場で働く彼にとって、その点だけは複雑な思いで聞かざるを得なかったであろう。

だからなのか。彼が去り際に、ぽつりと漏らした一言が印象的だった。

「中国人には、マトモな人がいっぱいいるんですけどね……」

この日、私の取材に最も積極的に応じてくれたのは、39歳の自動車整備士だった。ラガーシャツにジーンズという姿で街宣に参加した彼もまた、少なくとも私の前では「好青年」であった。

話を聞かせてくれと頼む私を、「じゃあ、ちょっとついてきてください」と近くの駐車場に案内する。そこには彼の愛車である真っ白なミニバンが停まっていた。彼はリアハッチを開けると、私になかを覗き込むよう促した。目に飛び込んで来たのはゆうに100枚は超えるであろうＤＶＤである。しかもそれらはすべて音楽でも映画でもなかった。
「在特会の動画です。サイトにアップされた街宣やデモの動画を、ＤＶＤに焼いた（コピーした）ものです」

少しばかり得意げな表情を見せたところに、このＤＶＤが彼にとっていかに大事なものであるのかが理解できた。

彼もまた、ネットで桜井の演説動画を目にしたことが在特会入会のきっかけになったと語る。

「動画の力はすごいですよ。ストレートに言葉が伝わってきます。僕もはじめて在特会の動画に接したときは衝撃を受けました。堂々と『朝鮮人は出て行け！』なんて叫ぶ人、見たことありませんでしたからね」

必死になってネットをたどり、在特会の動画を見まくった。そのうち自宅のパソコンで視聴するだけでは飽き足らなくなる。自分でＤＶＤに焼き付けたり、在特会の専属カメラマンからＤＶＤを１枚１０００円で購入、車載の再生機を用いて毎日の通勤時間をも動画視聴にあてるようになったという。

「勉強になりますよ。日本がいまどのような状況にあるのか理解できるだけじゃなく、演説のしかたとかも」

彼は「桜井会長を尊敬している」と言い切る。

「たしかに言葉はきついかもしれません。ですが、そこまでしなければ誰にも注目してもらえないじゃないですか。いままで保守を名乗る人々は、在日問題にしても、増え続けるシナ人の問題にしても、はっきりと伝えてこなかった。だから外人が特権を身につけるようになってしまったんです。会長はそのことをストレートに訴え、世の中に問題提起したんですよ。少なくとも多くの人がそれで在日特権についての理解を深めてくれた。僕自身、在日特権という真実を桜井会長の演説ではじめて知ることができたんです」

幼かった頃、彼の祖父母は祝祭日になると玄関に日の丸を掲げていた。子ども心に、美しい光景だと思っていた。日の丸に象徴される日本を大事にしたいと思った。しかし大人になったいま、祝祭日に日の丸を掲げる者は自分の両親も含めて、ほとんどいない。そんなことをすれば「右翼」だと呼ばれてしまう風潮がある。ずっと、納得できない思いを抱えてきた。

中学、高校では部落差別を学ぶ「同和教育」を受けた。この時間がたまらなくイヤだった。

「なぜ、知らなくてもいいことを学校は教えるのか。身の回りに差別など存在しない。それなのに学校はくどいくらいに『差別はよくない』『人権が大事だ』と強調するわけです」

その反動から「人権」「差別」といった言葉に反発心を覚えるようにもなった。

専門学校を卒業した彼は、自動車販売会社に整備士として就職する。職場では、あまり政治的な話はしない。理解してもらうのは難しいと思っている。北朝鮮による拉致事件が明らかとなったとき、身の回りの人間はみな憤慨していた。それでも、そんな野蛮な朝鮮人は日本から追い出したほうがいいという意見を耳にすることはなかった。

「僕は拉致事件がどうしても許せなかったんです。いったい北朝鮮とはどんな国なのか。ネットで検索を重ねるなかでヒットしたのが在特会の動画。これによって北朝鮮のことだけでなく在日の存在もまた、日本を危機に追いやっているのだと理解することができました。真実を知ってしまったんですよ」

真実――在特会に関係する者の多くが好んで使う言葉の一つだ。「真実に目覚めた」「真実を知った」。リソースとなったのは、いずれもネットである。新聞、雑誌、テレビによって隠蔽《いんぺい》されてきた真実が、ネットの力によってはじめて世の中に知られることになった。そして目覚まし時計で叩き起こされたときのように、ハッとして起き上がり、それまで見えてこなかった日本の風景を彼らは目にするのである。

気がつけば周囲は敵ばかりだ。学校もメディアも行政も。そのうえ最大の敵である在日が、今日も大きな顔して世の中を闊歩している。

彼ら彼女らは熱っぽく訴える。在日は恵まれすぎている。権利ばかり主張する。普通の外国人になればいい。もっと日本に感謝しろ。

私には在特会の会員が口にする「在日」なる文言が、無機質な記号のようにも感じられた。在日と一括りにされる人々の顔も、表情も、生活も、歴史も、風景も、そこからはディテールがまるで浮かび上がってこない。日本の危機をあらわす、あるいはすべての矛盾と問題をひもとくブラックボックスのような存在として、都合よく使われているような気がした。

それでも、私は彼らを単純に「人種差別主義者《レイシスト》」「排外主義者」だと毛嫌いし、一方的に批判することだけは避けたいと思った。そんなスタンスで取材などできない。

あるいは不満や不安を抱え、悶々としながら長い時間を過ごしてきた者たちが、どこかで私自身と重なったからなのかもしれない。「こちら」と「あちら」という切り分けは、私にはできない。「あちら」側にも、それなりのリアリティがあるのではないかと感じることも少なくない。

なによりも在特会が社会に一定程度の影響力を与えている点だけはしっかり認めなければならない。彼らをぐいぐいと引き寄せる、強烈な磁力の存在は無視できないのである。

「批判も自由に書いてください」

北海道札幌市——。9月下旬ともなればすでに秋の気配は濃厚で、午後の穏やかな日差しのなかにも、ぶるっと身震いするような冷気が忍び込んでいた。

2010年秋のとある日曜日である。市の中心部である大通《おおどおり》公園は大勢の人で賑わっていた。テレビ塔をバックに観光客の女性のグループがおどけたポーズでカメラに収まっている。北国の秋は、空がどこまでも高く、そして青い。平和な光景だった。

その大通公園を横切る道路脇に、どこからともなく日の丸を担いだ男女が集まってきた。

在特会北海道支部の面々である。いかにのどかな光景に恵まれた場所であっても、在特会が登場すると空気は一変する。コード進行が乱れるとでも言おうか。穏やかな旋律のなかに、突然、調子っぱずれの和音が飛び込んできたような、座りの悪さを感じてしまうのだ。

街宣に集まったのは約20名。いつものごとく、それぞれがマイクを握って「在日特権の廃止」や「中国の軍事的脅威」を訴えた。

一番目を引いたのは「中国の脅威」をなめらかな口調で説いていた一人の女性である。

高橋阿矢花（ハンドルネーム・28歳）。最近、勤めていた企業を退職し、現在は就職活動中だという。軽くウエーブのかかった髪と、大きめのイヤリングでキメた高橋は、むさくるしい男たちのなかにあって、ひときわ目立つ。

演説を終えた高橋に近寄った。名刺を手渡すと、彼女は強張った顔で私を見つめ、そして静かに頭を下げた。警戒心というよりも、メディアの人間などハナから信じていないのだという、不信感が表情にあらわれていた。その意志の強そうな顔に、むしろ私は好感を持った。

「もともと政治なんかに興味はなかったんです」と高橋は静かに口を開いた。イデオロギーとは無縁の「普通のＯＬ」だったという。

そんな高橋の目を政治に向けさせるきっかけとなったのは、08年の国籍法改正だった。これは、外国人との間で婚姻関係のないままに出生した子どもであっても、親が認知すれば日本国籍の取得が可能となるよう、法改正されたものだ。

「直感的に何かおかしいのではと思ったんです。国籍というものが、こんなにも簡単に付与されていいものなのかって」

政治に無関心だった「普通のＯＬ」が国籍法に反応した点を、私は興味深く感じた。彼女はけっして「無関心」だったわけではないのだろう。国籍というものに敏感となるだけのメンタリティを持ち続けていたには違いない。

国籍法について、ネットで夜通し調べたという。検索をかけ、関連記事やブログを読み漁った。日本人の〝純血性〟を訴える保守派の主張が幅を利かせていた。「改正反対」の声が圧倒的多数だった。なぜか安心した。同じ意見の者がこんなにも大勢いるのかと心強く感じたのだ。そして、それまでほとんど意識することのなかった「国家」という存在を彼女は「発見」する。

「国とはどうあるべきなのか。国は誰のためにあるのか。国がすべきことは何か。そうしたことを真剣に考えるようになったんですね」

高橋が頼ったのは、もちろんネットである。ネットには保守の立場から国家を論ずる者で溢れていた。「平和を守ろう」「差別はいけない」といった言説よりも、保守のそれはもっと力強く、そして説得力に満ちていた。なかでも高橋に強い影響を与えたのが、チャンネル桜と在特会だ。

彼女は言う。どちらも本音で国を憂えていた。強い日本を目指していた。どちらの主張も大手メディアではけっして見ることのできない力強さに溢れていた。それに比べて、左翼や既存保守のだらしなさよ。平和だけを求める者など、何もせずに享楽をむさぼる怠惰な人間に思えた。差別を糾弾する者は単なるキレイごとを口にしているにすぎない……そんな思いを強くした。

「なかでも在特会の動画は、私に強い危機感を与えてくれました。桜井会長は『日本は誰のものなのか。日本人のものに決まっているだろう』と訴えていました。在日や中国人が権利ばかりを主張し、そのうえ日本に居続ける不条理も糾弾していました。そして気がつけば私も日章旗を持って街宣に参加するようになっていたんです」

そこまで話すと、高橋は私の顔を真正面から見つめ、穏やかな口調で問い質《ただ》した。

「いまのままですと、日本はどうなってしまうと思いますか？」

急に訊ねられ、困った私は聞き返すしかなかった。「高橋さんはどう思いますか？」と訊ねたのである。

高橋は、ちらっと呆れたような表情を見せたようにも思う。それでも彼女は生真面目な表情を崩すことなく、私の目を見据えたまま、つぶやくように言った。

「このまま中国や韓国の言いなりになってしまったら、日本が植民地化されてしまいます」

シルバーのイヤリングが、キラキラ光っていた。私は目を合わせることに躊躇して、イヤリングばかりを見ていた。「植民地」という耳障りな言葉と、高橋の思いつめたような顔つきが、ひどく私を憂鬱にさせた。そこまで考えているのかよという驚きと、そりゃあ植民地は嫌だよなあという単純な思いが、束になって私を襲ったのだった。目の前を足早に通りすぎる人、友人、家族。彼女の「危機感」は、国家だけに向けられているわけではなかった。目の前を足早に通りすぎる人、友人、家族。彼女にとって彼らは、「いまだに気づかない人たち」なのである。

「みんな無関心なんですよ」と、今度は怒ったような口調に変わった。

「こっちが必死になって訴えているのに、まるで関心も示さずに目の前を素通りされると、少しばかりイラつきます」

無理もない、と私は胸のなかでつぶやいた。「朝鮮人は出てけ」、「シナ人を追い出せ」、といったシュプレヒコールなど、聞かなかったことにして足早に去るのが普通の反応というものだろう。下手に意見などしようものなら、とたんに囲まれてリンチまがいの〝制裁〟を受けることになる。それが在特会のスタイルだ。だが彼女にしてみれば、賛同を示すことのできない人は、その時点で意識が後《おく》れた人間だ。ときに左翼党派にも見られる独りよがりの無謬性《むびゅうせい》を感じないわけにはいかなかった。

矛先は身近な人間にも向けられる。

「友人や両親もまるでダメですね。友達に外国人参政権の問題点を話しても、不思議な顔をされてしまうんです。『いきなりどうしたの？』って感じで」

同居している両親にいたっては主張さえ理解してもらえないという。

「ウチの両親は古い人間なので既存のメディアしか信用しないんです。ネットに書かれた情報など、見ようともしません。私はどうしても理解してもらいたくて、両親にチャンネル桜の番組や、在特会のサイトを見せたのですが、ぜんぜん興味を示してもらえませんでした。それどころか、怪しい宗教のようなものだと決め付けるんです」

ある程度の予測はしていたが、私が接した在特会の会員は、友人や家族には活動のことを隠していたり、または最初から理解させる努力を、なかばあきらめているケースがほとんどだった。

この運動は、あくまでもネットを媒介として進められる。けっしてリアルな人間関係から生まれたものではない。そのあたりが労働運動や学生運動との大きな違いだ。要するに〝オルグ〟というものが存在しない。そのための酒場や喫茶店も必要としない。鍋を囲んで説得し……などという七面倒なプロセスは、最初からすっ飛ばされている。

ネットという広大な空間のなかで、分断されていた個と個が結びつき、属性とはまったく関係のない者同士が団結していく。友人同士で誘い合って参加するようなケースは皆無に近いだろう。だから同じ会員であっても互いの本名や住所を知らなかったりすることが少なくないのだ。ネットにアップされたブログや動画は、撒き餌の役割を果たす。

「だからこそネットの力は軽視できない」と話すのは、北海道支部長を務める藤田正論（ハンドルネーム）だった。札幌でデザイン会社を経営している藤田は30代後半。丸刈りの頭は凄みよりも愛らしさを感じさせ、朴訥とした感じは政治活動家には見えなかった。

藤田とは大通公園で挨拶を交わし、翌日、市内の喫茶店であらためて向き合った。グレーのスーツの左襟には、「救う会」のブルーリボンバッジが光っている。右襟には、Zの文字が輝く在特会バッジが付けられている。仕事中であってもこの2つは外さないのだという。「確信犯ですから」と藤田はおどけるように言った。

「ネットの力」について藤田が続ける。

「ネットがなければ、不満や危機感を持つ者たちを結びつけることはできなかったと思うんです。お手軽すぎるといった批判を耳にしますが、それのどこが悪いんでしょう。入り口は広ければ広いほうがいい。そして我々はネットを端緒とすることはあっても、そこに安住はしていません。街頭に出て訴え続けている。大事なのは手段ではなく、何をしているのか、何を目的としているか、ということではないでしょうか。私はそれほどネットに依存していませんが、それでも学生時代にネットという入り口が存在すれば、もっと早く運動に参加できたかもしれません」

藤田はネットが普及していなかった時代に、「誰とも怒りを共有できない寂しさ」を感じていたという。

もともと保守的な家庭で育った。とくに父親からは「日本人としての自覚」を厳しく諭された。テレビに天皇の姿が映ると、すぐさま正座するような父親だった。教育勅語を叩き込まれ、高校生の頃にはそらで言えるようになっていた。

「ですから子どもの頃からずっと、国や民族というものを意識してきたんです。ところが北海道という場所は、かつて〝社会党天国〟とも呼ばれたくらいにリベラルな風土です。とても自分のなかにある愛国心や天皇陛下に対する崇敬の念を、披露できる環境にはありませんでした」

藤田が地元の大学に通っていた頃の話だ。親友と街中を歩いていると、「憲法九条を守ろう」とのスローガンが記された平和団体の宣伝カーが通りすぎた。藤田は思わず「ひどい主張だよなあ」と漏らしてしまった。すると友人はものすごく驚いた顔をして、藤田にこう訊ねた。

「おまえ、戦争が好きなの？」

このときの脱力感は、いまでも忘れられないという。

「ああ、たかが憲法九条を批判するだけで、戦争好きだと捉えられてしまうのかと。たまらないなあと思いましたね。もう誰とも議論なんてできないとあきらめました」

以後、しばらくの間は学校でも職場でも、政治的な話題について自分から持ち出すことは避けてきた。

「それでも酒の力を借りて、行きつけの飲み屋のマスター相手に、つぶやいてみたことはありましたよ。そのくらいでしたかねえ、他人相手に政治について触れることができたのは。ですから、いまの若者は幸せですよ。ネットを通じて自由に発言することが可能だし、しかも同じ問題意識を持った仲間をすぐ見つけることができる。いい時代じゃないですか」

その物言いはけっして突き放したような感じではなく、本心から「ネットでの繫がり」を羨《うらや》んでいたように見えた。もちろん藤田はその間も、政治に無関心であり続けたわけではなかった。いや、無関心どころか孤独な闘いを続けていたのである。

「頼れる人は誰もいませんでしたからね。一人でも日本を変えてやるんだ、くらいの意気込みはありましたよ。とにかく意思表示だけはしておこうと」

意思表示の手段として彼が用いたのはファックスだった。日本政府が外国に対して弱腰の姿勢を見せたとき、あるいは野党が外国に迎合したような見解を発表したとき、藤田は自分で書いた抗議声明をファックスで送り続けた。首相官邸、民主党、自民党、社民党、これらのファックス番号はいまでも手帳に書き込まれたままだ。

その後、藤田はネットで在特会の存在を知り、迷うことなく入会する。それが2007年のことだ。この年の末、藤田は在特会のサイトで北海道在住者にオフ会を呼びかけた。はたしてどれだけの人間が集まるのか。そもそも本当に道内に同志はいるのか。会場として指定した居酒屋に着くまで疑心暗鬼だった。

「10人集まってくれたんです。10人ですよ。この北海道に10人も同志がいたことに、私はびっくりしました。誰一人として知った顔はなかったけれど、本当に嬉しかったですね。赤い大地とまで言われた北海道で仲間を見つけることができたのですから、いまでもあのときの喜びは忘れられません」

現在、北海道支部は500人を超える会員を擁するまでに拡大している。藤田の功績だろう。

藤田は物腰も柔らかく、言葉遣いも丁寧だった。過去の自分が抱いた苦悩を隠すこともなく話す藤田に、私は誠実な人柄を感じた。だからこそ、私は聞いてみたかった。在日コリアンを「ゴキブリ」と罵り、「叩き出せ」と叫ぶような運動スタイルを、あなたはどう思うのか。

藤田は表情を変えることなく、落ち着いた口調で答えた。

「私はそのスタイルを否定しません。運動にインパクトは大事だと思うからです。『出て け』とか『叩き出せ』という言葉は間違いなく反感を買います。しかし、だからこそ人々の記憶に残る。そこから、何かを感じ取ってもらえればいいんです。なぜ、あんな言葉遣いで街宣するのかと疑問を持ってもらえれば、なかにはネットで調べてくれる人がいるかもしれません。事実、そんなことがきっかけで入会する人も少なくありませんしね。もちろん、非難や批判はいつだって覚悟しています。ちなみに北海道支部では『ゴキブリ』という言葉は使いません。北海道にゴキブリはいないので、どんなに大声で叫んだところで、まるでインパクトがない（笑）」

……私にとって必ずしも納得できる内容の回答ではなかった。自らを客観的に、過不足なく語ることのできる藤田が、なぜに〝叩き出される〟恐怖を抱く側の心情に、こうも鈍感なのだろうか。

では、既存の右翼組織ではダメなのか。何も在特会でなくともいいはずだ。保守政治家に期待できないのであれば、過激さという点では既存の右翼組織だって十分に、その期待に応えることができるのではないか。しかし藤田はこの問いに対しても、明確に「NO」だと答えた。

「普通の人間が怒るからこそ、世の中は変わっていくんですよ。右翼が、これまで政治を変えることができましたか？　黒塗りの街宣車で騒いだところで、これまで何も変わってこなかったんですから」

これもまた在特会の会員にほぼ共通する意見であろう。在特会のなかに、右翼組織から流れてきた人間がまったくいないわけではない。だが大方の会員は、既存の右翼組織に対して嫌悪すら感じている。それは一般に流布されている右翼のイメージ――特攻服、黒塗り街宣車、パンチパーマといった要素への反発でもある。在特会ではデモや街宣時に「特攻服の着用禁止」を訴えることが多い。右翼と混同されたくないためだ。

秋葉原界隈に普通にいそうな若者たちが集団となって激しい罵声を投げつける。こうした光景のほうが、よほど不気味だろう。藤田が口にする「インパクト」という点でも申し分ない。参加するにもハードルは低い。入会の誓いや儀式があるわけじゃない。パソコンで入会フォームを立ち上げ、ワンクリックで送信。これで会員だ。在特会の急成長を促したのは、覚悟も踏ん切りも必要としない、こうしたバリアフリーな入り口ではなかったか。

結局、藤田は最後まで穏やかで礼儀正しかった。

「どうか批判も自由に書いてください。私たちの主張を聞いてくれるだけでも嬉しく思います。ただし、デタラメを書かれたら、私はしっかり抗議します」

別れ際、藤田はそう言って深く頭を下げた。

私はその後、2度にわたって在特会のことを雑誌に書いた。多くの幹部がその内容に反発し、なかには私の顔を見るなり摑みかからんばかりに詰め寄ってきた者もいたが、藤田だけは「面白かった」と感想を寄せてくれた。

批判も自由に書いてくれという彼の言葉に嘘はなかった。

記者に突っかかる中学2年生

「あのねえ、マスコミなんて全然信用していないんですよ、僕は」

突然私に突っかかってきたのは、ヨットパーカにカーゴパンツ姿の若い男だ。顔のニキビ痕からすると、まだ10代だろう。

「公正中立だなんて嘘じゃないですか。日本のマスコミは左翼偏向ですよ」

いい根性をしている。大人やマスコミに対して、変に迎合する者よりも、よほどマシだ。ただし「左翼偏向」などという、手垢のついた言葉を使わなければ、もっとよかったのにとも思う。

年齢を知って驚いた。なんと14歳。まだ中学2年生である。

在特会宮城支部の街宣を取材するため仙台を訪ねたのは2010年10月のことだった。

街宣前の集合場所で参加者に挨拶しているとき、ただ一人、私を挑発してきたのが彼であった。

「悪いですけど」と前置き、彼は少しも悪びれた様子もなく私に詰め寄った。

「講談社の取材なんですよね？　僕は講談社に対して少しも良い印象を持っていないんですよ。『日刊ゲンダイ』とか読むと、小沢一郎の言い分を垂れ流しているだけじゃないですか」

小沢一郎（民主党元幹事長）の献金問題が騒がれている時期でもあった。なるほど、たしかに「日刊ゲンダイ」は〝小沢擁護〟に近い論陣を張っていたかもしれない。だが、そもそも同紙は講談社とは別会社であり、私自身もフリーランスなのだから講談社の「社論」（なんてものがあるのか知らないけど）とはまったく関係ないのだと説明した。そもそもマスコミの「左翼偏向」を糾弾するのに、なぜ小沢一郎なのかという疑問は口にしなかった。彼にしてみれば、おそらく中国とのパイプを持つ政治家というだけで、小沢は十分に左翼なのだ。こうした乱暴な左右の区分けが、昨今のネット言論の特徴でもある。

だが、物怖じせず大人に食い下がる彼を、私は面白い男だと思った。彼もネットを閲覧していくなかで「在日や左翼の悪行を理解」し、次いで在特会の存在を知って入会したという。

「学校ではいまだに『在日は可哀想な人たち』みたいな教え方をしているんですよ。まったくもっておかしいですよね。そもそも在日は、日本がイヤであるならば祖国に帰ればいいのに、それをしない。矛盾もいいとこですよ。まあ、学校ではこんな話はしませんけどね。学校ってのは政治の場じゃないでしょう？　そんなことくらい僕だってわかりますよ」

仲の良い友人とも政治の話はしないそうだ。

「みんな無関心なんですよ、政治のことには。在日特権とか話をしても、『興味ない』『高校受験には関係ない』って程度の反応しかありませんからね」

学校は「政治の場じゃない」と言ったかと思えば、政治の話についていくことができない同級生を暗に批判したりもする。周囲からやや浮き上がったような彼の立ち位置が、なんとなく想像できた。背伸びしたくてたまらないのだろう。大人に交じり、政治を語り、日本の危機を訴える中学2年生は、生意気な口調で私に詰め寄りながらも、どこか楽しげな様子ではあった。

そんな彼と私のやりとりを見ていた参加者の一人は、後で私にこっそりと耳打ちした。

「まだ子どもなんですよ。頭でっかちなだけ。知識はあるけど人生経験も乏しいし、社会のこともよく知らない。知識だけが一人歩きしているようなところがあって、実は心配してます」

そんな周囲の「心配」を知ってか知らずか、ニキビ面の中2男子は、見ていて〝痛い〟くらいに大人との交流を楽しんでいた。

この日の街宣のテーマは「民主党糾弾」である。民主党宮城県連近くの路上に、「国民の生命と財産、領土を蔑《ないがし》ろにする売国民主党を許さないぞ！」と大書された横断幕が掲げられた。集まったのは地元の銀行マンでもある宮城支部長・菊地内記（ハンドルネーム・27歳）を筆頭に十数人。会社員やアルバイター、ＯＬといった、いつもながらの「一般市民」である。

ちょっとしたハプニングが起きたのは、支部長の菊地が、中国や北朝鮮・韓国に対する民主党の〝弱腰ぶり〟について演説している最中であった。自転車に乗った50がらみの男性が突然に近寄って、「了見が狭いねえ」と声をかけてきたのだ。

「人間、どこの国の出身でも仲良くしなくちゃ」「特権なんてもの、本当にあるのかい？」

案の定、男性は激昂した会員らにたちまち取り囲まれた。「何を言ってるんだ！」「おまえ、朝鮮人か？」「ふざけるな！　日本から出て行け！」「きちんと勉強しろ！」。

さまざまな悪罵が投げつけられる。ああ、また始まったかと、私は冷ややかに眺めていた。在特会の街宣では、こうした光景はお約束の一つと言ってよい。一見無意味に思える鬱憤《うっぷん》晴らしも、彼らにとっては気分を高揚させ、団結や連帯を深めるためには必要なのだろう。威嚇《いかく》された側からすれば迷惑このうえない話であろうし、彼らの言動に憤りを覚え、あるいは心が傷ついた者も少なくないだろうが、ふだんは喧嘩などしたことのないような、おとなしそうな若者がハイテンションで相手を罵る様子を目にしながら、それはそれで楽しいのだろうなと感じてしまった。

たしかに、在特会の傍若無人な振る舞いは目に余る。いったい何様のつもりかと、見ていて不快になることも少なくない。

しかしながら、その一方で、在特会の活動すべてを、ただの鬱憤晴らしと切り捨てることも私は躊躇するのである。中身の是非はともかく、彼らがそれぞれに「怒り」を抱えていることを私は知っている。人によってそれは自身のすべてをなげうってもいいと思えるほどに重要な問題であり、そして切実だ。彼らの多くはけっして数合わせのために「動員」されているわけではないし、誰かに押し付けられて運動に参加しているわけでも、ましてや参加者に日当が支払われているわけでもない。ある意味、「草の根」という言葉がこれほどふさわしい組織も他にあるまい。

たとえば労働組合の街宣などで、ときおり見られるような「しかたなくやっている」といった雰囲気は、彼らには皆無だ。消化試合的なスケジュール闘争など、ほとんど見られない。その点において、在特会会員の大半が「真面目」であることを私はけっして否定しない。それがどんなに不快で滑稽なものとして私の目に映ったとしても。

宮城支部の街宣

仙台の街宣現場に話を戻す。このとき、自転車に乗った男性に対して最も激しく大声で怒りをぶつけていたのは徳部甚久夫《きくお》（41歳）だった。ダンプの運転手をしているというタオル鉢巻き姿の徳部は、見た目も勇ましい。

自転車の男性を追い払った後、徳部は「頭にくることが多すぎる」のだと私に向かって声を張り上げた。

「とくに在日の連中。おとなしく普通に暮らしてくれるんだったら、俺ら、何も言わないですよ。でも生活保護もらって高級車乗り回してるヤツがいるからね。直接に見たことがあるわけじゃないけど、そんな話、ごろごろしてますよ。政府も、まずは日本人を助けろってんですよ。外人ばかりに気をつかってさあ、まったく許せないね。だからシナ人だって、どんどん増えてきちゃったじ

やないですか。どうするんですか、あいつらに占領されちゃいますよ。仕事だってますます
シナ人に奪われていく」

徳部は本気で憤っていた。

「なのにテレビなんかは、相変わらず呑気に韓流ドラマなんか流しやがって。韓流ドラマ、あれは許せないね。なんでわざわざ韓国の番組を日本人が見なくちゃならないんですか。これは一種の陰謀ですよ。あれね、電通によってつくられたブームなんですよ。知ってました？　だから俺はテレビなんて信用しません。真実はネットのなかにあるんだから。ネットで十分です」

この日唯一の女性参加者だった30代のOLも、私に対して「メディアの偏向」を訴えた。

「マスコミなんて空しい存在ですよ。地元の河北新報なんて、左翼のデモならば、わずかでも報道するのに、私たちのような保守系団体だと、取材にすら来ない。一切、無視されてしまうんです。私たち、みんな手弁当で一生懸命にやっているんです。なのにマスコミは冷淡すぎますよ。一般の人々は、こうやって偏向マスコミの影響を受けてしまうんでしょうね」

彼女の演説も、大部分はマスメディア批判に充《あ》てられていた。この日の街宣場所はNH

K仙台放送局の真向かいである。彼女はNHKの社屋に向かって大声で叫んだ。

「NHKの報道は何なのですか。中国や朝鮮半島の話題ばかりじゃないですか。気持ち悪いです！　NHKは我々のことはけっして報じません。受信料を返してください！」

そして最後に「NHKは我々のことを報道しろ！」「偏向放送をするな！」「NHKは日本人のために働け！」とシュプレヒコールを先導したのであった。

彼女もまた、ずっと以前から在日や朝鮮半島の「横暴」に腹を立てている。だが、友人や家族にそこを訴えても相手にされない。彼女いわく、周囲は「新聞に書いてあることを素直に認めてしまう人間ばかりだった」という。だからネットのなかで不満をぶつけた。ネットのなかで「真実を発見」した。めぐり合ったのが在特会だった。入会し、街宣に参加してみれば、同じような不満を抱えた人間とリアルに知り合うことができた。職場や家庭では話すことのできない本音を、仲間と共有することができたのだった。

「だからいま、私はすごく楽しいんです。やっと仲間を見つけることができたんです」

険しい顔でマスコミ批判をしていた彼女も、「仲間」に言及したときだけは、晴れやかな表情を見せた。

支部長の菊地はさすがに銀行マンらしく、私と向き合うときだけは紳士的な対応を崩すことはなかった。興味深く感じたのは、演説中、菊地が「これを読め！」と手に掲げていたのが日本共産党の機関紙「しんぶん赤旗」だったことだ。

「赤旗はいい」と菊地は私に言った。

「領土問題に関して言えば共産党の主張は我々と同じですよ。北方領土も、竹島や尖閣諸島も、共産党は一貫して日本の領土であると主張しています。しかも、共産党は他の問題でもブレませんからね。もちろん根本的な部分で相容れないことは、たくさんあります。でも共産党は外国からカネをもらって動くような政党じゃありませんよね。中国やロシア、北朝鮮とも喧嘩してきた。ある意味、民族主義政党ですよ。筋が通っていることだけは評価しています」

赤旗への高い評価は、「商業紙・誌」に対するアンチをも意味する。

「結局、日本のメディアはスポンサーと外国に対して何も言えないんですよ。中国があれだけひどいこと（領海侵犯を指す）したって、メディアはおとなしすぎます」

菊地が対中国の問題で言及したのは「日中記者協定」である。

「この協定によって、日本のメディアは中国批判がまったくできない。中国に媚びるような報道しかできなくなっている。こんなことでよいのでしょうか」

この点は大事なポイントの一つなので、やや長くなるが解説しておこう。

実は、在特会をはじめとする保守系団体を取材しているなかで、私は何度もこの「日中記者協定」について聞かされた。こんな協定があるから中国批判ができないのだ、これによって親中派の記者しか出世できない仕組みができている——云々。

正確には「日中記者交換協定」という。国交が回復される8年前、1964年に日本と中国との間で取り交わされた、両国の記者を相互に常駐させる取り決めのことだ。主として、自国に支局を構える相手国の駐在記者に対し、必要な便宜を図ることなどが定められているのだが、同協定のなかに「中国を敵視しない」「2つの中国を認めない」といった文言が含まれている点を一部の保守派は問題視している。これがネット上で広まり、「日本の中国報道が弱腰なのは協定のせいだ」といった論調がネットユーザーの間に流布されるのである。

結論から言えば、いまの時代にあっては、「ヨタ話」の類だと私は思っている。たしかに改革開放が進む以前の中国においては、支局開設やその維持のために、日本の報道機関が中国へある程度の配慮を見せていたことはあっただろう。協定に違反したとされた記者が国外追放となったり、支局閉鎖を命じられた事実は存在する。

だが、こんなカビの生えたような協定が、いまでも記者を縛り付けているものだろうか。私は複数の北京駐在記者、駐在経験を持つ記者に話を聞いたが、彼らは「弱腰」の原因がこの協定にあるといった論調を一笑に付した。現役の中国駐在記者が次のように話す。

「協定が記者を縛り付けているというのは、完全に事実無根。日常の取材のなかで協定が原因で自主規制したり、原稿のトーンを抑えたりといった局面など聞いたことがない。というより、そんな協定自体、具体的な内容を知らない記者もいます。私は過去の日中交流の経緯を振り返るついでに目を通したことはありますが、会社の上司や前任者から、この協定について説明などは一切受けていません。はっきり言って『日本のメディアは中国批判をしない』と主張する人は、新聞を読んでいるのか疑問です。たとえば、中国浙江省温州の高速鉄道事故では、朝日、毎日、読売、日経、産経各紙が、中国鉄道部の対応から、さらに共産党一党独裁の政治体制そのものについてまで相当批判していますよ。『新聞は中国を批判しない』と主張する人々は漠然とではなく、個別の事例（高速鉄道事故、レアアース、チベット・ウイグルなど少数民族問題ほか）をあげて具体的に指摘すべきでしょう。もう一点、中国にいる日本メディアの記者が報道を縛られているとしたら、それは中国の国内法によるものです。日本を含めた西側諸国に比べて国家機密の範囲が広く、取材規制が広範囲に敷かれているのはご存じのとおり。取材現場では、日本に限らず、香港、台湾、韓国、それに欧米各国の中国駐在記者が、報道規制の問題を日常的に経験しています。日中記者協定とは関係ありません」

もっとも、在特会の面々がこのような主張を素直に受け入れるかといえば、それは無理だろう。彼ら彼女らが欲しているのは、実証確認ではなく、「野蛮な隣国」を激しく面罵する、力強い言葉なのだ。それは、かつての学生運動家が大手新聞を「ブル新（ブルジョワジー新聞）」などと罵った感性と似ていなくもない。

きぜんとした表情を崩すことなく、菊地は私の目を見据えて訴えた。

「実際に日本の領海が侵されているわけです。さまざまな横暴が確認されている。日本がナメられている証拠ではないですか。なのにメディアも政治家も、一般の日本人も、これまでなあなあとやり過ごしてきたわけです。私はそれが許せないのです。対韓国、対北朝鮮の問題も同じですよ。強制連行や従軍慰安婦など、根拠の怪しいものを使って日本に干渉してくる。揺さぶりをかけてくる。あげくに拉致ですよ。これで怒らなければ、もはや日本の主権などないも同然です」

「領土問題に関して日本はヤラれっぱなしじゃないか」という感覚は私も理解できる。尖閣諸島付近で繰り返される中国漁船の領海侵犯は、たいていの日本国民が憤りを感じているはずだ。ときに武力をちらつかせながら領域拡大を狙う中国の覇権主義には、私だってイラっとする。また、日本が領土を主張している竹島でも韓国の実効支配が続いている。

議論を前提としない中韓両国の強烈なナショナリズムは私をも辟易させる。

菊地は大学では歴史を専攻し、何度か中国にも出かけたことがあるという。また勤務先では、中国人や韓国人の顧客との付き合いもある。けっして「排外主義の立場ではない」と強調する。

「私は桜井会長の動画や著作に接したことで、これこそが正しい日本のあり方なのだと確信しました。我々は金のために活動する右翼じゃないし、心地よい言葉で耳目を集めようとする政治家でもない。危機感をもった、さらに日本を本当に愛している、普通の日本人なんです。だからこそ声をあげて訴えているんです。どうかそのことをわかってほしい」

街宣が終わって現場を離れる際、私はもう一度、あの小生意気な中2男子に声をかけた。

——将来、どんな仕事をしたいと思ってる？

少年は表情ひとつ変えずに、さらっと答えた。

「中学生なんですから、先のことはわかりませんよ。ただ、公務員には絶対ならないと思いますよ。ほら、公務員になってしまったら政治活動を制約されるじゃないですか」

やはりクソ生意気ではある。しかしそのことで私はイヤな気持ちにはならなかった。

彼に限らず、私は在特会の集会やデモで何度か高校生などの未成年者を見かけたことがある。いずれも真面目そうなタイプで、頭の回転も速かった。

知り合いのベテラン高校教師から、かつてこんな指摘を受けたことがある。

「昔から、どこか大人びて、頭が良くて、そして教師に議論を吹っかけるような生徒はいましたよ。しかし昔だったら、それはどちらかといえば左翼っぽい考えの持ち主だった。いまの時代、理論で教師を打ち負かそうとするのは、むしろ〝右より〟の子たちばかりですね。右のほうが、よっぽど元気がいい」

在特会は時代を映す鏡でもある。

＊在特会は、若い世代を積極的に〝リクルート〟するかのような動きを見せていた時期もある。２０１０年９月には佐賀と東京で、それぞれ未成年者のみを対象として桜井の講演会を開いている。これは完全にクローズドの催しで、事前に予約しなければ参加が許されないものだったが、この集会に参加したある少年から、私は話を聞くことができた。彼によると「まるで日本史の授業のような歴史話が延々と続き、瑞穂（みずほ）の国がどうしたこうしたとか、とても退屈で眠たくなるのをこらえるのが精一杯だった」という。相手が未成年者ということで、桜井も得意のヘイトスピーチは遠慮したのだろう。

3 犯罪というパフォーマンス

ついに逮捕者を出した「京都朝鮮学校妨害」「徳島県教組乱入」事件の真相

観光客が知らない、もう一つの京都がある。

京都駅八条口を抜けて南へ進み、駅前のファッションビルやビジネスホテルをやり過ごせば、京都市最大規模の在日コリアン集住地域である東九条の町並みが広がる。コリアンタウンと形容されることもあるが、東京の大久保、大阪の鶴橋などとは明らかに趣が違う。お手軽な異文化体験を楽しむための場所ではない。ここでは、地に足の着いた生活の匂いが濃厚だ。肩を寄せ合うように並ぶ古い家屋。路地裏の韓国食堂。何の変哲もない住宅街のなかに、わずかばかりエスニックな風情が漂う。

京都を訪ねるたび、私は地元の知人が教えてくれた東九条のホルモン焼き屋に足を運ぶ。背もたれのない安っぽい丸椅子に腰掛け、まずはキムチを蒸し豚で包み、ビールで流し込む。これで間違いなく食欲に火がつく。ガスコンロの上にガツ、ホルモンなどの臓物を並べ、ぶっ倒れるほど食べても、それほど財布が痛むことはない。この一帯には、そんな店が少なくない。

東九条に朝鮮人が住むようになったのは1920年代からだと言われる。国鉄東海道線や東山トンネルの大規模工事に伴い、多くの朝鮮人労働者が徴用され、この地に居を定めた。さらに終戦直後は京都駅の南側で闇市がつくられ、朝鮮人人口が急増する。いまでは往時の名残を見つけることはできないが、路地裏を歩けば、歴史に翻弄《ほんろう》されてきた「在日」の静かな息づかいだけは伝わってくる。

事件は、この街の一角で起きた。

京都朝鮮第一初級学校（京都市南区）に、関西在住の在特会会員を中心とする「チーム関西」のメンバーら十数名が押しかけたのは2009年12月4日、午後1時のことだった。「チーム関西」とはその名のとおり、関西地区で活動する保守活動家の集まりである。所属する団体は異なれど、いずれも在日特権の廃止を訴え、在日コリアンを敵視しているという点で共通する。いわば在特会を〝扇の要〟とした共闘組織だ。そのメンバーらが「朝鮮学校をぶっつぶせ！」などと校門前で突然、街頭宣伝を始めたのだ。

平日の午後である。当然、学校内では授業がおこなわれている時間帯だ。教職員だけではなく、知らせを受けた同校のOBなども駆けつけ、警察も交えて周囲は騒然となった。同校は1946年に設立された朝鮮学校。日本の幼稚園・小学校に相当し、100人ほどの児童が在籍している。

事件の1ヵ月前、在特会メンバーは、動画サイトの「YouTube」に「京都朝鮮学校が児童公園を不法占拠」と題する宣伝動画をアップしていた。このなかでメンバーの一人が「(朝鮮学校を)叩き出しましょう、近いうちに」と発言。さらに「12月〇《ママ》日に突撃します」「ご期待ください!」とのキャプションが映し出された。事実上の「犯行予告」である。これを受けて学校側では「半信半疑の気持ちで警戒していた」(関係者)が、「突撃」は不意討ちに近いものであった。

正義の闘い

いったい、なぜ事件は起きたのか——。

第一初級学校の正門の向かい側に、京都市が管理する勧進橋児童公園がある。在特会側は、この公園が「朝鮮学校によって50年間不法占拠されている」と主張、抗議のために同校へ押しかけたのであった。

自前の運動場を持たない同校が、目の前にある勧進橋児童公園を運動場代わりに利用してきたのは事実である。朝礼や体育の授業、あるいは運動会などでも公園を使った。だが、「京都市当局や周辺住民との間で、ずっと公園使用についての協議を進めてきた」というのが学校側の主張だ。在特会はこれを「不法占拠」「日本人の土地が奪われている」として、直接行動という強硬手段に出たのである。

在特会会長の桜井誠は、事件の6日後に自身のブログで次のように事の経緯を説明している。

〈地域住民の方から在特会へ「朝鮮学校による児童公園の不法占拠の実態とその解決を願う」一本のメールが寄せられたことがきっかけでした。関西支部がメールの内容が正しいかどうかの調査を行ったところ、驚くべきことに半世紀にわたって同公園内には管理者である京都市役所の許可なしにゴールポストや朝礼台が放置され、同じく無許可の学校専用のスピーカーが設置されていたのです。

現場で聞き込み調査を行うと「児童公園を朝鮮学校が自分たち専用の運動場のようにして使用している」「公園内ではボール遊びが禁止されているはずなのに、朝鮮学校の子供がサッカーを行ってボールがあちこちに飛んで危険だ」などの証言が得られました。

また電気工事の専門家の話では「配線がめちゃくちゃで素人仕事。いつ漏電が起きてもおかしくない。」という危険な状況であったことが確認されたのです。関西支部では改めて京都市役所に、児童公園内の設置物が京都市役所が許可したものではなく「危険」と判断されることの確認を取り、児童公園内の不法占拠物（または不法投棄されたゴミ）の撤去を行うことを決定しました。

学校の運動場でゴールポストが倒れて子供がけがを負う不幸な事故のニュースも流れる昨今、無責任に公園内に無許可で放置されたゴールポストが同じように倒れ、児童公園で遊ぶ日本の子供たちがけがをした場合だれが責任を取るのでしょうか？　素人が配線したスピーカーの配電線が切れたり、漏電して児童公園で遊ぶ日本の子供たちが感電したらだれが責任を取るのでしょうか？　自分たちの犯罪行為を棚の上に放り投げて、在特会が朝鮮学校を襲撃しただの（襲撃しようにも学校の門は固く閉ざされ、敷地内には一歩も入っていませんが）、朝鮮学校に通う子供がかわいそうだの虚言妄言を朝鮮人たちがまき散らしています〉（「Doronpa の独り言」２００９年12月10日付）

学校側が公園の使用に至った経緯については後述するが、いつものごとく在特会が、それなりの大義名分（この場合は子どもの安全）を立てている点が興味深い。在特会の主張には必ずといってよいほど「被害者である日本人」が盛り込まれる。だからこそ目的のためには、いかなる手段も浄化されると考えているのだ。

この日、集まったメンバーらは、まず学校側が公園内に設置していたスピーカーの電源コードを切断し、体育の授業に使用していたサッカーゴールや朝礼台を「返す」として、校門前まで移動させた。そして授業中であるにもかかわらず拡声器を用いて朝鮮学校や在日コリアンを非難する街宣活動を校門前で繰り広げた。

「朝鮮学校、こんなものはぶっ壊せ！」

「我々はな、他の団体みたいに甘うないぞ！」

「日本に住まわせてやってんねや。おまえら端っこのほう歩いとったらええんや！」

「朝鮮人は我々の先祖の土地を奪った。日本の女の人をレイプして奪ったのがこの土地や！」

「キムチくさいでぇ」

「朝鮮人はウンコ食っとけ！」

公園使用に対する抗議というよりも、単なる罵倒に近い。言葉だけを拾い上げればガキの喧嘩レ

京都・朝鮮初級学校前で激しく抗議する「チーム関西」メンバーら

ベルである。どんなに言い繕おうとも、人種的偏見と蔑視を感じざるを得ない物言いだ。

たまりかねた同校の教師らが「子どもがなかにいるのだから静かにしろ」と注意しても、「なにが子どもや。スパイの子やんけ」とやり返すばかりである。公園使用について「市当局と交渉中である」との主張も、「約束というのは人間同士がするものなんですよ。人間と朝鮮人では約束が成立しません!」と怒声が飛んだ。校内では罵声に脅えて泣き出す子どももいた。

通報を受けて駆けつけた京都府警の警察官も在特会側に「やめろ」と注意するだけで、基本的には傍観するだけだった。やがて学校の非常事態を知った児童の親やOBらも現場に集まった。

龍谷大学法科大学院教授の金尚均《キムサンギュン》(45歳)も、その一人である。午前中の講義を終え、研究室で昼食用のカップラーメンを食べようと湯を沸かし始めたところに、学校から「大変なことになっている」と連絡があった。同校には3人の子どもを通わせている。金はラーメンをあきらめて研究室を飛び出した。学校までは自転車で約10分の距離である。全速力で駆けつけてみれば、ちょうど「朝鮮人はウンコ食っとけ」と若い男が怒鳴り上げている最中だった。

「実は、自転車で現場に向かうまで、なんとか彼ら(在特会)を説得できないものだろうかとも考えていたんです。きちんと議論すればわかってもらえるかもしれないと思った。学校にわが子を通わせている親としては、グラウンドの問題はきちんと解決したいし、ましてや地元に住む人々と摩擦など起こしたくない。ここで生きていく以上、日本人との対立を望む在日など、いるわけがありません。話せばきっとわかってもらえる、そんな気持ちでいたんです」

金は学校のアボジ（父親）会の役員も務めている。公園を使って運動会やバザーを開くときには、学校近隣の家を一軒一軒回って事前に挨拶した。チヂミや焼肉の無料券を配り、ぜひ遊びに来てほしいと頭を下げた。喜んでくれる住民も少なくなかった。学校側が設置したサッカーゴールは地元の子どもたちも利用している。なんとか共存できているではないか、との思いがあった。そのことを丁寧に説明すれば、在特会だって理解してくれるに違いないという期待があったのだ。

だが、在特会側には議論を受け入れる余地はなかった。いや、一方的に罵倒攻撃を繰り返す彼らに、最初から話し合いをするつもりなどなかっただろう。

「ウンコだ、キムチ臭いだと、そんな言葉をぶつけられたらとても話し合いにならない。正直、戸惑ってしまいました。話の糸口がまったくつかめず、なにをどうしていいのかわからなかった。罵声を聞き続けながら、ようやく理解できたんです。彼らはけっして公園の問題に怒っているのではないと。公園問題を口実に、朝鮮人そのものを差別、攻撃したかったのでしょう」

街宣に参加していた一人は、後日、私にこっそりと打ち明けている。

「いま振り返ればバカなことをしたとは思う。ただ、あのときは、なぜか自分のなかで憎悪が燃えていた。朝鮮人のせいで日本人が苦しんでいるのだと本気で憤っていた」

街宣行動は1時間あまりにわたって続けられた。その間、校門は閉じられ、鉄柵を境に教職員と在特会らが対峙した。ときおり朝鮮学校OBと在特会メンバーとの間で小競り合いも起きた。校内にいた児童は危険を避けるため、全員が講堂に集められた。街宣が終わるまで、その場でじっと待っているしかなかったのだ。

なお、事件当日の様子はすべて在特会側によってビデオ撮影され、動画サイト「YouTube」「ニコニコ動画」に即日アップされている。それらを映した動画は大量にコピーされ、一時期はネット上を埋め尽くすことになる。多い動画は閲覧数が10万回を超えた。

学校を対象とした抗議行動には、動画サイトでもさすがに多数の批判コメントが寄せられた。衝撃を受けた各地の人権団体などが、いっせいに非難声明を発表したのも当然だろう。しかし、ネット上には批判・非難をはるかに上回る膨大な数の賞賛コメントが溢れたのだった。数多くの激励や賛同が、その後の在特会の「自信」や「過激化」にもつながっていくことになる。

「よくやった」「在特会、ありがとう」「がんばれ在特会！」「（在特会に）拍手！」。いまの日本に漂う「気分」が、そこには反映されている。

たかだか十数人規模の抗議活動ではあった。だが、その背後で何百、何千、あるいは何万もの人々が、ネットを通して在特会と「共振」し、カタルシスを得た。その事実と向き合わない限り、朝鮮学校を「襲った」者の正体は見えてこないはずだ。

私は、この日の街宣動画を見たことがきっかけで在特会に入会した20代の若者と話したことがある。彼は、この事件に批判的な私を「日本人のくせに在日思考だ」とさんざん罵った後、突き放したような口調でこう言ったのだった。

「いままで誰もやらなかったことを在特会がやったんですよ。正義の闘いじゃないですか。僕は勇気をもらいましたね」

――そうなんだ。勇気、もらったんだ。

私は確信に満ちた彼の目を見ながら、曖昧にうなずくしかなかった。彼にとって在特会とは、在日という「巨大な敵」に立ち向かうレジスタンス組織に見えるのだろう。奪われた土地を取り返す。日本の子どもたちの安全を守る。悪逆非道な侵略者を排除する。正義とは、最も激しく、そして最も前に立って闘った者のなかにこそ存在する。

そう、在特会こそ、まさに〝前衛〟なのだ。

実際、いまもって在特会は、この事件を日本を守るための「正義の闘い」だったと位置づけ、後に逮捕されることとなったメンバーを「勇士」として賞賛している。もちろん在特会サイドは大真面目だ。国連の人種差別撤廃委員会（本部・ジュネーブ）がこの事件に懸念を表明した際、在特会は抗議のために２０１０年４月、以下のような書簡を同委員会に送りつけている。


〈私は、委員会の皆様がかつて南アフリカで行われていたアパルトヘイト政策をご存知であると確信しております。アパルトヘイト政策は外国から来た白人がもともと住んでいた黒人を差別し、黒人たちが立ち入ることのできない区域を作りました。今、在日朝鮮人が享受している特権は、現在も続くアパルトヘイトと呼べるものです。京都朝鮮学校の目の前にある勧進橋児童公園や全国の朝鮮学校、全国の朝鮮関連の公的施設は、日本人の立ち入りが厳しく制限される場所となっています。未だにその朝鮮学校と公的施設を「原住民」たる日本人の多くが、たとえ規約を守るようにその使用制限を享受することを認めたとしても、利用することはできません。一方で日本の学校と公園や公民館等を含む公的施設はすべての人が等しく利用できます。在特会の主張はアパルトヘイトをやめるように要請するものであり、国際連合の意向に沿ったものです〉

要するに在特会は、在日コリアンを「外国から来た白人」に、そして日本人を「もともと住んでいた黒人」にたとえ、自らの行動を「差別や圧制からの解放運動」であると主張しているのである。いかなる理屈をこねくり回そうと、そのような見方には無理があろう。参政権さえ認められていない在日コリアンが、日本を専制支配できるわけもない。

だが在特会はその後も一貫して、こうした見解を変えていない。広報局長の米田が力説した「階級闘争」なる言葉を、あらためて思い出さざるを得ない。彼らの意識のなかでは、荒涼とした政治の大地で、在特会はレジスタンスとしての行軍を続けているのである。

なお、学校側は街宣に参加したメンバーを即座に、威力業務妨害などの罪で京都府警に刑事告訴した。在特会もまた、都市公園法違反で学校を告発している。

在特会VS.京都弁護士会

る。母親は思わず周囲を見渡した。
「オモニー（お母さん）」。スーパーの店内。娘が大声で母親を呼んだ。心臓がドキッとする。母親は思わず周囲を見渡した。

「あの事件以来、ちょっと神経質になっているんです。知らない人の多い空間で、私たちが在日だとわかると、誰かに攻撃されるんじゃないかって」

11歳の娘を第一初級学校に通わせている母親（42歳）は、暗い表情でこう打ち明けた。

事件があった日の夜、娘が訊ねてきたと言う。

「なんで、あの人たち、怒ってたんやろう」

学校に押しかけた在特会のことである。

「学校に向かって、帰れ、帰れ、言うてた。ねえ、オモニ。私ら、どこかに帰ったほうがいいの？　帰るとこ、あるの？」

何と答えてよいのかわからなかったと母親は言う。娘は脅えている様子ではなかった。むしろ淡々としていた。しかし間違いなく、悪罵が胸に刻み込まれている。「朝鮮人は端っこを歩いとけ」。この言葉を娘がどのように受け止めたのか。だが、母親は聞きたくとも聞けなかった。ただ黙って、娘の髪を手で撫でることしかできなかった。

「怒りとかそんなんじゃなくて、ただひたすら悲しかった。考え込んでいるような娘の顔を見たら、泣けてしかたなかったんです。それ以来、やたら臆病になってしまいました」

京都市内で焼肉店を経営する金義広《キムウィカン》（40歳）は最初、10歳になる娘の異変の理由がわからなかったという。あの日の夜、突然にひきつけを起こし、火がついたように泣き出したのだ。

「学校、行きたくない」

街宣の最中、娘は昼食後の歯磨きをするために、独りで校門近くの水飲み場へ向かった。教室から駆け下りた瞬間、街宣の現場に出くわした。鉄柵の向こう側で男たちが大声で騒いでいる。そのうちの一人と目が合った。男は、おいでおいでするように手を振る。身体が固まった。直接、何かを言われたわけではない。ただ、恐ろしい現場に出くわしてしまったという意識が、その後もずっと離れずにいる。

このとき、金は知人から携帯メールで連絡を受けたが、仕事中なので放っておいた。右翼だったら警察がなんとかしてくれるだろうと思っていたのだ。夜、泣きじゃくる娘をなだめてから、パソコンで知人に教えてもらった動画サイトを開いた。街宣の様子を見て、ようやく娘の恐怖を理解した。身体が震えた。

「なんかもう、僕が考えていた右翼とはまったく違った。政治活動でもなければ、喧嘩でもない。ただの弱いものいじめにしか見えなかった。僕まで泣きたくなった」

だが——京都における在特会の抗議行動は、これで終わらなかった。

その後の動きを時系列で追ってみよう。騒動から約1ヵ月後の2010年1月6日。在特会は自らのサイトにて第一初級学校に抗議するデモ行進を告知する。

〈1・14 朝鮮学校による侵略を許さないぞ！ 京都デモ

子供を盾に犯罪行為を正当化する不逞鮮人を許さないぞ！ 朝鮮人犯罪を助長する犯罪左翼・メディアを日本から叩きだせ！（中略）自分達の悪業を棚に上げ、ひたすら涙、涙の被害者面で事実を捻じ曲げようとするあたりは、不逞鮮人の伝統芸能である。我々は受身になるつもりは一切無い。道理を楯に徹底的に邁進します。約50年にわたり児童公園から日本の子供たちの笑い声を奪った、卑劣、凶悪民族から公園を取り戻す為に行動を起こします〉

1月14日。予告どおり、学校近くで在特会らによるデモ行進がおこなわれた。参加者は約50人。勧進橋児童公園での前段集会で副会長の八木康洋は次のように挨拶した。

「声をあげたということは非常に意味のあることだと思います。みなさん、心してあの左翼を撲滅してやりましょう」

デモの最中、参加者の間からは「朝鮮人は保健所で処分しろ！」といった声も飛んだ。

これら在特会の動きに対し、京都弁護士会は1月19日、村井豊明会長による在特会批判の「会長声明」を発表。これを受けた在特会も即日、桜井会長名による「反論声明」を出した。

少しばかり長くなるが、双方の絶望的なまでの「食い違い」を浮き彫りにするためにも、あえて全文を引用したい。

京都弁護士会「会長声明」

〈1・2009年12月4日（金）午後1時頃、京都市南区にある京都朝鮮第一初級学校校門前において、授業中に、「在日特権を許さない市民の会」等のグループ数名が、「朝鮮学校、こんなものは学校ではない」「こらあ、朝鮮部落、出ろ」（中略）などの罵声を拡声器等で約1時間に渡って同校に向かって大音量で浴びせ続けるという事件があった。その際には、公園に置いてあった朝礼台を同校の門前まで運んだり、門前に集まって門を開けることを繰り返し求めたり、公園にあったスピーカーの線を切断するなどの行為も行われた。

2・このグループは、同校に隣接する勧進橋児童公園の使用を巡って、同校を批判しているようである。しかし今回の行為は、公園の使用状況に対する批判的言論として許される範囲を越えて国籍や民族による差別の助長・煽動に該当するものであり、このような嫌がらせや脅迫的言動はいかなる理由であっても決して許されず、在日コリアンの子どもたちの自由と安全を脅かし、教育を受ける権利を侵害するものである。同時にこれらの行為は、憲法第13条及び世界人権宣言第1条・第2条・第3条をはじめ、国際人権規約、人種差別撤廃条約、子どもの権利条約などにおける人の尊厳の保障及び人種差別禁止の理念及び規定に反する。

3・これらの嫌がらせや脅迫的言動は、朝鮮学校に通う子どもたちやその家族、朝鮮学校関係者など在日コリアンに不安と恐怖を生み出しており、国籍や民族による差別をなくすための早急な対策を講じることが必要である。インターネット上で公開されている動画を見る限り、これらの行為は違法な行為に該当する可能性があるので、警察において必要な対処をすべきである。当会は、前記憲法及び国際人権法に基づく責務として、各関係機関に対して、国籍や民族が異なっても、何人も差別を受けることなく安全・平穏に生活し、教育を受ける権利を保障し、そのための方策を講じ、実現することを要請する。当会は、今後、国籍や民族の異なる人々が共生する社会の実現に向けて、いっそう積極的に取り組む決意である〉

在特会「反論声明」

〈1・平成21年12月4日に行われた京都府勧進橋児童公園における違法危険物撤去作業について京都弁護士会の会長村井豊明名にて出された声明文は法曹関係者による犯罪行為の助長、民主主義の否定でしかなく、在日特権を許さない市民の会（以下、在特会）はこれを受け入れることはできない。

2・京都朝鮮第一初級学校が約半世紀にわたって同公園内に許可なく危険物を設置していたことはすでに明らかであり、京都府警では在特会側から提出された告発状に基づき都市公園法違反の証拠品としてゴールポスト、朝礼台を押収している。また、この児童公園は「日本国民の子供たちが」自由に遊べる場として整備されたものであるにも関わらず、その日本国民の子供たちが排除されて占有的に朝鮮学校が使用していたことは、日本国民の子供への重大な人権侵害であり許容されるものではない。

3・電気工事の資格を持った専門家によって「公園内に設置されていた１００Ｖのスピ

ーカー配線は正規の工事によるものではなく、いつ漏電して感電事故が起きてもおかしくない状況であった」ことも確認されている。日本国民の子供だけではなく朝鮮人の子供も危険の中にあったのであり、これを緊急避難的に除去した行為はいささかも咎められるものではない。それ以前の問題として、このような危険を常態化していた京都朝鮮第一初級学校のほうこそ非難されてしかるべきである。

4・京都弁護士会の声明では、京都朝鮮第一初級学校への抗議の声を一つ一つ取り上げて「批判的言論として許される範囲を越えて」いるとしているが、それこそ言論の自由を弁護士会自身が否定するものであり、民主主義国家の国民として断じて許すことはできない。先述のとおり、半世紀以上にわたって犯罪行為を続けてきたのは京都朝鮮第一初級学校側であり、またそれと同じ年月日本国民の子供たちの人権を踏みにじり、危険に晒してきたのである。これについて日本国民として怒りの声を上げるのは当然であり、その声を封殺しようとする京都弁護士会の反民主主義声明に断固抗議するものである。

5・京都弁護士会会長村井豊明は京都朝鮮第一初級学校の犯罪行為を助長する内容の声明文を直ちに撤回し、在特会および主権回復を目指す会、平成21年12月4日に行われた京都府勧進橋児童公園における違法危険物撤去作業に参加した日本国民有志一

同、および半世紀にわたって同校の犯罪被害を受けてきた日本国民である近隣住民に対して謝罪しなければならない〉

「言論として許される範囲を越えて国籍や民族による差別の助長・煽動に該当する」と在特会を批判する弁護士会に対し、在特会が「言論の自由」と「民主主義」を持ち出して反論している点が興味深い。右派、保守を自任する団体で、これほどまでに「民主主義を守れ」と声高に唱え、活動の自己正当化を図るところは、それまでなかったのではないか。

双方が声明を発表した1ヵ月後の2月10日、在特会は京都弁護士会が入居する弁護士会館前に「京都弁護士会会長・村井豊明は土下座せよ」と書かれた横断幕を広げ、街宣活動をおこなっている。在特会はイキり立っていた。京都弁護士会所属の弁護士を中心とする98名もの大弁護団が朝鮮学校の側に立ち、在特会などに対して慰謝料を求める民事訴訟を起こしたからである。在特会側は「100人もの弁護士がついて何が弱者だ」と朝鮮学校への反発をさらに強めた。

たしかに一人の顧問弁護士も持たない在特会からすれば、朝鮮学校側の大弁護団は脅威にも思えたことであろう。しかしそれは、事件の衝撃がいかに大きかったか、ということを物語っているのではなかろうか。思想的な立場に関係なく名を連ねた弁護士が多かったところに、それが表れている。

3月28日、在特会やその支持者たち約100人は、第一初級学校の周囲で、またしてもデモ行進を実施した。デモを先導する街宣カーのスピーカーから流れる若い女性のアジテーションを、周辺住民は唖然としながら聞き入った。

「戦後の在日朝鮮人は日本人に言いがかりをつけ、集団暴行をはたらくわ、無銭飲食をするわ、次々と婦女子を路上で集団強姦するなど日常茶飯事の悪者だったのです。また不逞朝鮮人は腰に拳銃を下げ、鉄パイプを振り回して、手当たり次第に日本人を殺傷、暴行し、悪行の限りを尽くしたのです。今こそ不逞朝鮮人を監獄にぶーちこめー！　ぶーちこめー！」

シュプレヒコールはいつも以上に激しく、そのうえ下品だった。

「ゴキブリ朝鮮人、ウジ虫朝鮮人は朝鮮半島へ帰れ！」

「京都をキムチの臭いにまみれさせるな！」

拳を振り上げ、それに応えていたのは、デモに参加した者だけではない。ここでもやはり、生中継された動画を視聴した者たちが、「そうだ！」「そのとおり！」などと何千もの激励コメントを寄せたのである。リアルとバーチャルの両面で、抗議活動は盛り上がった。

盛り上がれば盛り上がるほど、公園問題はいつしか「不逞鮮人」の問題へとすり替えられていく。解決を求める運動ではなく、むき出しの排外主義が人々の憎悪を煽り立てるようになった。

「抗議行動を依頼したのは私です」

終戦の翌年に設立された第一初級学校が、京都市内の他の場所から現在地に移転したのは1960年である。在日コリアン集住地域である東九条の東端。鴨川を挟んで伏見区の対岸にあたる。昨今は新築のマンションが目立つようになった。

当時、この近辺は空き地だらけだった。自前のグラウンドを持たない学校は、誰にも干渉されることのない目の前の空き地で体育の授業などをおこなっていた。3年後、この場所に勧進橋児童公園がつくられる。学校側は「けっして公園を無断で使用してきたわけではない」と説明する。

茶色に変色した古いメモが残っている。メモに記された日付は1963年12月3日。そこには京都市、町内会、学校の3者で公園利用について話し合いを重ねた結果がハングル文字で記録されていた。

〈運動場使用問題で数次の交渉を進行中であったが、この日、最終的に合意を得る。西南

側入り口を中心に金網を張り、南側に児童遊具を作り、現在使用中の部分は学校側で継続使用しても問題ないということになる〉

会議に出席した市、町内会、学校側参加者の名前も並べられていた。

私は公園を管理する京都市南部みどり管理事務所を訪ね、担当者に合意内容が事実であるのかを訊ねたが、「50年も前の記録など残っていません」と担当者は困惑した表情で答えた。ただ、ある時期まで、学校側の公園使用については、とくに問題視することもなかったという。

「合意の内容を市として確認はできていませんが、地元の子どもたちと学校側で棲み分けができていたのは事実かと思います。学校側が運動場として使っていた部分も、体育や朝礼以外の時間には、地元の子どもたちも使っていましたしね。市民からの苦情や要請もなかったと思いますし、そうした記録も残っていません」

状況が変わったのは、2009年2月に公園の一部を横切るような形で阪神高速道路の延伸工事が始まってからだ。工事の影響で公園の面積が大幅に縮小されただけでなく、「棲み分け」のために設置されていた金網も撤去された。そのときを境にして、管理事務所には「近隣住民」を名乗る人々からポツポツと抗議の声が届けられるようになった。

「朝鮮学校が公園を私物化しても問題はないのか」

「学校が設置したサッカーゴールをどけさせろ。地元の子どもたちが遊べないじゃないか」

管理事務所の担当者は学校に赴き、市民からの苦情を伝えたうえで次のように要請している。

「公園は譲り合って使ってほしい。サッカーゴールや朝礼台はなるべく早めに撤去してほしい」

幾度かの話し合いの末、学校側は2010年1月にサッカーゴールほか備品類の撤去を約束していた。ちなみに在特会も09年秋に管理事務所を訪ね、学校側の公園使用について抗議したという。その際、市は「1月撤去」の情報を知らせたというから、在特会はそのことを知りながらも、あえて直前の12月に騒動を引き起こしたことになる。

担当者は問題の背景について、ふと次のように漏らした。

「あの地区は昨今マンションが増えたことにより、いわゆる新住民の人口が急増している。古くからの住民と違い、地域環境に対する意識が変わってきたのかもしれません」

公園周辺を歩いた。たしかに古い家屋と新築に近いマンションとが混在した地域ではある。公園からはすでに、学校側のあらゆる備品が撤去されている。

小さな子どもを遊ばせている母親に声をかけた。2年ほど前に近くのマンションに越してきたという。彼女は事件のことを知っていた。

「(学校側の公園使用について)私は問題ないと思ってます。一日中、公園が占有されているならばまだしも、そんなことはありませんからね。うまくやっていけばいいんじゃないですか」

近くを歩いていた買い物帰りと思しき主婦も、「ウチの子は昔から、この公園でサッカーをして遊んでましたよ。朝鮮学校のサッカーゴール、勝手に使わせてもらってたらしい。お互い様ですわ」と笑い飛ばした。これだけ聞くと、管理事務所や在特会の言う「住民の苦情」なるものが、本当にあったのかと思えてくる。

しかし、結論から記せば苦情は事実であった。公園に近接するマンション。その一室を訪ねたとき、応対に出た30代の男性は、硬い表情を浮かべながら私に告げた。

「在特会には感謝しているんですよ。よくやってくれたと思います」

そして、こうも付け加えたのである。

「在特会に抗議行動を依頼したのは私です」

男性は10年ほど前に、このマンションに入居した。京都駅にも比較的近い場所にある利便性が気に入ったという。しかし、利便性以外では腹の立つことも多かった。すべては朝鮮学校の公園使用に起因している。

「あの人たち（学校関係者）、公園でバザーやったりするわけです。酒飲んで、焼肉食ってドンチャン騒ぎですよ。焼肉の煙がウチまで流れ込んでくるんです。こんな迷惑ありません。しかも何か行事があるたびに、公園周辺が違法駐車の車でいっぱいになる」

違法駐車に関しては、何度も警察に取り締まりを依頼したが、「きちんと指導しときます」と言うばかりで、本気で取り締まった形跡は見られなかったという。

「ウチの子は公園で遊ぼうとしたら、朝鮮学校の生徒に『じゃまだから出て行け』と脅されたんです。ありえますか、こんなこと？　あそこは誰でも利用できる地域の公園ですよ。なんていうかね、人種の違いというか、考え方の違いというか、理解できないことが多いんです、あっちの人たちは」

男性は行政にもかけあった。何度か管理事務所に解決を要請したが、一向に前に進まない。

警察も動かない。行政も動かない。

「だから、過激なことやってくれるところに頼まないといけないと思いました」

男性はインターネットで朝鮮学校と「闘ってくれそうなところ」を探した。その際、一般的な右翼団体などは避けたという。なんとなく自分自身にも危険が及びそうな気がしたからだ。

そこで「発見」したのが、市民団体を名乗る在特会だった。

「ここだったら、市民の力で過激な行動を起こしてくれると思いました。早速、実情を書いたメールを送ったんです。違法駐車の写真も添付しました」

在特会の動きは早かった。相談のメールを出してすぐに、行政へ抗議に赴いただけでなく、近隣の調査もしてくれた。ただし、在特会とのやりとりはすべてメールを通じておこなわれ、男性は会員とは一度も顔を合わせたことがないという。そして事件が起きる。

「前もって抗議活動することは知らされていませんでした。僕もネットの動画ではじめて知ったんです。たしかに、ちょっとやりすぎのような感じもしました。何もそこまで、という気がしなかったわけじゃない。でも、誰も住民のために動いてくれる機関がないなかで、在特会だけが立ち上がってくれたんです。そのことに関しては素直に感謝したいと思います」

事件後、在特会には感謝の意を込めて「相場以上のカンパ」をしたという。

私は男性に訊ねた。

——たとえばご自身で学校に抗議することは考えなかったんですか？

「行けないですよ。生きて帰ってこれないじゃないですか、朝鮮学校なんかに一人で抗議になんか出向いたら」

――学校と共存する道はないですかね。

「学校が地域のために何かよいことでもしているわけですか、って話ですよ」

――あなた以外にも、在特会に感謝している人は多いんですか？

「たくさんいると思いますよ。たしかに在特会は少し荒っぽいところがあるけど、彼らの主張は僕らの心の叫びでもあるんです」

――在日コリアンに対しては、どう思っていますか？

「実は、僕は子どもの頃、中国地方の在日集住地域に住んでいたことがあるんです。いろいろとイヤな目にあいました。追いかけられたこともあるんです。（彼らは）程度が低いですよ」

会社員だというその男性からは、やや神経質な雰囲気を感じなくもなかったが、デタラメを述べているようには思えなかった。おそらく、話のすべては事実なのであろう。いまさらながら、地域と学校との間で、もっと信頼関係を結ぶことのできる回路は他にもなかったかとも思う。言うまでもなく、やはり自前の運動場を持たない学校というのは生徒にとっても不幸だ。

ただ、その一方で、男性がときおり口にする在日コリアンへの偏見ともいうべき口調が気になった。自身の経験に基づいたものかもしれないが、何か自分の心のなかで巨大なモンスターをつくり上げてしまっているような感じでもある。あるいは、それもまた我々日本人のなかに巣くう、差別の眼差しなのかもしれない。

実のところ、男性が住むこのマンションには、彼以外にも朝鮮学校を「怖い」と語る住民がいた。この住民は在特会のことは知らないし、もちろん支援もしていない。公園問題についても詳しくはなく、ただ「近くに(学校が)あることが、なんとなく恐怖」だと語った。

先頭に立って騒ぐ在特会と、抗議を要請した住民、そして抗議には加わらないものの、心情として朝鮮学校を嫌悪する住民。この3者は見えない糸で結ばれているのではないか。醜悪な形で暴れる在特会だが、しかし、私にはどこかで一部の人間の本音を代弁しているかのようにも思えるのだ。

徳島事件と中心メンバーの逮捕

「京都事件」の中心メンバーだった在特会会員が威力業務妨害などの罪で逮捕されたのは、事件から8ヵ月後の2010年8月である。ただ、それに触れる前に、もう一つ言及しておかなければならない事件がある。同じ年の4月14日、前出のメンバーを含む在特会会員が徳島県教職員組合（徳島市）の事務所に乱入した、こちらは「徳島事件」と呼ばれているものだ。

この日の午後1時すぎ、徳島県教組が入居する県教育会館前の路上に男女約20名が集まり、突然に街頭宣伝が始まった。

「募金詐欺の日教組を許すな」「善意の募金を朝鮮学校に送った日教組徳島は出て来い！」

ふだんは人通りの少ない住宅街。大音量で流れるシュプレヒコールは近隣に響き渡った。

攻撃の矛先が徳島県教組に向けられたのは、同教組が四国朝鮮初中級学校（愛媛県松山市）に150万円の寄付をおこなったのが発端である。その前年、同教組の上部団体にあたる日本教職員組合（日教組）は、「子どもの貧困対策」を名目に全国で募金活動を実施。1年近くに及ぶ取り組みにより総額で約1億7000万円が集まった。そのうち約7000万円が母子家庭などの救済事業に取り組む「あしなが育英会」に寄付され、残額の約1億円は日本労働組合総連合会（連合）の「雇用と就労・自立支援プロジェクト」に集められた。うち一部が各県教組などを通じて朝鮮学校にも寄付され、子どもたちの就労支援などに使われたのだった。

これを問題視したのが、いまや「反日教組」の急先鋒として知られる自民党・義家弘介議員、かつて〝ヤンキー先生〟としてメディアにも頻繁に登場した人物だ。10年3月の参院予算委員会で「あしなが育英会に寄付すべき募金が朝鮮学校に流れている」と指摘。これを産経新聞が大きく報じたことで、ネットユーザーの一部が「募金詐欺」だと大騒ぎしたのである。

在特会も、この流れに乗った。なかでも「京都事件」で大きな注目を集めていた在特会関西各支部メンバーは、朝鮮学校に150万円の寄付をした事実が明らかとなっていた徳島県教組をターゲットに直接行動を企てたのだった。

当初、メンバーらは建物の外に立ち、「反日教育で日本の子どもたちから自尊心を奪い、異常な性教育で日本の子どもたちを蝕む変態集団、それが日教組」と記された横断幕を掲げ、街宣活動を続けていた。ところが、何を思ったか突然に建物のなかに乱入、唖然とする警備担当者の脇をすり抜け、2階の県教組事務所へなだれ込んだのである。

「募金詐欺!」「朝鮮の犬!」「ネコババ日教組!」

日の丸を掲げた者たちは、トラメガを使って室内で次々とがなり立てた。当時、事務所内には組合書記長(58歳)と書記(44歳)の2人の女性が事務作業中であった。

「こら、非国民」「腹切れ、おまえ」「死刑や、死刑!」

わずか2人ばかりの女性職員を相手に言いたい放題である。さらには110番通報した書記長の手首をつかんで電話を切る、机上の書類を放り投げる、トラメガで非常サイレンを鳴らすなど、通常の政治活動では考えられない乱暴狼藉をはたらいた。これでは単なる粗暴犯である。

「なんとも言いようのない恐怖を感じた」と書記長は当時を振り返った。

「日教組の教研集会があるたびに右翼団体の抗議は目にしています。ですが、在特会の行動はそれと比較しても常軌を逸していたと思います」

やがて、110番通報によって警察官が駆けつけたが、その後もメンバーらは「拉致被害者を返せ」などと見当違いの罵声を飛ばしながら、事務所を喧騒状態に陥れた。カメラで事務所内を撮影する者。乱暴の一部始終をネットで生中継する者。まさにやりたい放題だ。メンバーのなかに酒の臭いをぷんぷんさせている男がいたことを、書記長ははっきり覚えている。

「あなた、酒飲んでるでしょう」

そう訊ねると、男はそれがどうしたとでもいうような顔つきで「途中で飲んできただけだ」と答えた。約20分間の乱入劇だった。メンバーらは最後に「日本が嫌なら脱日せよ！」と〝宣言文〟を読み上げ、意気揚々と引き上げていった。

徳島県教組が建造物侵入、威力業務妨害で参加メンバーを刑事告訴したのは、事件の1週間後のことである。それを待っていたかのように、在特会側も日教組、徳島県教組を詐欺などの疑いで刑事告発したが、こちらは不受理とされた。

一連の流れにおいて、私が最も興味深く感じたのは、県教組に〝乱入〟した当事者が、徳島県庁で記者会見を開いたことである。在特会が個別の取材に応じることは珍しくないが、共同記者会見を開いたのは、おそらくこれがはじめてである。

4月27日、県政記者クラブの会見場に集まったのは新聞、テレビ数社。そして在特会からは事件を引き起こした当事者である川東大了《かわひがしだいりょう》(40歳)、西村斉《ひとし》(42歳)らが参加した。会見ということで珍しく緊張した面持ちである。しかもネクタイまで締めている。

主に発言したのは西村だった。彼は日教組の募金が朝鮮学校に「流れている」ことを「募金詐欺」だと指摘。そのうえで次のように述べた。

「(抗議行動は)当然のことだ。捜査機関もマスコミも募金詐欺には無関心。だから我々が自己犠牲の精神で行動するしかなかった。人の善意を踏みにじり、徳島県教組は朝鮮系の反日団体にカネを送った。日本にミサイルを撃ち込むような国にカネが流れていることはサルでもわかる」

在特会にとってみれば、朝鮮学校は、イコール北朝鮮である。西村の発言は、そうしたロジックに基づいたものだ。

参考までに言及すれば、徳島県教組では街頭募金は一切おこなっておらず、募金はすべて組合員のポケットマネーによってまかなわれたものだ。また、上部団体の日教組にしても、募金の使途に関しては当初からホームページ上などで「『あしなが育英会奨学金』に寄付します。また、連合を通じて『保護者の厳しい就労状況等により学校へ修学できない子ども、外国籍・病気・障害のある子どもの支援』（後略）へ寄付します」と明記している。もっとも在特会は、募金の方法ではなく「朝鮮学校にカネが流れた事実」を問題視しており、そうした意味では、彼らが抗議する「理由」が失われるわけではない。

会見は西村の発言以外にほとんど耳を傾けるべきものはなく、記者から突っ込んだ質問があったわけでもなかった。幹事社が質問を促しても沈黙が流れるなど、正直盛り上がりには欠けた。だが、それでも会見に臨んだ西村たちを、私は少しばかり評価したい気持ちでいる。その当時はまだ、外部との回路を求める意向が在特会には多少なりとも存在した。どんなに非常識な言動であったとしても、訴えかける気持ちは大切だ。現在の彼らのような「わかる人だけに、わかってもらえればいい」という〝タコツボ路線〟と比較すれば、よほどマシだと思う。私はまったく賛同できないが、仮に「殺せ」といった言葉に正当性があるというのならば、ネットで書き殴ったり押し入ったりするだけでなく、堂々と訴えるべきなのだ。

ついに警察が動いた。前述した10年8月10日、まず京都府警が威力業務妨害容疑などで、「京都事件」に参加した在特会メンバーらを逮捕する。逮捕者は前述の川東大了、西村斉に加え、荒巻《あらまき》靖彦（47歳）、中谷辰一郎《なかたにたついちろう》（42歳）の合計4名である。この4名は関西の「四天王」と呼ばれ、常に運動の先頭に立ってきた。

逮捕に際し、在特会は同日午後6時、秋葉原の本部事務所から「ニコニコ動画」を通して緊急生放送をおこなった。画面に登場したのは会長の桜井誠。蝶ネクタイにサスペンダーの〝正装〟で臨んだ桜井の表情は険しく、どことなく疲労の色が滲んでいた。彼の自宅アパートや事務所にも家宅捜索が入り、パソコンなどが押収されたことで、苛立ちを隠せなかったのかもしれない。

桜井は4名の逮捕事実を告げた後、語気を強めて訴えた。

「逮捕される謂《い》われはまったくない。児童公園を半世紀にわたって不法占拠してきたのは一体どこの誰だ！　彼らが不法占拠しなければ我々が騒ぐ必要性は何もなかった。朝鮮人の犯罪を放置しておいて、その一方で抗議する日本人だけを逮捕する、あるいは叩き潰そうとするなら、我々は徹底して闘う。彼ら（逮捕者）がやったことは一つも間違っていない。今朝、京都府警の人間が自宅に来たときも『私の身柄を持って行け！』と何度も言った。日本人の子どもが遊ぶべき児童公園を不法占拠する朝鮮学校に抗議の声をあげることが悪いとはとても思えない。この程度で潰れる在特会ではない」

その1ヵ月後、今度は徳島で動きがあった。徳島県警は、県教組に対する威力業務妨害と建造物侵入で中谷良子（35歳）、岡本裕樹（21歳）、星エリヤス（24歳）、松本修一（35歳）と、その頃はまだ京都事件で勾留中だった西村斉、荒巻靖彦、川東大了の計7名を逮捕したのである。

この際も桜井は同日付のブログで〈朝鮮総連、朝鮮学校、日教組……社会の巨悪に一市民団体が立ち向かっていくことの難しさを痛感しているところですが、それでも在特会は絶対に歩みをとめることはありません。これまでタブー視され放置されてきた社会の癌を日本から取り除くため、全国の会員の皆さまと協力して『行動する保守運動』を展開して参りたいと思います〉との*緊急声明を発表している。

逮捕者たちの主張

4階建ての小ぎれいなアパートだった。ドアをノックすると、ジーンズに白いTシャツ姿の荒巻靖彦が顔をのぞかせた。怪訝《けげん》な表情を浮かべる荒巻に来意を告げると、「ああ、それはご苦労様です」と意外にも穏やかな声が返ってきたのだった。

京都・徳島の両事件で逮捕された荒巻は、このとき、まだ保釈されてから1ヵ月と経っていなかった。これまで取材現場では何度か荒巻の姿は確認している。だが、こうして向き合って話すのははじめてだった。無駄な贅肉のない体型にTシャツ姿が似合う。精悍《せいかん》な印象を受ける。名刺を受け取った際の手つき、物腰、そして言葉遣いも丁寧だった。

正直、私は荒巻の取材は「荒れる」と踏んでいた。それまで私がデモや街宣の場で、あるいは動画で目にしてきた荒巻は、同じく逮捕された西村斉と並んで誰よりも「戦闘的」だったからだ。

「おい、こら、なめんな、ボケ!」。そう叫びながら〝敵対者〟に突っかかる荒巻の暴走ぶりは、関係者の間ではおなじみである。あるときなどは、街宣の最中に抗議した高齢の女性に対し、怒声を浴びせながら執拗に追いかけ回した。

「日本から出てけ、こら、アホンダラ!」

大阪梅田の路上だった。荒巻は逃げる女性に対してあらん限りの悪態をついた。

「このババアの顔、チョンコ（朝鮮人に対する蔑称）ですよ！　みなさん、顔よう覚えてね。目の前ですれ違ったらどつき回したってください！　出て行け、コラ、朝鮮人！」

そうした荒巻の姿は、いつも私をげんなりさせる。だからこそ荒巻の取材はケンカ腰にならざるを得ないだろうと覚悟を決めていた。だが、目の前で私と向き合っているのは、快活で礼儀正しい男である。肩透かしを食らったような気分になった。

荒巻は北新地（大阪市）でバーを経営している。目が少しばかり充血したようにも感じたのは午後の早い時間帯、まだ起きて間もない頃だったのだろう。事件については次のように話した。

「何の後悔もありません。反省もないです。間違ったことをしたとは思っていません。むしろ、やってよかったと思います。僕らのやり方には批判も多いと思いますが、それでも僕らが行動したことで、たくさんの人が隠された問題を知ってくれた。京都では朝鮮学校の不法行為を世間に周知することができたじゃないですか。徳島についても同様です。募金で集めたカネを朝鮮学校へ流すことについての是非は、もっと議論されてもいい」

事件後、多くの人々から励ましを受けたと語る。

＊なお、京都府警は、在特会メンバーらを逮捕してから間もない8月27日、京都朝鮮第一初級学校の前校長（53歳）を都市公園法違反で書類送検した。サッカーゴールなどを設置したことで、許可なく公園を占有したと判断されたのである。在特会のなかにはこれをもって「我々の主張の正しさが認められた」と訴える者も多い。

「ネットはもちろんのこと、勾留中にも『ありがとう』『いままで在日の悪事について知らなかった』といった内容のハガキもいただきましたよ。応援してくれる人がたくさんいることに励まされました。そして、在日のえげつなさについても、多くの人が知ってくれたと思うんです。僕らの目的は、それである程度は達成できたと思います」

朝鮮人が嫌いですか？　私はそう訊ねた。

「僕なんかね、毎日が在日との闘いなんですよ！」

荒巻はやや気色ばんで答えた。

「新地で店をやってますからね。在日のヤクザ、チンピラ、ぎょうさん来ますよ。そしてつまらんことで因縁つけてくるのが、ほとんど在日です。別に国籍をたしかめてるわけじゃないけど、話聞いたり顔つきをみれば、だいたいわかります」

高校生の頃までは、在日コリアンが多く住む門真《かどま》市（大阪府）に住んでいた。

「素行の悪い在日が多かったですよ。でも、在日だから嫌いというわけじゃないんです。友人のなかには在日だっている。ただ、権利ばかり主張して日本を貶《おとし》めるような在日がイヤなんです」

彼は厳格な家庭で育ったという。昭和一桁生まれの両親は理髪店を経営していた。とくに旧軍を崇拝する父親は厳しく、それがイヤで、あえて反抗することも多かった。高校時代には無政府主義を賛美する、アナーキー系のパンクバンドで活動していた。そのことが原因で一時期は父親と絶縁状態にもなっている。

高校卒業後は東京に出てミュージシャンを目指す。だが、結局はうまくいかず、大阪に戻る。父親の勧めで警察官の採用試験を受けたが、当時の規程により軽度の色覚異常で不採用となった。その後、飲食店などで働き、2003年から3年間は中国の上海に渡ってラウンジを経営していたという。このときの経験が、荒巻を〝愛国主義〟に近づけた。

「日本人駐在員向けの店でした。いまにしてみれば貴重な経験をしたと思っています。中国の腐敗した現実をたくさん見てきましたからね。商売やってると公安（中国の警察）からはさまざまな名目でカネをむしり取られますし、断ればイヤがらせも受ける。ひどいもんでした。日本人は完全にナメられていると感じたんです」

2005年には「反日暴動」も経験している。

「群集が大暴れして、日系の商店がたくさんやられましたよ。僕の知人が経営するレストランも、めちゃくちゃにされました。実は、その知人のところには事前に公安から相談が来ていたんです。『群集のガス抜きとして店を襲わせてくれ。ただし後から店の修繕費は全額払う』と。だから知人は店が壊されるのを黙って見ていた。ところが公安はその約束を守らなかったんです。大損ですわ。そんなもん見てきて、どうして中国という国を信用できますか」

日本をナメる中国。そして日本を貶める在日。いつか日本はやられてしまう。そうした思いから、荒巻は「強い日本を目指すため」に活動を始めるのである。小林よしのりの本を読み、産経新聞に目を通した。そしてネットで在特会を知った。

後に荒巻は京都・徳島事件の公判で次のように力説している。

「在特会の活動にはじめて参加したとき、心から感動した。市民団体の力を知った」

強くありたいという気持ちは理解できる。店に因縁つけてくる者がいれば徹底的に闘えばいい。しかし、これまでの行動を正当化できるだけの論理は私には感じられなかった。ましてや、商売の邪魔をしにきたわけでもない高齢の女性を追いかけまわして「チョンコ」などと罵ったりする荒巻に対しては、いささかの理解も及ばない。

ただ、後日談として一つだけ荒巻に関して付記したいことがある。

2010年末から2011年にかけて、私が在特会に関する記事を発表して以降、幾多の主要メンバーが私を激烈に非難するようになった。いまでも会話のできる者はいるが、取材する際はあくまでも在特会本部にばれないよう、こっそりと落ち合うしかない。

荒巻は、そうしたことを気にしない人物だった。彼らの街宣現場を取材しているときに私の肩を叩く者がいる。振り返ってみれば荒巻だった。彼は笑みを浮かべながら「ご苦労さん」と声をかけ、これからも在特会について書き続けるのかと聞いてきた。私が「もちろんです」と答えると、彼はふたたび肩に手を乗せ「何を書いてもいい。好きなように取材してください」とだけ口にして、ふたたび街宣の輪に戻った。そのときの荒巻に限っていえば、私は少しも悪い印象を抱いていない。そんな人物が、いまだに「チョンコ」だなんだと街頭で大騒ぎするものだから、私はなんとも落ち着かない気持ちになるのである。

川東大了は、家業の電気工事業を手伝っている。枚方《ひらかた》市（大阪府）の郊外で両親と一緒に住んでいた。荒巻と同様、京都、徳島の両事件で逮捕された川東は、前出の八木や先崎とともに在特会副会長という〝要職〟についている。

京都事件の際に、公園に設置された学校備品のスピーカーを撤去したのは、実はこの川東だ。在特会の京都弁護士会に対する反論声明のなかに登場する「電気工事の資格を持った専門家」とは彼のことなのである。あのとき、スピーカーの配線をニッパーで容赦なく断ち切る彼は、どこか誇らしげな様子でもあった。作業服を身にまとい、頭には「在特工務店」とマジックで走り書きしたヘルメットをかぶっていた。

私が川東と会うことができたのは、やはり保釈されてすぐの頃だった。自宅を訪ねた私に対し、彼は困惑の表情を浮かべた。

「保釈中でもあるし、あまりお話しできることはないと思いますけど」

か細い声だった。小柄で線の細い川東には、どこか中性的な雰囲気が漂う。自身のホームページでは〝キティちゃんグッズ〟の収集癖を明かしてもいる。一方で周囲からは「彼ほど活動熱心な人はいない」との評価も受けている。デモや街宣は皆勤賞に近い。地元以外でおこなわれる街宣にも積極的に参加する。そうした「熱心さ」を買われて副会長という肩書が与えられたのだ。

なんとかして言葉を引き出そうと、私は、あえて挑発的な言葉を投げつけることにした。

「在特会の乱暴な振る舞いは、見ているだけで不愉快になります」

案の定、川東はむっとした顔つきとなり、「それはもう、人それぞれですから」と投げやりな言葉で返す。ただ、私の狙いどおり、不愉快な感情が彼の口をやや滑らかにしたようだった。

――在日コリアンに対して、なにか恨みでもありますか？

「あるといえばあるし、ないといえばない。プライベートな場面で、朝鮮人にヒドイことされた経験はありません。ただ、朝鮮人は日本人の生命、安全を脅かしている。日本の将来のためにも、それを正していかなければなりません」

——在日コリアンは、日本にいないほうがいいと思ってる?

「一言でいえばイエス。連中は恩知らずだし程度が低い。日本の世話になりながら一方で無理難題ばかり吹っかけてくる。強制連行や従軍慰安婦の問題を考えれば、そうは思いませんか?」

——では、追い出すしかないんですかねえ。

「まあ、韓国と北朝鮮にお帰りいただければ、それにこしたことはないと思います。僕は民族差別はなくすべきだと思っているんですよ。いまの日本において、彼ら(在日のこと)自身が差別を生み出している。あらゆる特権を手放し、せめて普通の外国人として暮らすべきでしょう」

私はこの機会に、副会長なる要職につく川東へ、どうしても聞いてみたいことがあった。

——特権というのであれば、日本で一番に特権を有している外国人の勢力は、同じ「在日」でもたとえば在日米軍ではないかとも思うのですが、その問題はどう考えているんですか?

「アメリカは日本の経済復興に手を貸してくれた。プラスの面が多い。日本を貶める韓国や北朝鮮とは違います。もちろん(在日米軍に)問題がないとはいえない。たとえば、こんなふうに考えることはできませんか。いま、目の前に出血多量で死にそうな人がいるとします。調べてみたら、その人には虫歯があった。この場合、虫歯の治療が優先されますか？　そんなことよりも、まずは止血しなければなりません。目の前にある最大の危機を除去するために活動しているのが在特会なんです」

虫歯を米国にたとえる論法は、なるほど、なかなかおもしろい。是非はともかく、わかりやすいたとえ話だ。

――いろいろ勉強されているようですが、どこで知識を得ているのですか。

「ネット。そしてテレビかな。活字は嫌いなんで本はあまり読みません」

高校卒業後、サラリーマンを経て家業を手伝うようになったという。在特会に入った動機は、やはりネットの動画サイトで桜井の演説を視聴したことだった。

川東はけっして饒舌というタイプではない。小さな声で、とくに抑揚をつけるわけでもなく、ぼそぼそと話す。感情というものが、あまり見えてこない。そのくせ街宣の場では「核兵器のない社会よりも、朝鮮人のいない未来を！」などと大声で絶叫することもある。つかみどころのない人間だと思った。

ある在特会関係者から次のような話を聞いたことがある。彼がまだ勾留されている頃のことだ。その関係者がある日、川東の実家を訪ねたところ、母親は複雑な表情を見せながらこう話したという。

「ウチの子は仕事もしないで部屋に閉じこもって、明け方までパソコンをいじっていることが多いんです。いつ寝ているのかもわからない。まるでオウムのようで心配になります」

ある意味、勉強熱心な人間なのだろうと思う。目立つタイプではないが、向き合ってみれば、どこか余裕の少ない彼の生真面目さだけは伝わってくる。だが、その生真面目さが、川東にさらなる暴走を促すことになる。詳しくは後述するが、彼がたった独りで無茶ともいえる闘いに突入するのは、それから半年ほど後のことであった——。

家では良きパパ・良き家庭人

同じく京都・徳島両事件で逮捕された西村斉だけは「直接取材にはお応えできない」として、メールで回答してきた。以下、西村から届いたメールの文面の一部である（原文ママ）。

〈主張の正当性に揺らぎはありません。問題提起を主に狙っており、狼煙《のろし》を上げる為にある程度の覚悟で行っているので反省点もありません。

私個人では「ゴキブリ」「キムチくさい」等の発言はしたことはありません。何故かと申しますと私は友人の朝鮮人の前でも発言できるような言葉しか発言しないと心に決めているからです。

あのような物言いをしたのは戦後60年以上紳士的に対応しても朝鮮人には相手にしてもらえませんし、日本人の美徳は日本人同士（政治活動していない一般在日外国人）のやり取りであって反日外国人には通用しません。朝鮮総連も似非《えせ》同和団体も行政に多数で押しかけ、恫喝し、脅し、言い分を呑ましてきたのが現状です。又、外交、ビジネス等外国人とのやりとりでは一歩引いたら外国人も一歩引いて円満に解決するというのは皆無で、その為お人よし根性の抜けない日本人は世界で利用されＡＴＭ機器のように金を吸い取られ、良識ある親日外国人に「日本人の常識は世界の非常識」だと言われる所以《ゆえん》だと思います。

あくまでも日本人を罵り、捏造された歴史を振りかざし補償金、そしてここ日本で日本人より優位に立とうと（日本に在日という国を創るという考え）政治活動をしている反日在日に対して抗議しているだけであります。在日の人も他の外国人と同じ待遇で生活していただければ文句はありませんし日本人に行った理不尽な過去も問いません。

徳島事件についても、募金をした人はまさか朝鮮学校に金が流れるとは思いもよらなかったと思います。募金をした人はあしなが育英会に全額寄付されるものだと思い寄付したのは明らかでその他に金を流す予定ならば「どこどこに寄付金の何割かは流れますよ」と告知しなければ平成20年の判決で募金詐欺が確定してる事案であります〉（ルビは筆者）

一部わかりにくい表現もあるが、誠実な内容のメールだとは思った。取材がイヤなら断ればいいだけの話である。しかし西村は彼なりに言葉を尽くしてくれた。

正直、これも意外な感じがした。先にも触れたとおり、西村は荒巻と並ぶ在特会きっての「武闘派」である。いつも荒っぽい口調で相手を挑発し、ときには身体を張って飛び込んでいく。年齢のわりに顔立ちが若く見えるので、ヤンキーあがりの兄ちゃん、といった印象だ。線の細いタイプが多い在特会の活動家にあって彼は少数派に属する。実際、西村は「若い頃は相当に暴れていた」「ヤクザなんか怖くない」などと公言している。「ケンカのプロ」を自称し、デモを妨害してきた若者にドロップキックを食らわせたこともある。会の内部からは「俠客《きょうかく》気取り」といった批判も聞こえてくる一方、若い会員からは「アニキ」として慕われることも多い。

実家は京都市内に複数のマンションを所有する資産家だ。彼はそのうちの一つで管理人を務めている。妻も子どももいる。かつて街宣現場で、西村とつかみかからんばかりの言い争いをしたことがある在日コリアンの青年は、ある日、偶然にも近所のスーパーで西村と出くわした。

「子連れの西村を見たのははじめてでした。街宣のときとは違い、父親の顔をしていた。京都事件のとき、『朝鮮学校はスパイ養成機関』『朝鮮人は日本人の土地を奪った』などと怒鳴っていたのが西村です。私らから見れば、彼は主犯ですよ。でも、子連れの西村は穏やかな表情をしていて別人のようだった。殴ってやりたいほど憎い相手だったのに、優しげな彼の顔つきを見ていたら何もできなかった」

実際は繊細な性格ではないかと私は感じている。街宣現場などで私と顔を合わせたときの対応を見ても、そう感じざるを得ない。話しかける私のことを西村はけっして無視しない。きちんと会釈し、そして耳を傾ける。しかし肝心なことは絶対に口にしない。私のことなど信用してたまるかという強い意思と、それでも人間として必要最低限の対応だけは心がけたいという彼独特の〝美学〟が、そこには表れているような気がする。

事件の公判では弁護士の問いに対して次のように答えている。

――街宣などでは、いつも激しい言葉で抗議する?

「僕はウジ虫などといった言葉は使いません。友人の4割くらいは在日です。その友人の前でも言えるような言葉しか僕は使いません」

西村なりの〝基準〟があるのだろう。前掲のメールにおいても同様の文言があった。だがその反面、乱暴な論理を振りかざすことも少なくない。やはり公判における弁護士とのやりとりだ。

──（京都事件について）抗議活動の最中、学校が授業中であったことは知っていましたか？

「法に基づいた教育などしていないのだから、学校とは思っていません」

──少なくとも子どもたちは、あなた方の激しい抗議を耳にした。

「子どもたちは朝鮮総連の被害者。私たちは、本当の歴史認識を持った人間としか共生できないということを訴えた。抗議活動は、子どもたちにとっても、ええ機会だったと思います。公共の福祉のためには許される範囲でしょう」

私は西村にメールを送った。やはり、あなたとどうしても一度じっくり話をしてみたい。あなたの考えをきちんと聞いてみたい。そんな内容を綴《つづ》った。だが、彼からの返信はなかった。

その後も街宣現場で西村と顔を合わせる機会は少なくない。やはり西村は、私の顔を見ると笑顔で会釈する。しかし、何を問いかけても彼の口は開かないままだ。

中谷辰一郎は逮捕後、勤務していた建設会社を退職した。世間を騒がせてしまったことで、一定のケジメをつけたかったのだという。大阪市内の自宅を訪ねると、何のアポイントも取っていなかった私をいやがるふうでもなく、家のなかに招き入れてくれた。

「仕事を失ったので、いまは家で本を読んだり、子どもの相手をするくらいしかないんです」

そう苦笑しながら、中谷は妻子を私に紹介した。優しそうな妻と、小学校低学年の2人の娘。部屋の壁には娘たちが描いた中谷の似顔絵が飾られていた。妻が紅茶とクッキーをテーブルの上に並べる。娘たちが中谷のひざの上に乗りたがる。それを「ちょっと待っててね。あとでね」と中谷が甘い声で制する。中谷家は穏やかな家庭の匂いに満ちていた。

中谷は京都事件に参加し、逮捕されている。事件のことを聞く私に、彼は「正直、怖かった」と漏らした。意外な言葉だった。

「これでいいのか。こうした運動のスタイルでよいのかと、昔もいまも考え続けています。僕らは、僕らの運動は、多くの人から期待されていました。ですからみんな、それに応えようと必死だった。僕はそれが怖くてしかたなかったんですが、それでも突っ走った。もしかしたら、それで自分の姿を客観視できなくなっていたのかもしれません」

花柄のティーカップを静かに口へ運びながら中谷は続けた。

「反省すべき点は……あったでしょう。僕らがやろうとしたのは、あくまでも問題提起でした。しかし、法に触れたというのであれば、法治国家の国民として謝りたいと思っています」

その言葉のなかに、中谷の迷いが含まれていた。中谷には「加害者」としての自責の念があるわけではない。彼が口にする「謝罪」とは、あくまでも法を逸脱してしまったことに対するものだ。だがそれでも、活動の正当性に話が及ぶと苦渋に満ち満ちた表情を見せる。

「既存の保守や右翼がやってこなかったことを僕らがやったのだという自負はあります。僕らはけっして商売のために運動してたわけではありません。こんなことしてもカネなんか集まりませんからね。みんな自腹で活動してるんです。真面目な連中ばかりですよ。なんとか国を変えたい、守りたいという思いだけは、みんなが持っている。ですがネットによって裾野を広げ、勢力を拡大し、さらに人々の耳目を集めるような運動を展開するといった方法論に、限界も見えてきたように思います。結局、ブログや動画の閲覧者を増やすためには、過激な方向に走るしかなくなりますからね。客観視する余裕がなくなるんです」

いつのまにか中谷のひざの上で娘が甘えていた。中谷は頭を撫でながら静かに微笑んでいる。

運動に入るきっかけは、この娘の誕生だったという。

「はじめて子どもが生まれた7年前、ちょうど小泉訪朝によって拉致問題が世間を騒がせた直後でした。それまで政治のことなど真剣に考えたことはありませんでした。中卒の学歴しか持たない僕は、ただひたすら真面目に仕事をするしかなかったんです。ところが、拉致問題に接して、日本はこのままでいいのかと考えるようになりました。そして子どもの将来が心配になった。強くて正しい国家をつくるためには、まず、日本人自身がしっかりした国家観を持つ必要がある。それは国防の問題だけでなく、教育や経済においても同じ。不幸な国のなかで娘を成長させたくない。そう強く感じるようになりました」

保守に傾倒したのは、左の側があまりにも弱腰で、そして「売国的」に見えたからだ。本を読み漁った。保守系の学習会に何度も足を運んだ。そして気がつけば運動の渦中にいた。

「あくまでも市民運動として、僕は参加してきたつもりです。ですが、いつのまにか『市民なのだから何を主張してもかまわない』といった甘えも運動内部で生じてきたように思います。言いたいことを言う、やりたいことをやる。それでは子どもの集団ですよ。しかもネットによって運動が拡大するにつれて、政治目的というよりも不満をただぶちまけたいだけの若者までもが参加するようになりました。ただ過激さを競い合うだけのような場面も珍しくなくなったんです」

このとき、中谷は運動を続けるべきかどうか、明らかに悩んでいた。

「いま、色々と考えているところなんです。どんな運動であれば人々の理解を得ることができるのか。少なくとも暴走族に間違えられるような運動とは距離を置きたいと考えています」

帰り際、彼がふと漏らした一言がいまでも耳に残っている。

「僕らの街宣って、説得力があったんでしょうかね。最近、そこらへんのおじいちゃんが言ってるようなことのほうが、よほど中身があるんじゃないかとも思うようになりました」

中谷は運動から身を引いたわけではない。いまでもときおり、集会に顔を出す。ただし以前のように激しく詰め寄るような行動はしない。一歩引いた形で「ただそこにいる」といった雰囲気を隠さない。そこに彼の迷いと苦悩が見えるのだ。

国を愛する日本人として

——星君はハーフだよね。

彼は黙って頷《うなず》いた。

——お母さんはイラン人で、お父さんが日本人。で、いいんだっけ？

星エリヤスはフッと軽く笑いを見せると、ため息交じりに口を開いた。

「そういう質問、これまで何百回、いや、何千回と受けてきたかもしれません」

よく見れば彼の目は笑っていなかった。何も考えず、まるで事情聴取のような質問を投げた私を蔑んでいたのかもしれない。私は自分自身を恥じるしかなかった。

徳島事件で逮捕された星は、京都市内に両親とともに住んでいる。188センチの長身。ハーフ独特の端整な顔立ちが特徴だ。在特会の仲間たちからは「ダルビッシュ」と呼ばれている。たしかにモデルとしても通用しそうな美男子である。

逮捕前まで植木屋で働きながらDJとしての活動も続けてきた。京都木屋町のクラブでは、ちょっとした有名人だ。いつかは音楽だけで食べていきたいとも考えている。そんな星は、ハーフとしてこれまで生きてきたことが「しんどかった」と打ち明けた。

「安田さんもそうですよね。僕がまず、ハーフであるかどうかを聞いてきた。僕はいつも、そこから答えなければならないんです。子どもの頃からずっと」

返す言葉がなかった。私は黙って星の整いすぎた顔を見つめていることしかできなかった。

「安田さん、僕はね、日本生まれの日本人なんです」

語気を強めるわけでもなく、むしろ淡々とした感じで彼は言った。「なのに……」と彼は続ける。

「僕と向き合うと、人は必ず聞いてくるんです。いったい何人なのか。何人とのハーフなのか。もちろん、色は浅黒いし彫りも深い。日本人の顔立ちじゃないんだから、訊ねられるのは当然だと思います。そしてそのたびに答えなければならないんです。母はイラン人です。父は日本人です。僕は日本で生まれました。日本語しか話せません。これ、ほんまにしんどいですよ。ずっと言い続けてきたんですから」

星は眉間にシワを寄せた。自宅のソファーで長い手足を窮屈そうに折り曲げながら、彼は言葉を一つひとつ区切るように、ゆっくりと話し続けた。

「要するに、この外見のせいで日本人と認めてもらえないんです。だからこそ、僕は自分が日本人であることを皆に認めてもらいたかった。在特会で活動するようになったのも、日本人として強く生きていきたいという思いがあったからです」

日没に近い時間。窓の外から夕陽が差し込み、星の顔を照らした。表情に憂いが差したようにも見えた。

「在特会の活動に参加し、日の丸を掲げているとき、僕はようやく日本人であることを強く自覚できたように思うんです。しかも在特会のメンバーは僕のようなハーフを何の抵抗も偏見もなく受け入れてくれた。日本が好きだと話す僕を、愛国者として認めてくれたんです」

街宣で「日本を守れ」と叫んだ。左翼に対して「売国奴」と言い返した。「日本を貶める朝鮮人は出て行け」と大声で怒鳴った。その瞬間、何かが吹っ切れたような気がした。これで日本人になることができたのだという喜びが全身を貫いた。

小学校の頃から歴史が好きだったという。日本で生まれたのだから、日本のことだけはしっかり学びたいと思った。日本人として見てもらいたいという意識が働いていたからかもしれない。

20歳のとき米国の語学学校に留学した。日本という国を外から見てみたかったからだが、結果的にますます日本への思いを強くしたという。留学生仲間の大半は、自国に誇りを持っている。真剣に国のことを考えている。なのに日本はどうか。他国に主権を蹂躙《じゅうりん》されても、デモ1つ起きない。日本人の留学生仲間も、社会的な出来事に関心を示すことなく、もちろん国の行く末にも興味を示さない。苛立った。「同じ日本人」として腹立たしかった。

そんなときにネットで在特会を知ったのである。留学先の寮で、在特会のサイトを眺めるときだけ、自分のなかの愛国心が燃えた。激しい活動を展開する在特会は、異国で日本を想う星にとって「希望」であり「心の支え」だった。

帰国してすぐ活動に参加した。街頭で日の丸を振った。星は「日本人」になった。

徳島県教組に乱入したときも、星は背中に自分の身長ほどもありそうな大きな日の丸を、まるでマントのようにして背中に巻いていた。彼が得意とするスタイルである。そこには「日本を背負っている」「自分こそが日本人」なのだという彼の想いを見て取ることができる。

だが――いま、在特会の活動に少しずつ疑問が生まれてきたとも話す。

「活動を重ねているうちに、だんだん感覚が麻痺してきたんです。それまで憎いと思ったことのなかった朝鮮人に憎悪を抱くようになってしまった」

星は日本人であり続けたかっただけだった。国籍や肌の色だけで差別される痛みは、誰よりも星自身が一番よく知っている。そして逮捕されたことで、余計に自らを振り返るようになった。いま、徐々に熱が冷めていくのを感じているところだ。

「憎悪の中身をもう少し考えてみたい。日本が好きであることに変わりはないし、日本人であることに誇りも持っている。ですが、他者を攻撃することで日本人のプライドが確立されてもいいのか、僕にはよくわからなくなりました。そういう意味では、逮捕されて考える時間ができたことは、よかったと思っています」

在特会に入ってから友人も減ってしまった。

「音楽を通じてたくさんの友達がいたのですが、在特会の活動に熱中しているときは、彼らが僕からどんどん離れていった。他人にどう見られているのかということが、その頃の僕にはわからなかったんですね。実を言うと、在特会のメンバーには活動以外に何の趣味も持たず、友人も少なそうな人が多かったように思います。だから在特会の活動だけに生きがいを感じるしかなかったんじゃないでしょうか」

星は揺れていた。運動を止めるとは言わない。だが、続けることには躊躇を見せる。

そんな星を見ながら、なにかせつなくなってきた。「日本人として生きたい」と願う星に、高揚と自信を与えたのは紛れもなく在特会である。そして同時に、必要のない他者への憎悪まで植えつけた。星だけではないはずだ。在特会に集う者は、「在日特権」こそが世の中の不条理をひもとくカギだと信じ込み、その剝奪を目指すことが「愛国」的行為だと信じている。

何も持ち得ぬ者にとって「愛国」は唯一の存在証明にもなる。

18世紀のイギリスの文学者、サミュエル・ジョンソンは、「愛国心は、卑怯者の最後の隠れ家である」という有名な警句を残した。だが、本当にそうなのか。在特会を見ている限りにおいて、愛国心とは寂しき者たちの最後の拠《よ》り所《どころ》ではないのかと感じてもしまうのだ。

大阪市内の焼肉屋で、私は岡本裕樹と会った。岡本は在特会大阪支部運営という幹部会員であり、やはり徳島事件で逮捕されている。

「ほとんどの友達はカネや女のことしか興味がない。みんな政治に無関心だ」と彼は嘆いた。そして焼けた肉を口に運びながら、彼はいかに学校教育が日教組主導でおこなわれてきたかということを訥々《とつとつ》と私に訴えたのだった。

私が岡本をはじめて間近に見たのは徳島地裁の法廷である。他の被告が早くから席について待っているのに、遅刻ぎりぎりで法廷に駆けつけたのが彼だった。

裁判を受けている身であることがわかっていないような服装だったことも、強く印象に残っている。背中に竜の刺繍の入った派手なスカジャン。刺繍入りのジーンズ。態度もふてぶてしく、検察官の質問に対しても投げやりな口調で答えていた。

「今後は、やり方変えて、またやりますよ」

「日教組、嫌いですから」

ガラの悪いチンピラにしか見えなかった。

その岡本も、なぜか一対一で向き合ってみれば、どこにでもいそうな20歳の男子である。年上の私には敬語を使い、気もつかう。私は裁判のときのことを岡本に訊ねた。いったいなぜ、あんな派手な格好をしてきたのか、と。岡本は、ちょっと恥ずかしそうな表情を浮かべた。

「僕にとって、ヨソ行きの服があれしかなかったんです。スーツも持っていないし、あれでもけっこう悩んで着てみたのですが」

彼は長い間、市場の鮮魚店で働いてきた。長靴とジャージで事足りる。スーツなど持つ必要はなかった。裁判に呼ばれて考えたという。持っているのはカジュアルな洋服だけだ。裁判だから、少しはまともな服装をしていくべきだろう。そう考えた彼は、最初、作業着を着ていこうとした。だが、法廷で作業着はまずいんじゃないか。あれこれ悩んで落ち着いたのが、刺繍入りのスカジャンだった。誰がなんと言おうが、あれは岡本にとってのせいいっぱいの正装だったのだ。

もう一つ意外なことがあった——在特会のメンバーは意外だらけだ——岡本は読書が好

きなのだという。お気に入りの作家は峰隆一郎。勾留中も峰の時代小説ばかり読んでいたという。

彼は若者らしく豪快に肉を口に運び、私のグラスが空くとビールを注ぎ、在特会の仲間がいかに「いい人」ばかりであるのか、そしてこれまでの活動がいかに「楽しかった」のかを話した。

そんな岡本が、戸惑いの表情を浮かべた一瞬があった。在特会によっておこなわれた大阪・鶴橋での街宣活動について私が訊ねたときである。本書のプロローグでも述べたように、鶴橋は日本有数のコリアンタウンだ。在特会はそこで「朝鮮人を叩き出せ！」と例のごとくわめきながら、デモ行進した。そして岡本もその場に参加している。

「正直言うと……あれはキツかったんです」

岡本は、このときばかりはうめくように漏らした。鶴橋には、彼の親戚が大勢、住んでいたからである。

彼の父方の祖父は韓国籍だった。その後、日本国籍に帰化しているので岡本自身はずっと日本人として育ってきたが、いまでも在日の親戚は少なくない。

「僕も『朝鮮人をブチ殺せ』みたいなこと叫んだ記憶があるけど、本音じゃないです」

どことなくヤンチャな雰囲気を漂わせている岡本だが、そのときばかりはやけに幼い表情で、しかも突然、消え入りそうな声で話すのである。当然ながら私は「なぜ？」とたたみかけて聞いた。係累に在日を抱え、あるいは自分自身が在日の血を受け継いでいながら、どうして在特会の活動に参加しているのか、と。だが彼の口からは「右翼に興味があった。そのなかでも在特会が入りやすかった」といった答えしか返ってこない。逃げるでもなく受け止めるわけでもなく、岡本は私の問いかけをさらりとかわすばかりだった。それ以上重ねて聞くと、何か彼が抱えている大事なものを壊してしまいそうな気がした。

私たちは言葉の接ぎ穂を失い、ぎくしゃくしたままに焼肉をつついた。そして、気まずい話から逃れるように近くのガールズバーへと繰り出し、ただひたすらエッチな話で盛り上がったのである。私に対してきちんと敬語を使い、楽しそうにグラスを口に運ぶ岡本を見ながら、彼の胸奥に巣くう「日本」を思った。彼が目指すべき「日本」はどんな形をしているのか。なぜ、そこまで彼をひきつけるのか。

私が接した幾多の在特会員やネット右翼の顔が、岡本の優しい表情に重なった。もっともらしい理屈を口にしながら、それでも彼らは、おそらく「何か」を抱えているのだ。絆を求め、矛盾を引きずり、彼ら彼女らはその実像すら明確でない「敵」に憎悪をたぎらせる。

東日本大震災の日——揺れが治まった直後、私に連絡してきたのは、その岡本だった。

「大丈夫ですか？　無事ですか？」

電話口から伝わる息せき切った岡本の声が、私の耳に優しく響いた。「安心しました」と彼が電話を切った後に、思わず熱いものがこみ上げてきた。一生懸命に背伸びしながら、それでもどこか幼さを引きずった彼の姿が目に浮かんだ。在特会の活動を続けながら、在日の親戚を気づかう岡本の心情を思った。そして同時に「非国民、腹を切れ！」と徳島県教組の女性を怒鳴りあげたという岡本の、私の知らないもう一つの顔を想像した。だからこそ、もっと知りたいのだ。岡本や、彼の仲間たちのことを。

徳島事件で逮捕された〝紅一点〟の中谷良子についても簡単に触れておきたい。県教組事務所に乱入した際、机上の書類を放り投げたり、電話中の職員から受話器を奪い取るなど〝大活躍〟したのが、この中谷だった。

彼女は関西において、もっとも目立つ存在の女性活動家と言えよう。ボディラインを強調する服装やド派手なメイクは、いやがうえにも周囲の視線を集中させる。そのうえデモや集会では常に先頭に立ってきた。

私は彼女に何度か取材を試みたが、そのつど冷たく拒否されている。名刺を差し出しても受け取らない。私と視線を合わせることすら拒んだ。

大阪市内の自宅を訪ねたこともある。マンションのドアを叩くと、彼女が顔を出した。長い髪を後ろで束ね、ノーメイクの中谷は、意外なほどに優しい顔つきだった。しかし私の顔を見るなり「あっ」と小さく声を漏らし、すぐさまドアを閉めてしまった。おまえなんかと口を利いてたまるかとでもいうような、その徹底した取材拒否の姿勢は、むしろ清《すが》清《すが》しくも感じたものだ。

彼女は事件前からブログで日記をつけている。活動の備忘録でもあるので、私も熱心な読者の一人だった。事件前まで、そこに描かれる彼女は幸せに満ちていた。米国人の夫との豊かで恵まれた生活。ロックスターやスポーツ選手との華麗な交遊。彼女は幸福に満ちていた。

だが、徳島事件の公判で明らかとなった彼女の実像はあまりに平凡な、いや、どことなく寂寥《せきりょう》感すら漂う姿でもあった。

彼女が一緒に暮らしていたのは米国人の夫などではなく、年老いた母親である。高校を中退した後、中谷は工員を経てネイリストになる。しかしそれだけで生活を維持することができず、夜はスナックで働いていた。

証人席で彼女は消え入るような声で「深く反省している」とうなだれた。

彼女にとって、ブログや「チーム関西」での活動は「もう一人の自分」を際立たせるのに必要な、重要なアイテムだったのではないかとも思う。いくつもの顔を持つのは、けっして悪いことじゃない。虚実を使い分けて生活するのはしんどいが、それでも、そうしなければ自我を保つことができないときだってあるだろう。あるいは彼女にとっての活動とは、虚実の自分を使い分けるために必要な〝受け皿〟として機能しているのではないかとさえ思うのだ。

――裁判の結果、事件関係者には以下の判決が下された。

京都・徳島の2つの事件は後に併合審理され、両事件に関係した3人――西村斉に懲役2年、荒巻靖彦・川東大了に1年6ヵ月、そして京都事件に関与した中谷辰一郎に1年の有罪判決が言い渡された（ただし、いずれも執行猶予4年）。一方、徳島事件に連座した中[*]谷良子には懲役2年（執行猶予5年）、星エリヤスには懲役8ヵ月（同3年）、岡本裕樹にも懲役8ヵ月（同4年）が言い渡されている。

判決を不服として控訴したのは中[**]谷辰一郎のみで、残り全員は刑が確定したのだった[***]。

＊中谷良子は2012年1月、知人の健康保険証を使って病院で診療を受け、本来必要な医療費を支払わなかったとして詐欺の容疑で逮捕された。どこか〝物悲しさ〟を覚える事件ではあるが、それ以上にやりきれないのは、事件直後に在特会・桜井が「彼女は在特会とは無関係」と会員向けの生放送で言い放ったことだった。彼女は徳島事件の後に退会しているのだが、その後も「チーム関西」の一員として在特会とともにさまざまな活動に関わってきた。あまりにも脆（もろ）い〝連帯〟の結末を彼女はどう感じたのか。

＊＊中谷辰一郎は唯一、自らの〝罪〟を意識していた人物であるが、それだけに自らを〝主犯格〟だとした検察側の主張には納得がいかなかったのだろう。ちなみに、二審の大阪高裁は彼の控訴を棄却した。

＊＊＊朝鮮学校が在特会や襲撃メンバーらを相手に起こした民事訴訟（損害賠償請求）では、一審、二審ともに1200万円の高額賠償が同会側に命じられた。在特会などは最高裁に上告したが2014年12月に上告は棄却され、判決が確定した。

4 「反在日」組織のルーツ

「行動する保守」「新興ネット右翼」勢力の面々

ここまで述べてきたように、在特会は、インターネットを駆使した情報戦略および、街頭における〝激しさ〟、あまりにストレートな主張の〝わかりやすさ〟によって勢力を拡大してきた。

「ゴキブリ朝鮮人」「シナ人を叩き出せ」といった侮蔑的なスローガンの連呼などはその典型で、国家的な命題を掲げていながらも、ターゲットは常に「在日」や「シナ人」に向かう。常に集団で行動し、互いをハンドルネームで呼び合ったり、やたら動画や写真撮影にこだわったりするなど、運動の成果をネットに結びつける傾向がことさら強い。

従来の左翼やマスコミが繰り返し喧伝してきた従軍慰安婦の「悲惨な境遇」など、まったくのデタラメであること。「南京大虐殺」など、虚構そのものであること。「虐げられた存在」として語られる在日コリアンは、実は弱者を装った特権人種であること——こういった、彼らが言うところの「歴史の真実」を在特会は訴え続けることで、保守系ネットユーザーを糾合してきた。

だが、彼らは当初から現在のような「街宣・デモ・集会」中心の直接行動路線を取っていたわけではない。「最初はどちらかといえば、勉強会みたいな雰囲気だった」と在特会広報局長の米田も話していたように、最初は行動よりも学習に重きが置かれていた。

そうした穏健路線を一変させる出来事が、２００７年夏にあった。在特会会長・桜井誠と、西村修平（62歳）との〝出会い〟である。

西村は「主権回復を目指す会」という右派系団体のリーダーだ。長きにわたりチベット解放、反中国といった保守運動に関わってきた。激烈なアジテーションを持ち味とする西村は、保守運動圏の異端児として知られてきた。

「桜井はその西村と出会ったことで豹変するんです。そのときから運動スタイルが、ガラっと変わってしまいました」とは、ある在特会関係者の言葉である。

たしかに西村は危険な魅力に満ちた人物だ。過去に何度か取材現場で西村と遭遇したことがある私には、それがじゅうぶんに理解できる。直接行動を信条とする西村は、古くから「行動する保守運動」を提唱してきた。「大和魂とは己を飾るアクセサリーじゃない」が彼の口癖で、従来の右翼や保守を否定し、ひたすら激しく敵と対峙する運動を展開してきた。左翼や労組の集会、官庁、中国大使館、韓国民団、朝鮮総連、警察、ことあればどこへでも、たった一人でも押しかけた。「おまえはシナ人か！」「朝鮮人は出て行け！」と大声で詰め寄る西村の姿は、味方であるはずの保守陣営からも批判の対象とされてきた。また、活動の様子を動画サイトにアップロードするなど、ネットを利用した運動スタイルも、西村がその先駆けである。

「要するに、桜井は西村から〝街宣テクニック〟を学び取ったわけです」（先の関係者）

その頃の貴重な動画が、まだネット上に残されている。「『河野談話』の白紙撤回を求める署名活動」と題された動画だ。これは1993年に従軍慰安婦への謝罪を表明した当時の河野洋平官房長官の「談話」に対する抗議活動の一環として07年7月8日に東京・銀座で実施されたものだ。このなかに、署名活動を中止しろと迫る警察官に対して西村が猛然と抗議するシーンがあるが、その傍らには、まだサスペンダーも蝶ネクタイもない桜井の姿が映りこんでいる。同年1月に在特会を結成してから約半年後の桜井である。いまであれば相手が警察官であっても「キミたちは朝鮮人の味方か！」「逮捕するなら朝鮮人だろうが！」と怒鳴りまくっているはずだが、このときの彼はまるで忠実な助手のように西村のそばへ張り付きつつ、注意深い視線を向けている。

「桜井はこのときを境に、まるで西村が乗り移ったかのようなアジテーションをするようになった。おそらくは西村の激しさに感化され、必死になってその話法やロジックを学んだのでしょう。つまり、桜井の運動スタイルは西村のモノマネによって築かれたんです」(同)

たしかに、その後の桜井は日増しに西村ばりの激しさを身に付けていく。そして在特会もまた、桜井の変貌に合わせるかのように、勉強会から行動する団体への脱皮を図っていくのである。

毛沢東を読み込む保守活動家

「日本人の生命と安全を、キミはどう思っているんだっ!」

私はかつて西村からそう怒鳴られたことがある。07年の秋だった。当時、在日外国人をめぐる諸問題について取材していた私は、オーバーステイ(不法滞在)の中国人労働者が警察官に発砲されて死亡した事件を追っていた。

過酷な労働現場から逃げ出した中国人実習生が、栃木県西方町(現在の栃木市)で警察官の職務質問を受けた。すでに定められた在留期間をすぎていた中国人はその場から逃走を図るが、警察官に追いつかれてもみあいとなる。危険を感じた警察官は、威嚇射撃することなく中国人へ発砲。腹部に銃弾を受けた中国人は搬送先の病院で死亡した。これに対し、彼の遺族が警察官を特別公務員暴行陵虐致死罪で告訴する。その裁判が宇都宮地裁でおこなわれたのだった。

そこへ押しかけたのが西村率いる「主権回復を目指す会」のメンバーたちである。「栃木県警の外国人取締りを支持する！」「不逞シナ人の横暴に立ち上がれ！」「発砲されて当然だ！」と記された横断幕やプラカードを掲げ、裁判所前の路上から大声で街宣活動をおこなった。遺族側の弁護士が裁判所に入る際には「シナの犬！」といった罵声を浴びせている。

この裁判を取材していた私は、彼らの主張はともかく、その下品な罵声に嫌悪を感じていた。そしてほとんどケンカ腰で西村に話しかけた際、冒頭のような言葉が返ってきたのだった。なんてエキセントリックな保守活動家なのかと腹立たしくもあり、また同時に興味も抱いた。

在特会を取材する過程で再び西村を意識するようになった。実は、はじめて桜井のアジテーションを耳にしたとき、真っ先に私の頭に浮かんだのが西村のことだった。激しさやロジックばかりか、物腰や表情まで西村にそっくりであったからだ。

神田神保町（東京）——。小奇麗なマンションの一室に「主権回復を目指す会」の事務所がある。２００８年４月、ここをはじめて訪ねたとき、私の目に真っ先に飛び込んできたのは、書棚にずらりと並んだ毛沢東の著作だった。

興味深げに眺めていると西村は書棚から『実践論』を取り出し、私に向かって言った。

「僕のバイブルみたいなものですよ」

相当に読み込まれた形跡があった。ページをめくれば、いたるところに赤ボールペンで傍線が引かれている。単なる書棚の飾りでないことは間違いなかった。

西村と毛沢東。この奇異な取り合わせも、西村の過去が明るみに出るにつれ、合点がいくようになった。

西村が毛沢東思想に触れたのは秋田の高校生時代である。1960年代の後半、学生運動が絶頂を迎えた頃だった。学生運動の活動家だった兄から毛沢東の話を聞かされ、興味を持って著作を読み漁るようになる。その後、専修大学に入学した西村は、毛沢東文献の読書会に出入りし、日中友好協会にも加入する。当時、友好協会は文化大革命の評価をめぐり、文革支持派（反日共系）と文革批判派（日共系）に分裂していた。西村が属したのは前者のほうである。1972年には協会の「学生訪中団」メンバーに選ばれ、文革さなかの中国を訪ねてもいる。各地で国賓並みの熱烈歓迎を受け、地元学生たちと肩を組み、「インターナショナル」を歌った。

だが、このときの経験は、少なくとも西村にとっては「革命への情熱」を鎮火させる役割を果たしたという。

「たしかに豪勢な接待を受けた。しかし一方でシナの貧しさも見てしまったんですよ。あっちの農家なんてね、僕が育った秋田の農家とは比較にならないほど貧しい生活をしていた。社会主義の成果がこれなのかとショックを受けましたね」

精神的に落ち込んだ。中国革命への憧れが、徐々に色あせて見えるようになった。西村は大学を中退し、左翼活動からも身を引く。そして30年近くを建設会社のサラリーマンとしてすごした後、中国の〝チベット弾圧〟などに刺激を受けてふたたび運動の世界に戻る。ただし今度は反中国の闘士として「主権回復を目指す会」を立ち上げるのだ。

保守活動家としては毀誉褒貶《きよほうへん》相半ばする人物である。多くの信奉者を集める一方、敵方からは当然のごとく「レイシスト」「過激右翼」と呼ばれ、右翼・保守陣営からも「あの人と一緒にしないでほしい」と言われることも少なくない。西村自身もまた「私は保守でも右翼でもない。反体制活動家だ」と言って憚《はばか》らない。一時期は、前述した「チャンネル桜」の水島総と行動をともにしていたこともあったが、あまりの過激ぶりに水島からも「チンピラ右翼」と罵られ、絶縁を言い渡されている。水島は私の取材に対し「(西村は)反日デモで暴れまくるシナ人と同じ」と吐き捨てるように語った。

ところが、事務所のなかで見る西村は、街宣のときとは別人のようだった。物静かで、そして年下の私に対しても礼儀正しく接した。私を怒鳴り上げたときの西村は、そこにいなかった。まるで大学の研究室で学者と話しているような雰囲気だ。わずかに残る秋田訛りのせいだろうか、朴訥な人柄も感じさせる。

音楽や文学、映画にも通暁《つうぎょう》していた。机上にはクラシックのCDがうずたかく積まれている。同じ東北出身の作家が好きだとも言った。太宰治、葛西善蔵、宮沢賢治……。私がこの少し前に花巻（岩手県）の宮沢賢治記念館を訪ねたときのことを話すと、熱心に耳を傾けた。そして西村は目を閉じると、まるで鼻歌でも歌うように賢治の詩を口ずさんだのである。

「けふのうちに　とほくへいってしまふわたくしのいもうとよ

みぞれがふっておもてはへんにあかるいのだ」

詩集『春と修羅』に収められた「永訣の朝」である。西村は諳《そら》んじていた。若くして結核で死んだ妹との別れを詠んだものだ。賢治の作品のなかでも、この詩が一番に好きなのだという。

私は西村の意外な一面を見たような気がした。同時に、単身で中国大使館に突っ込み、警察官に取り押さえられながら大声でわめき散らす西村の姿を思った。国会前で元慰安婦

警官の発砲によって死亡した中国人実習生の裁判で、警官を擁護する演説をおこなう西村（右）

の韓国人女性に対し、悪口雑言を投げつける西村を思った。そのときとの、あまりの〝落差〟に、私は頭がクラクラした。

私と向き合うと、西村はなぜか政治や活動の話を避けた。わずかに「既存の保守は日の丸を掲げてデモすることができなかった。中国をシナと呼ぶこともできなかった。だから僕は、新しい保守運動の流れをつくっただけですよ」と言葉少なく口にしただけだ。ネットで動画をアップする手法も、西村のもとへ集う若者たちが考え出したことで、西村自身はそれほどネットに精通しているわけではない。「結果的に多くの若者が集まった。右翼にも保守にもなれない人々を吸収する力が、ネットにはあったんじゃないかな」と他人事のように漏らすのみである。

そして文学や音楽、舞台の話ばかりを続ける。活動資金について訊ねても「寄付やカンパが多少ある」と話すにとどまる。私は「主権回復を目指す会」の元メンバーから、「西村は公安（調査庁）からカネをもらっている」と聞いたことがあった。そのことをぶつけても、「たいした額じゃないけどね」と、その事実を半ば認めながらも、するっと話をかわすのである。

西村に影響を受けたという桜井について水を向けても、あまり興味を示すことなく、投げやりな口調で次のように答えただけだった。

「最初はおとなしくて臆病な男だったことを覚えている。僕の活動におそるおそるという感じで参加していたが、ぼけえっと突っ立っているだけだった。まあ、その頃と比べれば、彼もよくがんばったんじゃないか。別に僕は桜井君の保護者でもなんでもないし、彼は彼なりに活動すればいいんですよ」

どこか突き放したような口ぶりでもあったが、このときからすでに在特会との温度差は感じていたのだろう。西村は後に桜井や在特会を激しく批判するようになる。

事務所で西村と会った日の夜、私たちは近くの中華料理屋で夕食をともにした。「反シナ」を標榜する活動家が中華料理屋を食事の場に選んだことも意外だったが、もっと驚かされたのが、店員の中国人女性と西村が親しげに談笑していたことであった。

「体調はどう？　無理して働くなよ」

「家族は元気かい？　たまには連絡してあげなよ」

優しげな声だった。日本語が十分でない中国人店員に対して、西村はゆっくりと語りかけ、いたわるように接していた。「シナ人を追い出せ！」と咆哮《ほうこう》する西村はどこへいったのか。

在特会ならば、こうはいかないだろう。同会のあるメンバーなどは、街宣後の打ち上げで利用した居酒屋で中国人店員が注文を取りにきたとたん「南京大虐殺はあったのか、なかったのか」などと難癖を吹っかけ、店員から満足な答えが返ってこないと今度は店長を呼びつけ、皆で吊るし上げた。それを自慢げに自らのブログで発表するのである。

西村は、そんな子どもじみた（というか、あまりに馬鹿馬鹿しい）ことをしない。

「政治の話などすると、メシも酒もまずくなる」と言って、ここでもやはり、文学や映画を熱心に語った。プロレタリア作家・佐多稲子の『キャラメル工場から』に感動したこと、井上ひさしの舞台を楽しみにしていること、今村昌平の映画『にあんちゃん』を観たときの衝撃など。ビールと紹興酒のグラスを重ねるたびに、西村は饒舌となった。

だが数日してから街宣現場でふたたび会った西村は、かっと目を見開き、全身から憤りの熱を放射させながら、「敵はシナだ」「朝鮮だ」と鬼のように咆哮するのである。

西村は多くの活動家予備軍にとって「学校」でもあった。西村の活動スタイルに影響を受けたのは桜井だけではない。また、西村が提唱した「行動する保守」は、従来の右翼でも保守でもない、新しい運動をつくりあげた。

「行動する保守」とは、その名が示すとおり、街頭に躍り出た保守のことを指す。従来の保守運動の多くは、デモや街宣といった直接行動とは距離を取り、著名人を呼んでの講演や学習会を開催することで満足していた。デモなどは左翼のやることだと考えていた保守が多かったのである。無理もない。従来の保守層にとっては自民党こそが保守の代表であり、自民党が政権を握っている以上（あるいは一定の勢力を保っている以上）、反体制である必要はなかったのだ。

もちろん自民党に飽き足らない保守層やナショナリストも存在する。その一部が右派系政治団体、右翼・民族派へ流れることになるのだが、いかにも回路は狭い。なかでも「朝鮮や中国が嫌い」「在日が怖い」といった言葉をネット上で撒き散らしてきただけの、いわゆる「ネット右翼」「ネット保守」などインドア系の若者にとって、特攻服に黒塗り街宣車といったイメージの右翼は敷居が高すぎる。

そこに新たな回路を設け、保守界隈の勢力図を塗り替えたのが西村だった。西村は講演や学習会で満足するだけの保守を「アクセサリーとして知識をひけらかしているだけ」と批判する。また右翼に対しても「街宣車で走り回るだけの予定調和の運動」だと喝破した。

西村は「アクセサリー」を排し、「予定調和」を排し、敵の急所をストレートな言葉で攻撃する運動を呼びかけたのである。元慰安婦が韓国から来日したと聞けば、集会会場に出向いて「出て行け」と叫ぶ。中国人の集住地域で「シナ人は犯罪者だ」と街宣する。防衛大学の学長が中国に親和的な発言をすると、学長の自宅まで押しかける。言葉は選ばない。参加者は服装も資格も、極端にいえば政治思想すら問わない。来たいヤツだけ来ればいい。教条主義、経験主義を批判し、とにかく「行動すること」が重要なのだという、まさに毛沢東の『実践論』を運動現場に持ち込んだのだ。それが西村の提唱する「行動する保守」であった。

運動の始祖たる西村は、自らが光り輝く恒星のような存在だった。そしてその光を受け、周囲で公転する、いくつもの惑星が誕生していく。在特会は、その一つであった。ネームバリューや組織人員の多さから、とかく在特会ばかりに注目が集まるが、在特会以外にもこのような組織――「在日」「シナ人」「民主党政権」などを仮想敵と見なし、ネットを重視しながら街頭での過激な活動を活発におこなうような組織――はいくつか存在している。同じ「行動する保守」に属する他団体と〝共振〟し、互いに影響を与え合うことで、一種の保守ムーブメントがつくられていったというのが実情であろう。

黒塗り街宣車に憧れて

排外主義をもじった「排害社《はいがいしゃ》」を率いる金友隆幸《かねとも》には、新宿の喫茶店で会った。作務衣《さむえ》に雪駄《せった》という、いかにもな格好で現れた金友だが、いかんせん、まだ25歳。大学を出て3年目である。全体に漂う幼さは隠しきれない。いわゆる〝イケメン〟の部類に入るだろう、その端整な顔立ちとコワモテを意識したファッションとが、どこかアンバランスな感じを与えた。

それまで、私は排害社が主催・協賛するデモや集会を何度か目にしてきた。受けた印象は最悪である。編み上げブーツに黒シャツといった出で立ちの金友を先頭に排外的なメッセージを叫びながら繁華街を練り歩く隊列は、まさにヒトラーユーゲントや文革時の紅衛兵を連想させた。

「シナ人はとっとと日本から出て行け」
「シナ人は地球にいらない」
「シナ人を見たら泥棒と思え！」

中国人に対する敵意に満ちたシュプレヒコールは、道行く人々の表情を凍らせるに十分だ。排外主義であることを堂々と主張する彼らは正真正銘のファシストだと思った。それだけに私は金友への関心が高まったのである。

私がはじめて排害社の街宣を目にしたのは京成上野駅前（東京）だった。おどろおどろしいゲバ文字もどきの字体で書かれた排害社の旗を高く掲げつつ、金友は次のように演説した。

排害社の京成上野駅前での街宣。左手を腰にあて、トラメガを地面に置いて演説している人物が代表の金友

「UFO、ツチノコ、良いシナ人。このなかで、どれが一番最初に発見できるでしょうか。良いシナ人に関しては、最後まで発見されないと私は確信しているのであります！」

笑っているのは参加者だけだ。大半の通行人はちらっと流し目で街宣を見やるだけで、あとは無関心を装いながら通りすぎる。当たり前の反応だろう。「支那人排斥」などと大書されたプラカードの前で、どんな顔をして立ち止まればよいのか。

他の「行動する保守」団体と同様、ここでも撮影用のビデオカメラを構える者がいる。街宣は生中継されており、参加者のなかには在特会員の姿も見えた。排害社は在特会との「共催」でデモや街宣をおこなうことが多い。金友は演説のなかで京都・徳島事件で逮捕された者の名前をあげ、「真の勇士。本当にごくろうさまです！」とエールを送った。

そこへスーツケースを引いた女性が通りかかった。服装からして中国人であることは間違いない。成田空港への直行特急スカイライナーの発着駅である京成上野駅は、海外から来た人々にとっては東京の玄関口だ。当然、中国人の姿も多い。女性は足早に通りすぎようとしたが、「華人與狗不得入内」(中国人と犬は立ち入るべからず)と書かれた幟旗につい反応した。街宣参加者たちに向けて中指を立ててしまったのだ。

そのとたん、数十人の参加者が沸き立った。女性を取り囲むと、大声で罵り始めたのである。

「シナ人、出て行け！」「ニヤニヤするな！」「ナメんじゃねえぞ！」「バカヤロウ！」「チャイニーズ、ゴーホーム！」。

いずれも20代か30代と思しき若者である。普段はケンカなどしたこともなさそうな地味な雰囲気の者ばかりだった。女性は警備に来ていた私服刑事に肩を押され、どうにか駅構内へ逃げることができたが、大声をあげながら、彼女を駅のなかまで追いかけようとする者も少なくなかった。

不愉快だった。排外主義でも何でも構わないが、たった独りの若い女性を集団で追い回す嫌らしさに反吐《へど》が出そうだった。とは言うものの、無論、排害社の面々にとっては、そもそも日本人に中指を立てる者こそ不正義なのだ。「通り魔の人も、どうせ刺すならシナ人を刺してくださあい！」といったフザけているのか本気なのかわからない声まで飛び交うのである。

このように排害社が〝得意〟とするのは、主に中国人に対する排外運動だ。池袋のような中国系商店が集まる場所や、中国人が集住する団地での街宣は、彼らにとっての恒例行事である。また、中国人観光客が利用する観光バスが銀座や新宿で「不法駐車を常態化させている」として、バス会社に対する糾弾活動も活発におこなっている。言うまでもなく、真のターゲットはバス会社などではなく、中国人観光客である。「異民族の進出によって、無秩序が生まれる」といった主張を直接、観光客にぶつけることも珍しくない。

排害社代表の金友は、子どもの頃から右翼に憧れていたという。同じ年代の子どもたちが、画用紙にパトカーや救急車の絵を描いていた頃、金友は町で見かけた右翼の街宣車に興味を覚え、黒いクレヨンで画用紙を塗りつぶした。単純にカッコいいと感じたからだ。

自慢げに父親に絵を見せたら「右翼などヤクザのアルバイトだ」と叱られた。このカッコよさが、なぜ大人にはわからないのかと不思議でしかたなかった。

中学2年生のとき、本で「浅沼委員長刺殺事件」を知った。犯人の山口二矢《おとや》に興味を持った。自分と同じ10代だ。なぜ、山口がそこまで思い詰めたのか、幼い頭で必死に考えた。わからなかった。だが、「国を思う」人々が世間では右翼と呼ばれ、一部で毛嫌いされていることを知った。いったい、国を愛し、国を思い、国のために行動する人が、なぜに「クズ」「ヤクザ」と罵られなければならないのか。疑問は尽きなかった。

本格的に右翼思想に触れるのは高校生以降である。図書館に通いつめ、『日本人物事典』のなかから右翼という肩書のついた人間を片っ端からチェックした。このあたりが、ネット掲示板や『戦争論』（小林よしのり著）、『嫌韓流』などを入り口とする他のネット右翼との違いである。高校時代、金友が最も感銘を受けた書物は、新右翼活動家・野村秋介の『さらば群青』と軍神・杉本五郎が遺書代わりに著した『大義』だったという。

大学は迷わず国士舘へ進んだ。国士舘に行けば本物の右翼と出会えると思ったからである。

ところが——。

「入学してみたら、あまりに普通の大学だったもんで、がっかりしたんですよ。周囲はシナの留学生ばかりですし、その影響なのか入学式には日の丸と並んで五星紅旗が掲げられているし。もう、とんでもない大学に入ってしまったものだと後悔しました」

金友は必死になって「国士舘らしさ」を探し求めた。ようやく見つけたのが、いまや同大学でも圧倒的少数派の右翼系集団「皇国史観研究会」である。右翼思想を学ぶ研究サークルのようなものだったが、金友はそこで水を得た魚のように青春を謳歌するのだった。研究の傍ら、拉致被害者の救出運動にかかわったり、同大のOBが活躍する右翼団体の街宣活動にも参加した。

2年生になったときには同会の第23代会長に就任している。当時の金友は、いまほどに硬直した思想の持ち主ではなかった。法政大学を拠点とする中核派の学生団体に、「ともに学生運動の灯を守り抜こう」といった激励のメッセージを送るなど、ある程度の柔軟性も持っていた。

大学卒業後、レジャー関係の企業に就職するも、右翼活動はやめなかった。仕事を終えるとスーツ姿のまま、あらゆる団体の街宣活動に出かけるような日々が続いた。とくにどこかの団体に所属していたわけではなく、ときには、たった一人で街頭演説することもあった。

その当時の金友を、私は偶然新橋駅前で見かけたことがある。

独りだった。スーツ姿の金友はトラメガを路上に置いて核武装の必要性を説いていた。大声をあげるでもなく、あるいは他国や他民族を面白おかしく誹謗《ひぼう》するような演説でもなかった。夕刻、誰も見向きもしない新橋駅前の雑踏で、しかし金友は落ち着いた口調で演説を続けた。

独りきりの街宣を終えると、金友は深く頭を下げた。拍手も声援もなかった。揺れ動く人波のなかで、金友の周囲だけに凜《りん》とした空気が張り詰めていた。

私はその姿に胸を打たれた。眩しかった。彼の主張には何ひとつ賛同できるものがなかったが、それでも最後まで静かに訴え続けた金友に、私は駆け寄って声をかけたいような気持ちになったのである。もしも金友があの日のままであったならば、次に出会ったときにはカンパくらいしていたかもしれない。だが、金友はその頃から既存の右翼活動への興味を失っていく。

「次第に活動そのものへの疑問も生まれてきたんです。街宣はいつも予定調和ですし、なんていうか、どこの団体も惰性で運動しているように感じてしまったんです。街宣をやったところで誰も聞いてはくれない。次第に情熱が薄れていきました」

駅頭で深く頭を垂れた金友も、やはり、内心では失望と苛立ちを感じていたのかもしれない。

金友が右翼活動への疑問を感じ始めたときに出会ったのが西村修平だった。さらに結成されたばかりの「在特会」の面々とも親しくなった。

これら「行動する保守」は、既存の右翼とは違い、生き生きと活動していた。スタイルや言葉に何の規制も加えない自由な活動は、〝右翼ズレ〟した金友の目には新鮮に映った。同世代の若者も多かった。右翼の街宣は誰にも聞いてもらえないが、「行動する保守」は言葉がどぎついだけに、少なくとも振り向いてはもらえる。プロではない、あくまでも普通の「市民」が街頭で怒っているからこそ、興味も持ってもらえる。ネットを駆使すれば仲間も広がる。「市民運動の力だ」――金友は素直に「行動する保守」を自分のなかに受け入れた。

「社会に与える影響力は、一般右翼とは比較にならない。本当の変革者というのは市民のなかからこそ生まれるのだと確信したんです」

金友は少しずつ〝右翼離れ〟を進め、波長の合った在特会とのつながりを深める。そして2010年に自ら立ち上げたのが排害社であった。

「当然ながら排外主義を意識したネーミングです。僕は日本にとって最大の災いはシナ人の増殖だと思っています。連中を〝害〟であると規定し、排撃しなければ、いまかろうじて機能している〝日本らしさ〟は失われてしまう。その危機感が僕の背中を押したんです。排外というのは、あらゆる生命体が兼ね備えたもの。いわば必然です。だからこそ、排外の旗を高く掲げて運動を進めるのです」

その金友も、やはりネットを「最大の武器」として活用している。排害社に入ってくる若者たちのほとんどが、彼のブログをきっかけに参加を決めているからだ。金友は、常に1冊の大学ノートを持ち歩いている。なかには細かい文字で数字がびっしりと書き込まれていた。

「僕のブログの毎日のアクセス数なんです。どんなテーマで記事を書けばアクセスが伸びるか、どんな言葉を使えば反響が大きいか、常に分析しています」

几帳面な男なのだ。そして露悪的でもある。

排害社のブログ「新攘夷《じょうい》運動　排害主義者宣言」には刺激的な文字が躍る。

〈日本の進路とは、支那人の喜ぶ事をせず、嫌がる事をやり続ける事に徹することだ。こっそりではなく、正々堂々と軍拡しよう！〉

〈悪名の果てにこそ希望あり　民族差別、排害主義を恐れるな〉

〈朝鮮人は上から下までゴロツキである。まともな民族ではない〉

おそらく彼は多くの人々から拒絶されることを知った上で書いている。ただし鋭い棘《とげ》であればあるほど、より先鋭的でありたいと願う者の心をつかむこともできる。金友はそこに賭けているのだ。

話題がヘイトスピーチの是非に及んだときだった。金友は意味ありげな笑みを浮かべた。

「僕は誰からも好かれるような運動家になりたいとは思わない。八方美人的な物言いも好みません。ラーメン屋にたとえるならば、大衆受けする人気店よりも、個性で勝負する〝ゲテモノ〟ラーメン店になる。そして最後まで生き残りますよ」

世間の拒否反応も「個性」のうちだと豪語するのである。

ただし、金友に対して最も批判の矛先を向けているのは「世間」ではなく、かつての運動仲間であろう。在特会との共闘、差別的な言動、さらには排害社なるネーミングにいたるまで、右翼関係者の間では拒絶反応を示す者が少なくない。かつて金友と街宣活動をともにした右翼団体の幹部は吐き捨てるように言った。

「彼には愛国陣営から、とっとと立ち去ってもらいたい。他者を差別し、薄汚い言葉を吠え立てるだけの活動など見たくもない。しょせんが口舌の徒にすぎないということですよ、彼も」

こうした手厳しい批判も、しかし金友からすれば「では、あなた方は運動で何を成し遂げたのか」と平然と反論されるに違いない。当初から批判も織り込み済み。金友は確信犯なのだ。

右翼関係者の間からは「金友の行動は陛下の大御心《おおみこころ》に逆らうもの」といった苦言も漏れるようになった。これに対し、金友は自らのブログで次のように記述している。

〈未だに「民族差別、排害主義は大御心に反する」と半ば自慢げに吹聴してまわる者がいる。自国が丸裸になっている事も分からずに呑気なものだ。死ぬまで裸の王様のファッションショーでもやっていろと言いたい〉（「新攘夷運動　排害主義者宣言」より）

金友らしい物言いである。そもそもが右翼への懐疑から「行動する保守」に走った男である。右翼への遠慮などあるはずがないのだ。

その一方、私もまた、彼の饒舌ぶり（軽妙な筆さばきも含めて）に危惧を覚えざるを得ない。たしかに語彙《ごい》は豊富で、演説も手馴れている。だが、そこには身を切るような言葉の重みを感じることができないのだ。あるいは彼もそのことを自覚しているからこそ、あえて黒ずくめの服装や作務衣で「コワモテ」を演出しているのではないのか。かつて駅頭で見かけたときの眩しいばかりの清潔感は、いまの金友から感じ取ることができない。
実は相当に臆病な人間ではないかと思ったこともある。デモの最中に左翼団体や警察官と衝突する際も、金友は真っ先に躍り出てくるものの、けっして深入りはしない。やるぞ、やるぞと拳を振り上げながら、危険地帯に足を踏み込むようなことは絶対にないのだ。相手を威嚇《いかく》しながら徐々に後退するような彼の動きを、「金友ダンス」などと嘲笑する関係者もいる。

現在は勤めていた会社を退職し、運動中心の生活を送っているという。子どもの頃から得意だった「デザイン関係」の請負仕事で生計を立てていると話すが、はたして本当にそれだけで食っているのか不明な部分はある。会員数も「公安対策のため教えられない」とするなど謎は多い。

注目すべきは前述したような在特会との密接な関係である。私が雑誌『G2』で在特会に関するルポを書いた際、真っ先に抗議してきたのも、実は金友だった。「あんたねえ、桜井さんに何てことしてくれたんだよ」と食ってかかる金友は、ネットでグダグダとわめくだけの在特会員と比べれば、むしろ潔《いさぎよ》い態度ではなかったかと私は思っている。

ともあれ、金友の活動はネットや街宣を通じて、じわじわと共感の裾野を広げているようだ。動画サイトで彼の活動に興味を覚え、昨年、排害社入りしたという関東在住の高校

3年生は、次のように話してくれた。

「学校の教師は日本人としての誇りを失わせるような教育ばかりしている。同級生たちも国のことなど無関心で、僕は結局、変わり者扱いされる始末。しかし金友さんは、日本人の誇りと強さを教えてくれた。僕の国への思いを認めてくれたんです」

1人の若者の鬱屈した感情と、国家への疼《うず》くような思いを、金友の掲げる「排害主義」が掬《すく》い上げたことは事実だ。

都の認可を受けた？　ＮＰＯの排外団体

金友の排害社と同じく、外国人問題を最大のテーマとして活動しているのが、「ＮＰＯ外国人犯罪追放運動」。東京都の認可を受けた、れっきとしたＮＰＯ（非営利団体）である。「行動する保守」陣営のなかでも法人としての登記を有しているのは、おそらくここだけであろう。

代表の有門《ありかど》大輔（36歳）は大阪出身。短く刈りそろえた頭髪、銀フレームのメガネ、そして普段はスーツ姿が多く、実直なサラリーマンに見えなくもない。

地元の高校を卒業後、エレベーターの保守管理会社、警備会社などに勤めた。21歳のとき、たまたま目にした民放テレビのドキュメンタリー番組が彼の運命を変える。

「外国人追放を訴える極右団体がテーマでした。番組では彼らの活動を批判的に取り上げていたのですが、私はむしろ団体の主張に共鳴してしまった。日本にも外国人追放を訴える人たちがいるのかと、ものすごい衝撃を受けたんです」

当時、有門が住んでいた大阪の工業地帯では、中東からの出稼ぎ外国人が急増していた。有門はこれに嫌悪感を覚えたのだと語る。

「このまま外国人が増えていけば日本はどうなってしまうのだろうかという不安があったんです。事実、近隣では外国人とのトラブルが絶えなかった。いずれ日本そのものが乗っ取られてしまうのではという危機感すら覚えた。潜在的に排外主義の思想が芽生えていたんですね。そんなときに番組を目にしたものですから、すぐにでもあの極右団体の仲間に加わりたいと思ったのです」

団体の名は「国家社会主義者同盟」といった。文字どおり、日本版ネオナチである。当時この団体は主に中東系外国人の排斥を訴え、カギ十字をあしらったビラを各所に貼り出すなどといった活動で知られていた。

有門の行動力は特筆に値する。番組を観た数日後には会社を退職し、ほとんど手ぶらの状態で東京へ向かうのである。国家社会主義者同盟の所在地も電話番号も知らなかった彼は、繁華街を歩き回り、同盟のビラがどこかに貼られていないか、ひたすら探し続けた。

「何時間も歩き回って、ようやく新宿駅西口近くの電柱で、同盟の宣伝ビラを発見したんです。飛ぶようにして事務所へ足を運び、そのまま居ついてしまいました」

当時、組織の幹部の一人に極右ジャーナリストとして一部では知られる瀬戸弘幸がいた。瀬戸は少年時代からヒトラーの信奉者だった。福島のリンゴ農家の生まれで、福島市職員を経て地元で右翼団体「憂国青年同志会」の会長に就任する。その後、ジャーナリストとしても活動しながら、「国家社会主義者同盟」の設立に関わった。

身ひとつで上京した有門に、瀬戸は優しかった。カネはあるのか。住むところはあるのか。これからどうするのか。何ひとつ答えられない有門に、瀬戸は「ならば俺のところに来い」と声をかけた。〝任侠系〟とも目される右翼団体で活動してきた瀬戸には、そんな親分肌なところがある。

有門は瀬戸が住んでいた部屋に転がり込んだ。書生のような形で運動を学び、同盟が解散した後も瀬戸とともに業界紙発行などの仕事を手伝う。そして2004年、自らを代表、瀬戸を顧問として外国人犯罪追放運動をNPOとして立ち上げたのである。会員は約20名と小所帯だが、ブログ閲覧者はときに数万にも及び、街頭行動では前出の排害社や在特会とも共闘することが多い。

それにしてもなぜNPOなのか。「社会的に認知されたいと思った」と当の有門は答える。

「いかにも右翼といった感じのネーミングや組織ですと誰からも相手にされない。それに、これからは世の中を動かすのは市民運動の力だとも思いました。これまで右翼が信用されてこなかったのは、背後にヤクザがいると思われていたから。実際、そうした面は否定できない。だからこそ市民社会のなかで、あくまでも社会的存在として認知されたいと考えたのです」

このあたりの発想は在特会と同じである。

有門もまた、「行動する保守」陣営に属することで「外国人と闘う」ことを決めた。

「外国人の増加は確実に犯罪を生んでいます。ネットで警鐘を鳴らし、街頭パトロールや外国人集住地域での街宣活動を繰り返して犯罪を排除する。それが私たちの役目です。同時に、私がいま目指しているのは、やはり排外主義です。これは色々と熟慮した結果です。日本は確実に外国勢力に侵食されつつあります。とくに朝鮮人とシナ人の跳梁跋扈《ちょうりょうばっこ》は許しがたい。外国人でありながら日本人と同じ公共サービスを求め、それぱかりか既得権益までつくろうとしている。我々の祖先はかつて、朝鮮半島や中国大陸で、植民地政策のもと、きちんとインフラ整備をおこないました。しかしいま、外国人が日本のために何をしてくれたというのでしょう。連中は日本という国家を食い物にしているだけです。しかも保守派を自任する政治家や活動家、既存右翼は、何も有効な手を打っていない。だからこそ、我々が危機感を持って対峙するしかないのです」

有門の頭のなかには常に、少年時代を過ごした大阪郊外の風景がある。町工場が密集する地域だった。「工場のオヤジたち」は誰もが気さくな人柄で、住民同士の結びつきも強かった。町のなかに知らない顔などなかった。悪いことをすれば、他人の親からも叱られた。困っているときは誰かが助けてくれた。町には、そんな安心感があった。

1980年代後半に入った頃から、いつのまにか町のリズムが狂いだした。見知らぬ人が増えたのだ。その多くは浅黒い皮膚をした外国人だった。怖かった。言葉も通じない。なんだか町が汚されていくように感じた。しかも外国人は増える一方だ。

いつか日本が奪われる——そんな思いは膨らむ一方だった。

だから有門にとって、外国人が善良であるかどうかなどは関係ない。ニューカマーとオールドカマーの違いだって、どうでもいい。異質な言語、習慣、文化を持ち込む者は、誰であっても許せないのだ。もちろん在日コリアンも、有門からすれば「敵性民族」なのだという。

「在日が差別されてるなんてのは幻想にすぎませんよ。パチンコ業界を牛耳り、暴力団に浸透し、いまや在日の多くは富裕層じゃないですか。そもそも在日は外国人でありながら日本人と同じ公共サービスを受けることができる。これが特権であることは間違いない。その点、私は在特会とはまったく同じ立場です」

在日コリアンの多くが富裕層だというのは、それこそ「幻想」ではないかと思うのだが、レイシストであることを自称する有門に、どれだけ言葉を費やしたところで耳を傾けてもらえる可能性は乏しいだろう。彼の目的は「敵性民族の追い出し」にあり、その立ち位置などどうでもいいのだ。彼に言わせれば、団体名だって本当は「外国人追放運動」としたかったところだが、NPOの認証を得るために「犯罪」を付け加えたにすぎない。

「多文化共生なんて絵空事。共生などと唱えていれば、いつか外国勢力に飲み込まれてしまう」

その危機感が彼を動かしているのだ。

勇ましいことばかり言うが、腰の低い男でもある。

私がはじめて有門と会ったのは07年秋の宇都宮地裁。前述した裁判（中国人に対する警官の発砲事件）の件で、彼もまた西村修平と一緒に裁判所前の街宣活動に参加していた。

このとき、私は相当に苛立っていた。まだ彼らのような存在に対して免疫のできていなかった私は、抗議活動する彼らの主張があまりにも差別的であることに腹を立てていた。取材者でありながら、黙って見ているわけにはいかなかったのだ。

口論を吹っかけたのは私のほうだ。いや、口論と呼べるようなレベルではなかった。

「うるせえぞ、バカヤロー！」

そう怒鳴り散らす私に対し、彼らも口々に罵った。警察官に制止されなければ、気の短い私のことだから殴り合いになっていたかもしれない。

後日、冷静になって話をしたいと考え直し、有門に電話をかけた。すると、こちらが拍子抜けするほどに穏やかな言葉が返ってきたのである。

「いろいろと勉強になりましたよ。『やるなら身体を張ってやれ！』という言葉、身に沁みました」

あれ、そんなこと言ったっけかなあ、などと思いながらも、彼の意外な物腰の柔らかさに驚いた記憶がある。

その後も何度か有門とは顔を合わせている。事務所を訪ねれば、彼は慣れた手つきで私に茶を勧め、屈託ない笑顔で取材に応じる。必要以上に自分を大きく見せようともしない謙虚さも持っている。当然ながら私は、有門が説く排外主義などハナから否定しているのだが、それを受け入れた上で私と向き合うだけの度量もある。

このところ有門は中国人入居者が増加する集合住宅や池袋の中国人街で、あえて「外国人排斥」を訴えるなど、直接対決の姿勢を強めている。2011年の東日本大震災に関しても、「被災者が公営住宅へスムーズに入居できないのは、外国人入居者が増えすぎたせいである」といった主張をブログに掲載した。

中国人の集住地域をターゲットとした街宣活動は前出の排害社なども積極的に展開しているが、もともとは有門が始めたことでもある。

「人口侵略実態調査」と称し、有門率いる外国人犯罪追放運動が埼玉県川口市の芝園団地に押しかけたのは2010年6月のことだ。「行動する保守」にとってははじめての〝団地街宣〟であった。当時、有門は私の取材に対して次のように答えている。

「調査してわかったのは、芝園団地はもはやシナ人の自治区になっているということ。日本人住民の影は薄く、シナ人ばかりが幅を利かせている。住民からは治安悪化を危惧する声も聞いた。今後もシナ人の増殖が続けば、日本人が足を踏み込むことのできない無法地帯になってしまう」

彼らは威嚇しながら団地内を練り歩き、中国人の〝痕跡〟を見つけるたびに写真に収め、そしてブログで「侵略の実態」を報告した。

同団地では約2400世帯以上のうち3分の1強を中国人世帯が占めている。たしかに、団地内を歩けば、ほのかに漂うのは中国の空気だ。中国語が併記された案内板や貼り紙。日本語がほとんど通じない団地商店街の中国雑貨店。子を叱る母親の声も井戸端会議も、耳を澄ませば飛び込んでくるのは中国語ばかりである。

私も住民に話を聞いてまわった。「中国人が増えすぎて気味が悪い」と訴える日本人住民は確実にいる。だがその一方で「右翼が騒ぐほどの問題はない」と言い切る住民も少なくなかった。

「この団地は広い中庭があるので、昔から近隣の不良少年たちのたまり場になっている。そうした悪ガキのいたずらを、中国人の仕業だと喧伝する住民がいる。今年の夏祭りの前夜も、盆踊り舞台の提灯が壊される事件が起きたが、犯人は団地外に住む日本人の中学生グループだった。だが、中国人がやったに違いないというウワサが、あっという間に流された」（団地内の商店主）

古参住民の1人は、「むしろ問題なのは、日本人と中国人の両者が互いに無関心であることだ」と訴える。

「人種間というよりは世代間のギャップなんですよ。高齢者ばかりの日本人と、働き盛りの中国人では、どうしたって交流の機会が少なくなる。接触がなければ、相互理解だって進まない」

築年数の古い団地を日本の若い世代は敬遠する。住み続けるのは高齢者ばかりで、一種の限界集落と化した団地も少なくない。芝園団地もその1つだった。結局、空き室へ新たに入居するのは、安い家賃を魅力に感じる若い世代の外国人ばかりということになってしまう。こうした背景を調べることなく声高に「外国人排斥」を訴え、住民間対立を煽る有門らの活動に、やはり私は違和感を持たざるを得ない。

「いや、問題は背景ではなくて実態ですよ。数は力です。そして侵略されてしまえば日本は終わってしまう」

有門はそう言って私を否定する。やんわりと。いつものように笑みを浮かべながら。

日本にクーデターを！

２０１１年11月。とある人里離れた山奥で、スーツ姿の３人の大物が「最期」を迎えようとしていた。彼らは１人ずつ等間隔で巨木に縛り付けられている。それぞれ民主党の小沢一郎元代表、野田佳彦首相、同じく民主党の前原誠司政調会長だ。

彼らの周囲を目出し帽、迷彩服姿の男たちが取り囲む。全員が小銃を手にしている。合図とともに男たちは奇声をあげて、大物政治家たちに飛びかかった――。

これは「よーめん」なる人気ブロガーが率いる「親衛隊」の訓練風景である。縛り付け

「よーめん親衛隊」の訓練風景。迷彩服に小銃（エアガン）という彼らの姿は兵士としての練度はともかく、それなりの迫力はある

られているのは、いずれもスーツを着せたマネキン人形で3人の顔写真が貼り付けられている。20名ほどの迷彩服集団が手にしている小銃も、すべてエアガンだ。

彼らは、これを「粛清《しゅくせい》訓練」と称している。マネキンの顔面を拳で殴りつけ、銃身で腹を突く。その弾みでマネキンは前のめりに倒れる。とどめはエアガンによる〝銃殺〟だ。タタタタタタ……。数十発の銃弾を浴びた政治家たちは、こうしてあっけなく「粛清」された。彼らはこうした「訓練」を1ヵ月に1度、実施している。

翌12年1月2日、世の中がどっぷりと正月気分に浸っているこの時期にも、彼らは三浦半島の海岸に現れた。迷彩服集団は砂浜に整列すると、蹴りだ、突きだと手足を激しく動かすのであった。敵に遭遇したときの「頭蓋骨粉砕訓練」なのだという。年明けの清清しい空気に満ちた砂浜に、なんともグロテスクな集団の掛け声が響く。いったい、彼らは何がしたいのか。

「クーデターですよ」

主宰者の「よーめん」は平然と言ってのけた。むろん大真面目である。

この人気ブロガーとは最初、都内にあるホテルのロビーで会った。そこが「靖国神社に近いから」という理由で場所を指定されたのだ。

約束の時間。ロビーに現れたスーツ姿の「よーめん」は、「どうも、どうも」と片手をあげて軽く会釈した。ヤリ手の営業マンのような雰囲気を纏《まと》っていた。

ネット右翼の世界ではかなりの有名人である。同志を糾合し、武装した親衛隊員を募り、将来的には右翼勢力によるクーデターを目指すと訴える彼のブログは一部に熱狂的なファンを持つ。

〈日本が在日天下になるのを黙って指を咥えて眺めることはしない〉

〈極右軍事政権化に向けて行動しよう！〉

（「この国は少し変だ！　よーめんのブログ」より）

ブログにはそうした勇ましいスローガンが溢れている。

名刺交換した後、釘を刺された。「本名だけは伏せてください。それが取材を受ける条件です」。

無理もない。クーデター計画の首謀者である。内実はどうあれ、少なくとも彼自身は真剣なのだ。私は条件を呑むことにした。

ちなみに彼の名刺には大手右翼団体の名前が記されていた。聞けば、「2ちゃんねる」で頻繁に書き込みをしていた頃、たまたま同団体のメンバーとネット上で知り合い、地方支部の「ネット宣伝係」を任されたのだという（「よーめん」自身が街宣車に乗って街宣に参加することはないらしい）。それにしても昨今は歴史ある右翼団体でも、ネットを通じてリクルートするのかと、妙なところで感心してしまった。

連れだって入ったラウンジで、彼はさしてあらたまった様子もなく、飄々《ひょうひょう》と私に訴えた。

「もう、日本を救うにはクーデターしかないと思いますよ。武力によって現政権を転覆させ、極右による軍事政権をつくるんです」

街の活性化計画を打ち明ける商店主のような口調だった。

40代半ばだという「よーめん」は独身。高校卒業後、建設会社を経て現在は健康食品の販売業を営んでいる。「クーデターの活動資金を得るために夜は運転代行のバイトをしている」とも話す。軽い口調ではあるが、情熱だけは伝わってくる。実際に彼はネットで集めた「同志」たちとともに訓練に励んでいるのだ。合法と非合法の境界を歩いているようなものだ。

彼がブログを始めたのは06年からだが、それ以前より「2ちゃんねる」などで挑発的な書き込みをしていた。とにかく「愛国者」として何かをしたかったという。ネットに書き込むのも国のためだと思った。ネットに巣くう「売国奴」を言葉で蹴散らした。それはそれで気持ちよかったが、できればもっと手応えを感じることのできる活動がしたかった。

そうしたときに、まだ別々に活動していた西村修平や桜井誠と知り合うようになる。実は、この両人を結びつけたのは「よーめん」だった。保守とも右翼とも呼べない2人が「団結」すれば、新しい政治勢力が生まれると思ったのだ。つまり、「よーめん」は運動のオルタナティブを目指したのである。彼は桜井にメールを送り、ぜひとも西村と会うべきだと説得した。これがきっかけとなり、桜井が西村の街宣に顔を出したことは先に述べたとおりである。

同時に自らもブログを開設し、当初は左翼、在日への攻撃を繰り返した。

「日本を貶めるような言動が許せなかったんです。なぜ左翼は自国を悪く言うのか、なぜ在日は日本で世話になっていながら権利ばかり主張するのか、私にはさっぱりわからないんですね」

その憤りをブログでぶつけた。2年間、書き続けて自分なりに結論を出した。マスコミはしたり顔で「右傾化の危機」を訴えるが、世の中少しも「右」に振れてはいないじゃないか、と。

「在特会の主張は全面的に正しいし、だからこそ勢力も伸びている。でも、私はもっと先の世界を追いたいのです。街宣だけで国は変わらない。もちろんブログを書いただけでも変わらない。いまの状況を見てください。右傾化だと言われながらも、休日に日の丸を揚げている家がどれだけありますか。左翼マスコミによる情報統制だって、なに一つ変わっていないじゃないですか。愛国的な芸能人だっているはずなのに、テレビは彼らに発言の機会すら許さない。実力行使で国民の意識を覚醒させるしかないのです」

その手段が「クーデター」なのだ。

「そのためには段階があるのです」と前置きしたうえで、彼は周囲を見やるでもなく、声のトーンを落とすわけでもなく、淡々とクーデター実現に向けた詳細な「5ヵ年計画」を説明してくれた。彼の計画を私なりに大雑把なまとめ方をすれば、ブログの閲覧者を増やす↓そのなかの先鋭分子をリクルートして「親衛隊」を組織する↓「親衛隊」を中心に各地で宣伝活動をおこなう→警察、自衛隊、マスコミ、芸能界のなかにシンパを潜入させる→警察・自衛隊の力を借りてXデーに一斉蜂起、といったプロセスのようだ。

「大事なのは若者や子どもを〝落とす〟ことだと思うんですよ。だから芸能人や人気漫画家を、どんどんこちらの陣営に引き込んでいきたい。荒唐無稽？　そんなことないですよ。実際、左翼だって同じことしてきたわけじゃないですか。テレビを牛耳り、新聞を牛耳り、日本国民を洗脳してきたのですから。私たちはまだまだ力量が足りないけれど、同じことをやっていくんです」

はたして左翼にマスコミを「牛耳る」だけの「力量」があったとは思わないが、この「よーめん」に限らず、マスコミと左翼を完全なイコールで結びつける者は保守層において少なくない。個人的見解としては、現代の左翼とは、もはや急進的、革新的、革命的といった本来の意味を失い、既得権益にしがみつく時代遅れの石頭でしかないとも思う。だが、「よーめん」たちにとっての左翼とは、日本を貶め、歴史を歪め、誤った情報で国民を洗脳する権力者でもあるのだ。

「ですからこんな世の中、リセットするしかないんですよ」

これまで武装訓練をおこなってきた右翼がいなかったわけではない。だがそれは、どちらかといえば精神修養の一環であり、少なくとも真顔で「クーデター」を語る団体などなかった。

で、クーデターの先には何がある？

「まあ、そうですねえ」とインタビューマイクを突きつけられたスポーツ選手のような口ぶりで「よーめん」は答えた。

「当たり前の日本に戻すだけです」

誰もが愛国心を持ち、祝祭日にはどこの家でも日の丸の旗が翻《ひるがえ》る日本。強大な軍事力を保持し、諸外国にナメられない日本。日本が好きだ、日本のために死ねるのだと誰もが口にできる日本。

「よーめん」の話を聞いていると、私には共産主義の独裁国家しか頭に浮かばなかった。

——正直、クーデターは不可能じゃないかとも思うんです。

「あなたのように〝ありえない〟と思っている人は多い。頭から信じていなければ、たしかに〝ありえない〟話ですよ。でも私たちは信じているんです。でなければ、わざわざ訓練などおこないません」

——過去の歴史を振り返っても、日本でクーデターが成功した事例は皆無です。たとえば二・二六とか……。

「ああ、あれはね、結局のところ根回しがしっかりできていなかったんですよ。私たちだって、今年や来年に何かできるとは思っていません。そのための5ヵ年計画ですし、もっと時間をかけてもいい。私たちの活動に興味を持ってくれているのは、10代の若者が多いのです。じっくり育てていきますよ」

――民間人主導のクーデター計画としては、三無《さんむ》事件などを連想するのですが。ご存じですか？

「いいえ、知りません」

この返答は意外だった。クーデターを志す者が三無事件を知らないということに、皮肉ではなく、むしろ新鮮な思いがした。これがネット右翼というものなのだろう。

三無事件とは1961年に起きたクーデター未遂事件である。60年安保闘争の盛り上がりに危機感を抱いた企業経営者や元陸士将校らが中心となり、国会占拠、報道管制、戒厳令施行、臨時政府樹立が計画された。しかし計画が事前に警察へ漏れてしまったことで頓挫。首謀者らは銃刀法違反などで逮捕され、破壊活動防止法適用による初の有罪判決を受けている。実際にライフル銃などが用意されていたこと、自衛隊への工作も進んでいたことに世間は驚愕する。成否はともかく、血なまぐさい事態に発展する可能性はあった。

企業経営者・川南豊作《かわなみとよさく》、右翼の大物である三上卓、いまや政治家やスポーツ選手の指南役でもある僧侶の池口恵観《えかん》（事件当時は代議士秘書）など、事件に関与した人物の面構えを想像するだけでも、むっとするような泥臭さや暗い情念を感じてしまう。しかし、だからこそこの計画には一定程度のリアリティがあった。

ここで「よーめん」を対置させることが正しいのか否か。私には判断がつきかねるのだが、少なくとも彼の飄々とした面構えからは、命のやり取りをするような凄みを感じることはできなかった。だが、そんなことよりも私が興味を覚えたのは、「よーめん」が「愛国」に目覚めたきっかけである。これを耳にしたとき、彼のクーデターの行く末など、正直どうでもよくなった。

彼の口から、私の想像をはるかに超える言葉が漏れた。

「高校時代に地元の映画館で観た『宇宙戦艦ヤマト』。このアニメが私のすべてを変えたんです」

ときは西暦2199年、異星人ガミラスの攻撃を受け地球は絶滅寸前の危機にあった。放射能汚染された地球を守るため、地球防衛軍は「ヤマト」に乗船し、放射能除去装置「コスモクリーナー」を求めてイスカンダル星へと旅立つ。ラストシーン。主人公の古代進は、乗組員に敬礼で見送られながら宇宙の彼方に散っていく。

「涙が溢れてしかたなかった。あまりに感動して一日に6回も観てしまいました。この犠牲的精神に僕は憧れたんです。愛国心を持たなければ生きていく意味がないとさえ思いました。ヤマトを観たことで、僕は愛国者になったんです」

それまで淡々と話していた「よーめん」は、ヤマトの話題に触れた瞬間だけ、言葉に熱を帯びてきた。顔がいくぶん紅潮している。

自分のなかで「愛国心」をくすぶらせながら、20年以上の月日を経てようやくたどり着いたのがネットの世界だった。2ちゃんねるのような掲示板で「言論戦」を展開し、ブログで日本の危機を訴え、そしていま、「ヤマトの精神」で彼は日本を救うために立ち上がったのだ。

滑稽とは言うまい。1冊の本が、1本の映画が、人生を変えることだってある。不思議なことじゃない。それがはたして本当に「ヤマト」が訴えたかったことなのかは別として、とにかく彼は真剣にクーデターへ傾斜していくのだ。ネットで呼びかけ、会場を借りて「クーデター説明会」を開催し、ときには在特会などのデモを有志で「防衛」するなどもした。

「現役の自衛隊員からも問い合わせがきています。特攻隊員に憧れる10代の少年や在特会の会員なども参加を申し出てくれた。いずれ私の勢力は拡大していく。クーデターの前段として、まずは愛国こそカッコいいのだという世論をつくりあげたい」

彼のなかで、すでに「愛国のヤマト」は出帆《しゅっぱん》の準備を整えつつある。極右軍事政権の樹立は、彼にとっての「イスカンダル」なのだろう。

在特も創価学会も敵

「日本を護る市民の会」（日護会）の会長、黒田大輔（34歳）が待ち合わせ場所に指定したのは、信濃町駅（東京）の改札だった。彼が「最大の反日勢力」だと指摘する創価学会のお膝元である。

日護会幹部の行本《ゆくもと》慎一郎（27歳）とともに現れた黒田は、私を近くのカフェに案内すると、やおらビデオカメラを取り出し、テーブルの上に設置した。取材の一部始終を録画するのだという。それが彼らなりの「防衛策」であると同時に、同会の最も特徴的な活動スタイルでもある。

同会はデモ、街宣、宣伝ビラのポスティングといった活動を常に動画サイトで実況するだけでなく、黒田のメッセージ、会員同士の雑談にいたるまで随時中継をおこなう。ここまで徹底してネット動画を活用する団体は珍しいだろう。活動中に邪魔が入ればしめたものだ。「敵」の表情を捉えて執拗に追い回すことで、それは活劇として視聴者の関心を一気に引き寄せる。「見せ場」を求めて走り回る新手のドキュメンタリストなのだ。

さらに特徴的なのは、他の「行動する保守」団体と違って「反創価学会」を活動の中心に据えている点である。街頭で執拗に「反学会運動」を展開するのは日護会をおいて他にない。

黒田の本業は行政書士である。動画ではどこか軽薄な印象を受けたが、会ってみれば慎重な物言いをする、落ち着いた感じの人物でもあった。

他の多くのネット右翼がそうであるように、黒田もまた、ネットに触れるまでは政治に対して無関心だった。「どちらかといえば左だった」という黒田が政治に目覚めるきっかけとなったのは、02年に開催されたサッカーの日韓ワールドカップだ。ベスト16まで勝ち進んだ日本は、準々決勝進出を賭けてトルコと対戦、惜敗する。このときテレビに映し出されたソウルの街頭風景に黒田は唖然とした。市庁舎前の広場に集まった群衆が、日本敗退の瞬間に大喜びしていたのだ。

「韓国人の反日感情にショックを受けました。せっかくの共催だというのに、日本が負けたことを、どうしてこんなにも喜ぶことができるのか。それで韓国という国に不信感を持ち、ネットを通じて日韓関係を学んだんです」

ネットには、教科書では触れられることのない「真実」が溢れていた。それまで日本だけが悪いと思っていた戦前の植民地政策なども、実は誇るべき歴史なのだということを「知った」。マスコミに洗脳されていた自分の無知に「気がついた」。そして黒田はネット用語でいうところの「特定アジア（韓国、中国、北朝鮮）」に対する怒りを自らのブログで綴るようになる。

ネットの世界だけで「活動」していた黒田を街頭に引きずり出したのも西村修平である。

07年、黒田はネットの動画で観た「主権回復を目指す会」の活動に興味を持ち、はじめて同会の街宣に参加する。外国人参政権を求める民団への抗議行動では、例によって西村が吼えていた。

「参政権など認めないぞ！」「日本侵略と闘うぞ！」

衝撃を受けた。西村の気迫に身体が震えた。街頭こそが政治の場なのだと実感した。

「よし、いっちょオレもやってみるか。そんな気持ちになりました。これを端緒として、さまざまな街宣活動に参加するようになるのです」

その過程で在特会の桜井とも知り合い、懇意になる。だが黒田は「もともと他人の下で動くのがイヤな性格」なのだという。そこで自ら団体を立ち上げたのだった。

２００８年、日護会を結成し会長に就任する。現在、会員数は５００人ほど。結成後まもない日護会に参加したのが行本だ。彼は子どもの頃から外国人に対する嫌悪感を抱えていたという。

「北九州出身なので周囲には在日が多かった。僕は、それがイヤだった。彼らとはケンカばかりしていましたよ。それと、高校卒業後に働いた飲食店では、問題を起こすのは決まってシナ人でした。彼らもひどかった。レジから金を持ち出して逃げたヤツもいる。特定アジアの人間というのは、ろくに働きもしないくせに権利だけを主張する人ばかりだと思いました」

20歳のとき、好きだった格闘技を本格的に学ぶために上京する。ジムに通いながら、一方でネットの世界にものめりこんでいく。外国人嫌悪を抱えていた行本は当時、在特会の活動に衝撃を受けた。とくにカルデロン一家問題に対する在特会の姿勢には強く共感した。

「マスコミは『女子中学生がかわいそう』といった論調で塗りつぶされた。そんな感情論が許せなかったんです。不法滞在している外国人は国外追放するのが当然ですよ。そんな僕の気持ちを、在特会は行動によって示してくれました」

動画で在特会の抗議デモを視聴した。身体が熱くなっていくのを感じた。自分も愛国者の隊列に加わりたいと強く感じた。しかし行本は在特会ではなく、黒田の日護会に参加するようになる。とくに深い理由はない。たまたまその頃から「反創価学会」の運動に力点を置き始めていた黒田とネット上でやりとりしていたこともあり、もともと「学会嫌い」であった行本は日護会を選択したにすぎない。

ネット右翼の間で創価学会の評判は良くない。いや、最悪と言ってもいいだろう。学会が中国に対して融和的であること、さらには、支持政党の公明党などを通じ、外国人参政権の成立に最も熱心なことなどがその理由だ。当然、ネット上ではボロクソに叩かれている。

それにしても当初は在特会同様、「在日」や「左翼」を攻撃対象としてきた日護会が、なぜに「反学会」を他よりも優先させるようになったのか。

黒田は「(学会が) 想像していた以上に巨大な敵であることがわかったから」だと話す。

「創価学会は敵の一つにすぎなかった。ところが、反学会の女性市議が謎の死を遂げた事件の真相追求を求める運動に参加したところ、僕のバイクが何者かにパンクさせられるなど不可解なことが身の回りで起き始めたんです。僕は売られたケンカは買うことにしているので、反学会のチラシをポスティングしてさらに運動に力を入れるようになりました。すると学会側は我々の運動つぶしをエスカレートさせ、僕らを尾行したり、ときには暴力までふるうようになった」

若干の説明が必要だろう。ここで黒田が言う「事件」とは、95年に東京・東村山市議だった朝木明代《あさぎ》が、東村山駅前のビルから転落死した出来事を指す。当時、朝木市議が創価学会や公明党と対立関係にあったことから、彼女の死と学会とを関連づけるような記事を一部のメディアが報じた。ただし地元警察は捜査の結果、「他殺の可能性は薄い」との結論を出している。

黒田たちは「反学会」のロジックを補強するためにこの「事件」を持ち出し、集会や信濃町周辺での街宣といった直接行動を繰り返したのである。

「そのうち学会関係者は、物理的な妨害だけでなく、ウチらに対して名誉毀損の裁判まで起こしました。もう後には引けませんよ。徹底的に学会と闘う覚悟を決めたんです。暴力団とつながりを持ち、反社会活動をおこないながら税金を免除されている創価学会を許すことができません」

この件についても正確に記す必要がある。

黒田は自身のブログにおいて、転落死についてのルポを書いたジャーナリストと、当時の東村山署副署長を「御用記者」「東村山事件で学会側に立っている」と批判。さらに、それぞれの顔写真をブログに貼り付け、その上から「犬作」「捏造」などの文字を載せた形で掲載したのだ。結果、両者から名誉毀損で訴えられ、黒田は事実上、敗訴している（なお、ジャーナリストと元副署長はそれぞれ創価学会員であることを否定している）。他にも街宣での中傷発言や動画の無断撮影などが原因で、学会側からも名誉毀損および肖像権侵害などで裁判を起こされた。

ちなみに、黒田が言う「暴力団とのつながり」とは、元山口組系後藤組組長だった後藤忠政の自叙伝『憚《はばか》りながら』に記述されている「創価学会との関係」を引用した物言いだ。同書のなかで後藤は「学会とは密接な関係があった」という趣旨の内容を述べており、この一点をもって日護会は「ヤクザと付き合いのある創価学会が、宗教法人法によって一部税金が免除されているのはおかしい」と主張しているのである。

正直なところ私は黒田の説明を聞いても、なぜにそこまで「反学会」なのか、いま一つピンとこなかった。だが、これまで学会の元信者をはじめ、新宗教団体、保守、日本共産党などの手による数多くの「反学会活動」が存在したが、ある意味、日護会ほど泥臭い活動を進めている団体はない。彼らはブログや動画で「反学会」を主張するだけではない。学会員が多く住む場所で「創価学会とヤクザの関係を国会で解明せよ！」と書かれたビラのポスティングをおこなう。学会施設が集中する信濃町近辺で車を走らせながら「カルトを取り締まれ」と連呼する。あげくには学会本部から至近距離にある信濃町のマンションに部屋を借り、「敵の喉元から撃つために」（黒田）、日護会会員による共同生活まで始めたのである。

「だからいつもビデオカメラを持ち歩いているんです。嫌がらせに遭ったら、すべて記録として残す。動かぬ証拠を積み重ねて敵に突きつける。カルト撲滅のために徹底的に闘いますよ」と黒田は怯《ひる》む様子を見せなかった。まだまだやるのだと意気込んでいた。

だが、そのときの取材から数ヵ月後、思わぬ事態が起こる。それまで蜜月状態にあった日護会と在特会との「決裂」である。一時期は「行動する保守」の両輪とも呼ばれていたほどの間柄だったが、リーダーの黒田と桜井が、正面からぶつかってしまったのである。

きっかけは2010年9月に日護会会員の間で発生した〝男女トラブル〟だった。

信濃町で黒田と一緒に共同生活を送っていた日護会の男性会員と女性会員が、黒田の留守中に〝強姦騒ぎ〟を起こした。両者の言い分は異なる。男性会員は「合意のもとでセックスした」と言うが、女性会員は「具合が悪くて寝ていたところを襲われた」と主張。黒田も含めて話し合いがもたれている最中、男性が突然、包丁で自らの腹部を刺した。これは関係者の間では「信濃町山荘事件」と呼ばれている。

幸い、男性の傷は浅く、搬送先の病院で短期の入院治療をするだけで済んだ。問題はこの後だ。黒田ら日護会幹部らは協議の上、騒ぎを起こした男性を除名処分としたが、在特会の千葉支部がこの男性を新たに会員として受け入れた。これが黒田の逆鱗《げきりん》に触れたのである。

「なぜ犯罪者を受け入れるのか」

「彼は犯罪者ではない。在特会として受け入れるのに何の問題もないはずだ」

在特・日護両会の間で議論が起きた。これがいつしか舌戦へとエスカレートしていく。対面ではなく、ブログや動画を通しての争いというところが、いかにもネット右翼らしい。

極めつけは11年2月6日の「桜井vs.黒田」の〝ニコ生決戦〟だった。同日夜、同じ時間帯に桜井と黒田はそれぞれ動画サイトの「ニコニコ動画」で生放送を中継する。そして、よせばいいものを、両者は携帯電話で音声をつなぎ、罵倒合戦を展開したのだった。

「ふざけんな、テメー」「もういい加減にしろ！」。

黒田と桜井が互いを罵りあう様子は、リアルタイムで全国に流れた。画面上には双方の応援コメントが表示され、ネットでは珍事件として話題となる。

動画を利用したケンカであるところはたしかに「新しい」が、内実は子どもの口ゲンカに等しい。そんなに腹立たしいのであれば、直接会って殴りあいでもすればいいじゃないか――最初は面白がって視聴していた私も、だんだんと腹が立ってきた。

この日護会と在特会の対立は、この後、さらに予想し得なかった展開となる。黒田が警察に逮捕されてしまうのだ。新聞記事を一部引用する。

〈中傷動画投稿の行政書士を逮捕
インターネットの動画投稿サイトなどを利用し、知人男性の名誉を傷つけたとして、千葉県警は20日、市民団体「日本を護る市民の会」代表で行政書士、黒田大輔容疑者(34)を名誉毀損の疑いで逮捕し、発表した。調べに対し、「中傷した記憶はない」と容疑を否認しているという。県警公安第2課によると、黒田容疑者は今年1月12日ごろから、柏市内に住む別の市民団体の支部長を務める知人男性(37)について、「元ヤクザ」などと発言した映像を、パソコンから動画投稿サイト「ニコニコ動画」に投稿するなどし、誰でも視聴できる状態にして男性の名誉を毀損した疑いがある。男性が3月下旬に柏署に刑事告訴していた〉

(朝日新聞　2011年7月21日付)

ここに出てくる「知人男性」とは、在特会千葉支部長の桜井達郎(会長の桜井誠とは別人物)である。彼が日護会から除名された男性を受け入れたことで、黒田は執拗にこの桜井を攻撃していた。結局、黒田は柏署で22日間勾留されたものの、起訴猶予で釈放されている。

私は釈放されたばかりの黒田に会った。

「まあ、ガサが入ることくらいは予想していましたけど、逮捕は意外でしたね」とまるで他人事のように話す黒田は元気そうだった。グラスワインを流し込むように飲みながら、黒田は「負けちゃいられないですよ」と意気軒昂な様子を見せ付けた。

以前に会ったときと、明らかに黒田は変わっていた。あれほどまでに左翼や在日を悪し様に罵っていた黒田が、いまや「敵は在特会」「在特会は創価の味方」とまで言い切るのである。

「あんなエキセントリックな運動、長続きしませんよ。いじめられっ子が舞台を与えられて、はりきっているだけです」

黒田はいま、在特会の会員や関係者から名誉毀損で訴えられ、同時に黒田もまた彼らを名誉毀損で訴えている。バカにした、してない。言った、言わない。そんな争いがこれから法廷で繰り広げられる。

かつて黒田と桜井が仲睦まじく並びながら拳を振り上げていた姿はいったい何だったのだろう。こうしてエネルギーは敵を見失い、かつての友に矛先が向けられる。右も左も関係ない——これもまた運動の法則の一つなのである。

5 「在日特権」の正体

「在日コリアン＝特権階級」は本当か？

在特会のデモ隊がソフトバンクの携帯電話販売店前を通過したときだった。

「こらあ、ソフトバンク！」

白黒ストライプの看板に向けて怒声が飛んだ。これを合図に参加者がとたんに色めき立つ。

「朝鮮人は出て行け！」「国賊！」「ソフトバンクを叩きつぶせ！」。

いっせいに罵声が飛び交った。

在特会の面々はソフトバンクという企業に対して異常なほどの敵愾心《てきがいしん》を見せつける。言うまでもなく最大の理由は、同社オーナーの孫正義が「元韓国籍」だからだ。それだけの理由で彼らはソフトバンクに憎悪のまなざしを向ける（実際、在特会会員のなかではiPhoneをはじめとするソフトバンク携帯の所持率は、私が見た限り相当に低い）。

かつて同社の法人向け販売代理店が韓国民団との間で限定的な通話料金の割引制度を設けたことをもって「(日本人利用者を除外した)これも在日特権だ」と騒ぐ者も少なくない(同社は「卸先の二次代理店が独断で割引制度を設けた」として、直接の関与を否定。代理店に対し割引営業の停止を通告している)。しかも東日本大震災による福島第一原発の事故以降、孫が「脱原発」を訴えたことから、余計に同社はバッシングの対象とされている。在特会は「核兵器推進」を理由に一貫して「原発推進」の立場を打ち出しているのだ。

ソフトバンクへの〝口撃〟は彼らの毎度毎度のお約束である。デモの最中に同社の販売店を見つければ、在特会員は行きがけの駄賃とばかりに罵詈雑言を叩きつける。ショップで働く制服姿の女性店員に「そんな会社で働くな!」などと余計なおせっかいをやくばかりか、店内の客に向かって「ソフトバンクは日本の敵ですよ!」と甲高い声で呼びかけることも珍しくない。

なぜ、そこまで目の敵《かたき》にするのか。私の問いかけに、ある若手会員は吐き捨てるように言った。

「朝鮮企業だから」

おそらくは、これが在特会員に共通する本音ではなかろうか。数ある販売代理店の一つが勇み足的な割引制度を設けたくらいで国賊扱いするほどでもなかろうし、オーナーが「脱原発」だからといって、ショップ店員を罵る理由にもならない。企業倫理に問題があるとするならば、他にも対象は事欠かないはずだが、在特会は一般的な企業不祥事にはほとんど関心を示さない。そもそも震災以降、「脱原発」を表明した企業経営者は孫だけではない。

彼らはとにかく「朝鮮系」が嫌いで仕方ないのだ。パチンコ店を見れば「日本人から金を奪うな」と看板を蹴り上げ、焼肉店の前を通りすぎる際には「キムチ臭い」と鼻をつまむ。坊主憎けりゃ——程度の屁理屈としか思えないのだが、それでも彼らの論理では、たとえば孫正義が「元韓国籍」というだけで十分に攻撃の対象に位置づけられてしまう。

国籍に夢を絶たれた孫正義

同会の福岡支部は2011年6月に「売国企業家・孫正義を叩き出せ！」と題した街宣活動をおこなっている。福岡市の繁華街・天神で彼らは道行く人々に訴えた。

「(孫は) もともと韓国人です。韓国のほうが大切なんです」

「日本のことが嫌いで、韓国の国益のために動いている」

「週刊誌でも報じられましたが、ソフトバンクは日本人には高い通話料を課し、在日にはさまざまな割引を設けています。差別されているのは日本人です！」

余談になるが、少しだけお付き合いいただきたい。私が孫正義という人物に関して取材をしたときに聞いた話だ。孫が友人に対し、はじめて自身が韓国籍であると打ち明けたのは、彼が15歳の冬だった。この街宣がおこなわれた場所、天神の回転焼き（大判焼き）の店であった。

中学時代の孫の親友は次のように話した。

「仲の良い友人たちと、おしゃべりしてたんですよ。そんなときに突然、安本《やすもと》君（孫の通名）がぽつりと漏らしたんです。『実は、僕は在日韓国人なんだ』って。安本君はすごく真剣な表情をしていました。なにかの決意をもって打ち明けたのでしょうね」

その当時、孫の心は揺れていた。好きだった担任教師の影響を受け、彼もまた教師になる夢を見ていた。しかし外国籍の人間は教師にはなれないことを知った。学校で1、2を争う成績でありながら、「高校には行きたくない」とまで担任に漏らしてもいる。結局、孫は周囲の説得もあり、県内有数の進学校に入学するも、わずか数ヵ月で自主退学してしまうのである。

高校時代の担任は次のように述懐していた。

「ある日唐突に、安本君に告げられたのです。『先生、高校を辞めてアメリカに行きます』。当然、私は反対しましたが、彼の決意は固まっていました。『僕は本当は日本の大学に進んで教員になりたかったんです。でも韓国籍では、それが無理だということがわかりました。僕はアメリカに行って、いろいろと考えてみたい。もしアメリカの大学を出たら、日本人は僕をもっと評価してくれるかもしれません。たとえ韓国籍であっても』。そう言うのですね」

はっきり断っておくが、私には経営者としての孫正義も、ソフトバンクという企業も、ことさらに擁護する理由はない。自らを〝平成の龍馬〟にたとえる孫のメンタリティには、むしろうんざりすることのほうが多い。

だが、在特会の攻撃はあまりに理不尽に感じるのだ。彼らが「叩き出せ」「追い出せ」と矛先を向ける孫正義は、一度、自らの意思で日本から飛び出している。彼が「もっと日本人に評価してほしい」と願って米国に渡ったときの心情を、在特会の面々は理解できるだろうか。少なくとも、彼には教師になるといった夢を実現させるための〝権利〟などなかったのだ。

その後、孫は日本に帰化し、それでも自身の出自を隠すことなく、あえて通名を捨てて本名を名乗り続けている。「孫はもともと韓国人です！」「週刊誌報道で孫の日本人差別は明らかとなった」などと街頭で勝ち誇ったように叫ぶ者は、国籍に自身の進路を阻まれた孫の心情を理解できるだろうか。

普段は「マスコミは朝鮮人に支配されてる」などとネット発の怪しげな謀略論を振り回す彼らも、自分たちの主張に沿った記事が報じられたとたん報道にべったり依存する点にも違和感がある。

街宣において「だから朝鮮人は嘘つきなんだ！」といった怒声が飛んだときには、なにか暗い情念のようなものを感じざるを得なかった。

「朝鮮人」が、そんなに気に入らないのか。

怒声の主は福岡支部を仕切っている副会長の先崎玲だった。大分での街宣で、「慰安婦なんてのは要するに股をおっ広げて、カネもらってただけでしょう！」とアジっていた〝ちょい悪《ワル》〟の中年男である。

後日、私は福岡市内で美容室を経営している先崎のもとを訪ねた。なぜそこまで「朝鮮人」に敵意を燃やすのか、直接に聞いてみたかったのである。

彼は副会長という責任ある立場の人間だ。これまできちんと話をしてくれた幾多の在特会員以上に、それなりの覚悟と理論武装はできているはずだと思っていた。ところが、先崎は私の顔を見るなり激怒した。怒りと憎しみに満ちた目で私をにらみつけると、大声で叫んだのだった。

「誰が、ここの場所を教えたんだっ！」

在特会では幹部の大半が本名や自宅を秘匿している。なのに私が先崎の店を訪ねたことが癇に障ったらしい。名前や店の場所を教えた人間を教えろと、やたらしつこい。

副会長のくせに肝っ玉の小さな男だと思った。

先崎は「ちょっと来い」と凄むと、ビルの非常階段の踊り場に私を連れ出した。そして自分の顔を私の鼻先に近づけて怒鳴った。

「何しに来たんや、オマエは！」

――取材です。

「警察呼ぶぞ」

――どうぞ。

「オマエはチョンだろ？　答えろ！　朝鮮総連に雇われてるんだろう。カネもらっとるんやろう、朝鮮人から」

――妄想はいい加減にしてください。

「なにが妄想だ、こらあ！　やっぱりチョンだろう！　総連から金をもらっていると言え！」

ずっとこんな調子である。取材上の経験から言えば、こういう場合、本当に腹の据わった〝大物〟は取材者を怒鳴りつけるような馬鹿な真似は絶対にしない。だから、すぐに恫喝してくる連中は、実はそれほど怖くはない。ただ、そんなことよりも私の関心を喚起させたのは、彼がしつこいくらいに私を朝鮮人だと思っていたことだ。いや、先崎だけではない。在特会の少なくない会員から、私は「オマエの国籍を教えろ」「本当は朝鮮人だろ」「いつ帰化したんだ」と何度も詰問されている。彼らにとって考え方の異なる者はすべて「朝鮮人」なのだ。「朝鮮人」や「在日」は一種の記号である。彼らはその記号に脅え、憎悪し、詰《なじ》ることで優越的な立場を獲得する。

2011年まで在特会の地方支部の幹部を務めていた30代の男性は、私にこう打ち明けた。

「入会して驚いたのは、本気で朝鮮人を恐れていた人が多かったことです。真顔で『朝鮮人を根絶やしにしないといけない』と訴える人が、かなりいた。活動で知り合った女性は『日本を支配しているのは在日』だと本気で信じていましたからね。その一方で、朝鮮人は満足な教育も受けていない劣等民族などと罵っているわけですから、考えてみれば、そんな民族に支配されている日本人というのは、相当に情けないことになる。しかしそうした矛盾に気がつかないほどに、僕自身も一時期は在特会の雰囲気に感化されていたのは事実です」

朝鮮人を「恐れる」理由は、はっきりしなかったという。

「攻撃しやすいターゲットを見つけたことで舞い上がっていたのかもしれません。在日朝鮮人はかわいそうな弱者であり、差別してはいけないのだという〝決まりごと〟に縛られてきた僕たちにとって、タブー破りの快感があったことは間違いないと思います。歪《いびつ》な感覚かもしれませんが、僕自身タブーを突破することで、世の中の権威や権力と闘っているのだという思いもありました」

街頭で「朝鮮人を叩き出せ」と叫ぶ。「日本人のための日本をつくろう」と訴える。

「はっきり言えば……酔いました。自分は大きな敵と闘っているのだという正義に酔ったんですよ。いまとなってみれば、なぜに在日を憎んでいたのかは自分でもよくわかりません」

おそらくは先崎もそうなのであろう。「在特会に入るまでは、政治活動とは無縁の美容師にすぎなかった」（在特会関係者）という先崎は、ネットによって在日コリアンへの憎悪を膨らませた。彼は人生半ばにして「正義」を獲得したのだろうか。

〝4大特権〟を検証する

彼らが「正義」を担保するために信じているのが、本書でもすでに何度か触れてきた「在日特権」なるものだ。この旗を「真実」として高く掲げる限り、在特会の行動が傍目にはどんな醜悪な姿に見えようとも浄化される。かつて「反動」「反革命」「帝国主義者」などと相手を罵るだけで自身を優位な立場に置くことができた一昔前の教条主義的な左翼と変わらぬ論法に思えなくもない。

「特権」とは文字どおり、「特定の者だけに認められた優越的な権利」を指す。

では、在日特権──在日外国人だけに認められた優越的な権利とはいったい何なのか。

在特会が発行する広報ビラでは、在日コリアンには次のような特権があると指摘している。

①特別永住資格

「平和条約国籍離脱者等入管特例法」によって認められた資格である。もちろん、他の外国人にはこのような資格は与えられておらず在日韓国人・朝鮮人を対象に与えられた特権といえる。紛れもない外国人でありながら、日本人とほぼ変わらぬ生活が保障されている。

②朝鮮学校補助金交付

朝鮮学校は教育法一条の定める学校ではないため「各種学校」として扱われるにも関わ

らず各地方自治体からの支援（助成金や補助金）を受けている。文部省の定める学習指導要領を無視した民族教育という名の反日教育を行いながら一条校と同等の権利を得ようと積極的な活動を行っている。

③生活保護優遇

生活保護とは困窮する「国民」に対し最低限度の生活を保障する制度である。しかし、日本では在日外国人にも生活保護が適用され「国民の保護」がおざなりにされている。特に、在日韓国人・朝鮮人への給付率が異常なほど高く、平成16年度の統計では、外国人生活保護者数の約70％が在日という結果が厚生労働省から発表されている。

④通名制度

建前上は在日朝鮮人以外の外国人にも適用されている制度ではあるが、実質的にこの制度を使っているのは在日韓国・朝鮮人が大多数である。犯罪を犯しても「通名報道」によって本名が隠されている場合が多い為、まさに犯罪を助長させている制度に他ならない。

（在特会発行のビラ「あなたは『在日特権』をご存知ですか？」より引用）

私はまったく賛同できないが、百歩譲って、仮にこの4つを、在特会が主張するとおり「在日だけに認められた優越的な権利」であるとしよう。永住資格も、補助金交付も、生活保護優遇も、通名制度も、強引に解釈をすれば、「在日に与えられた」「権利」だと言えないことはない。

だが、在特会や彼らに賛同する人々は、これら4つの「特権」のどの部分を憎悪しているのか。これら4つの権利は、我々日本人が在日に過激な言葉を投げつけたくなるほどまでに忌むべきものなのだろうか。私にはその点がどうしてもわからないし、少なくとも私は、その4つの「権利」のなかに羨むべき点を見出すことができない。

たとえば、在特会が特権の筆頭として示す「特別永住資格」。これは、戦前や戦中に日本へ移住した旧植民地（朝鮮半島と台湾）出身の人々に対して、入管特例法という法律に基づいて与えられた在留資格である。

たしかに旧植民地出身の人々は、かつて日本国籍を有していたということで、「特別永住者」として他の外国人とは区別されている。治安・国益にかかわる重大な事件を起こさない限り、特別永住者は強制出国させられることがない。また、滞在期限というものがないため、他の外国人のように滞在延長許可申請も必要ない。要するに、「日本で生活するるわけではない。

権利」が認められているということであり、日本人と比較して何らかの優越的な条件があ

「在日は無条件で日本に滞在することが認められ、おまけに、その子孫も韓国籍、朝鮮籍のまま何代にもわたって日本に居住することができる」「罪を犯しても本国へ強制退去させられることがない」などの理由から、特別永住資格を「特権」だと指摘する向きもある。仮に他の外国人からこうした声が出てくるのであれば一定の理解もできようが（とはいえ永住者であれば同等の条件を有することができる）、日本人がこれを羨むべき「特権」だと騒ぐ理由は見当たらないと私は思う。

本書では、ここまで在特会側の主張についてたびたび紹介してきたわけだが、それでは不公平なので、ここで、在日コリアン側の〝主張〟についても見ておこう。

「そもそも特別永住資格については、日本の植民地政策から敗戦へと続く過去の歴史的経緯を踏まえながら考える必要があるんです」

そう語るのは、日本で弁護士として活動する在日コリアン、李春熙《イチュニ》である。

朝鮮半島の植民地化により、1945年の終戦時、日本には約200万人の在日朝鮮人がいた。その多くは帰国したが、本国での生活のめどが立たなかった人も少なくなく、60万人ほどが日本にとどまった。47年、日本政府はこれら旧植民地出身者から日本国籍を一

方的に剥奪する。

以下は李春煕の解説である。

「日本国籍剥奪措置の合法性・妥当性じたいも議論があるところですが、世界的に見れば、旧植民地出身者には旧宗主国の国籍との選択権を認める例が多いのです。さらに、日本政府は、『外国人』になった在日朝鮮人に安定的な在留資格を認めてきませんでした。つまり、多くの在日は、植民地支配の結果、日本に住むことを余儀なくされたにもかかわらず、戦後は、不安定な在留資格のもとで暮らさざるを得なかった。このような状態の改善は長年の課題であり、1991年の入管特例法の制定により、ようやく特別永住資格が設けられたのです。旧植民地出身者とその子孫に最低限の安定的な在留権を保障することは日本政府の当然の義務だと思います。これがなぜ特権にあたるのでしょうか」

日本政府は終戦後から長きにわたり、「朝鮮半島を代表する政府は存在しない」との立場を継続させてきた。在日コリアンは正式な帰属先を失った。いうなれば事実上無国籍の外国人となってしまったわけだ（国籍欄には単に「朝鮮」とのみ記されたため、「朝鮮籍」と呼ばれている）。日本政府が韓国を政府として認めたのは、国交を樹立した1965年になってからである。このとき、韓国籍を選択した人には「協定永住資格」が設けられた。本人の申請によって2代目までに限り永住資格を与えようというものだ。さらに91

年、入管特例法が施行され、3代目以降の永住許可が認められると同時に、それまで韓国籍にのみ限定されてきた永住資格が朝鮮籍の人々に対しても付与されるようになった。これが「特別永住資格」なのである。より正確に表現すれば「権利」というよりも、ただの「資格」にすぎない。

一般の外国人であっても、通常は10年も日本に住んでいれば永住資格が与えられる。数十年も日本に居住している旧植民地出身者に永住資格が与えられるのが、そんなに特別なことなんでしょうか——李弁護士はそう淡々と語るのだが、双方の意見にじっくり耳を傾けてきた限りでは、やはり李の主張に理があると私は思う。つまり、在特会会員のなかには「他の外国人と同一の条件にすべきだ」と在日コリアンを特別視する向きも多いが、そもそも「他の外国人」にだって永住資格は与えられる以上、少しも特別なことではないのではないか。

「いや、在日の多くは朝鮮半島からの密航者であり、犯罪者だ。犯罪者に永住資格を与えてもいいのか」

これもまた、在特会会員の間ではおなじみのロジックである。

在日コリアンのなかにかつて「密航者」がいたことは事実だろう。私だって、すべての在日コリアンが〝日本の官憲が首に縄をつけてむりやり引っ張ってきた〟などとは思っていない。

だが、これだけは言えると思う。日本は紛れもなく宗主国だったのだ。そして戦争に負け、植民地を失ったのである。朝鮮半島の混乱に一定程度の責任を負うのは、旧宗主国としては当然のことだろう。あえて時代がかった物言いをすれば、それこそが日本人としての、あるべき決着の付け方だったと思う。

終戦後の混乱のなかで旧植民地からの「密航者」が出るのは、仕方ないことだった。そしてそれを引き受けるのもまた、宗主国としての最後の責任だった。またしても、私なりに乱暴な物言いをしてみよう。引き受ける度量がないのであれば最初から植民地などつくるべきではなかったし、戦争に負けてもいけなかった。わが国はその両方において〝失敗〟したのだ。そこに責任が生じるのはある意味、当然ではないかとも思うのである。

優遇されているのは誰?

続いて「朝鮮学校への補助金交付」である。

まずは前提として事実を述べておきたい。朝鮮学校には現在、「国」からの助成金は1円も支給されていない。たしかに各自治体の判断によって助成金は支給されているが、それでも平均すれば公立学校の10分の1、私立学校の3分の1程度と、少なくとも日本の学校と比較して優遇されているわけではない。

先に述べたとおり、在特会では朝鮮学校が「一条校」ではない点、「反日教育」をおこなっている点を、ことさら問題視している。

学校教育法では、文部科学省の指導要領に従い、外国語以外の授業を日本語でおこなう学校を「一条校」（同法第一条に該当する学校）とし、それ以外を「各種学校」として分類している。朝鮮学校は後者に該当する。国からの助成金がないのは、そのためだ。

ただ、この主張も調べれば調べるほど、「本当に特権なのか」と思うことばかりだった。

もちろん、助成金を支給する是非についての議論はあるだろう。たとえば東京都は2012年1月、同年度の予算に、都内の朝鮮学校への補助金を計上しないことを決めた。石原慎太郎知事は定例会見で、「朝鮮学校は反日教育をして、我々の同胞を拉致するために手助けしていた。そういう組織が、それに連脈のある教育をこれからもするなら援助するいわれはない」などといった主旨の発言をしている。

学校という存在もまた、社会を構成する一つの要素であると考えれば、そのあり方をめぐって議論するのは悪いことではない。朝鮮学校に関して言えば、いまだ教室に北朝鮮の国家指導者の肖像画を掲げているところなど、私には理解できない点も多々ある。教育の場に個人崇拝を持ち込むことには、大いに違和感をおぼえるからだ。

だからといって本当に朝鮮学校は「反日」一色なのかというと、そうでもないらしい。小学校から高校まで朝鮮学校に通っていた私の友人は、苦笑しながら次のように語った。

「これから先もずっと日本で生きていかなくてはならないのに、なんで反日教育なんかしなくちゃならないんだ。反日どころか、教師の教えは一貫して日朝親善。在日がどうやって日本で生きていくべきなのか、そんなことばかり教えられるんだ。日本の戦争犯罪について学んだことはあったけど、日本をことさら敵視するような授業じゃなかったし、もちろん教科書にも「反日」なんて文字は載ってないよ。だいたい、いまどきの若い奴が簡単に洗脳されるわけもない。スマホを持ち込んで日本のヒップホップを聞いている連中だよ。日本人に負けたくないという思いはマイノリティとしては当然あるけれど、日本人や日本を憎んでいる者などいないよ。子どもを朝鮮学校に通わせている親だって、反日教育なんて望んでもいない。そんな学校に通わせたくもないだろう。ましてやスパイ教育などありえない（笑）。そんなことしたら一斉に退学者が出てしまう」

別の朝鮮学校出身者（女性）も言う。

「朝鮮学校というのは、私にとって居心地の良い場所でした。堂々と本名を名乗ることができますし、差別もない。いわば聖域みたいな場所だったんです。日本人を憎悪するためではなく、自分のなかに流れる朝鮮の血を、確実に感じることのできる、唯一安心できる空間でした」

民族学校とは、本来そういうものだと思う。海外の日本人学校も、そこが日本人の子どもにとって一種の「聖域」であるのと同じように。

朝鮮学校が、北朝鮮本国や朝鮮総連との関係から、「平壌の出先」と呼ばれることは少なくない。すでに述べたとおり、京都朝鮮第一初級学校を〝襲撃〟した在特会メンバーらは、同校生徒に対して「スパイの子ども」と罵った。だが少し冷静に考えれば、朝鮮学校に通う子どもたちは「拉致事件」とは何の関係もないことは明白だ。メンバーたちはあくまでも「朝鮮人蔑視」に基づき、カタルシスを燃焼させただけなのだ。

在特会大分支部の街宣では、「朝鮮高校がサッカーの全国大会に出場するのは許せない」と女性会員が叫んでいた。これはもはや特権批判ではない。特権など何も存在していないことがわかっていながら、とにかく「朝鮮」「在日」といった記号が許せないだけなのではないか。

生活保護の「優先支給」糾弾に関しては、在特会が最も〝得意〟とするネタである。

「日本人は生活保護をもらうことができずに餓死しているというのに、在日は優先的にカネを受けとることができる」

「在日というだけで生活保護が無条件で支給される」

街宣ではおなじみのフレーズである。

2010年7月に厚生労働省前でおこなわれた在特会の「外国人の生活保護一時停止を求める緊急行動」で、マイクを手にした桜井誠は次のように訴えている。

「日本人が首吊っているときに、外国人に社会保障など与えてはならない！　日本で生きていけない外国人は祖国へ帰ればいいだけの話。朝鮮人は朝鮮半島へ帰ればいいし、シナ人はシナに帰ればいい。日本では2万人が首を吊っているんだよ！　我々の怒りは当たり前だろうが。私は何か間違ってますか？　民族差別をしていますか？　冗談じゃない、差別されてるのは日本人だろうが！　今ね、役所の窓口で、日本人は生活保護の申請書すらもらえずに叩き出されているんですよ。日本国民の生命と財産を守ることができないのであれば、厚生労働省の職員などお辞めなさーい！」

2012年1月には、桜井と福岡支部のメンバーらが福岡県庁を訪ね、やはり外国人への生活保護支給について抗議を申し入れている。担当職員に対し、桜井は諭すような口調で言った。

「入管法では生活基盤のない外国人が日本に居住してはいけないことになっている。つまり、外国人に生活保護を与えるのは犯罪幇助《ほうじょ》みたいなものですよ」

「北九州市では生活保護を打ち切られた人が餓死する事件があったじゃないですか」

「戸惑いの表情を浮かべる年配の職員に向かい、桜井は「キミねえ、職務怠慢なんだよ」

などとときおり怒鳴りつけながら、お得意のフレーズを口にした。

「日本が嫌いで嫌いで仕方ない朝鮮人なんかに生活保護を与えるな！」

「自殺」や「餓死」が許せないといった、ごく真っ当な主張も、桜井の最後のフレーズを耳にすれば、まさにお里が知れるというものだ。不幸にして自死を選んでしまった人々の無念の死が、まるで朝鮮人糾弾の材料に勝手に使われているような気がしてならないのだ。


生活保護受給世帯の増加は深刻な問題である。２０１１年12月、厚生労働省は、この年の９月に生活保護を受けた人々が２０６万５８９６人に上り、過去最多を更新したと発表した。受給世帯数も１４９万７３２９世帯で最多である。受給者が２００万人を超えたのは、戦後の混乱期である１９５１～52年以来。08年秋のリーマンショック以降、受給者が急増しているという。同省では景気悪化に伴う失業者の増加や高齢化の進展などが主な要因だと説明している。

言うまでもなく、生活保護の財源はすべて公費だ。国が４分の３、残りの４分の１を自治体が担うが、負担増に悩む自治体からは、保護費見直しの要望もあがっている。そのため一部の自治体では、受付窓口で保護申請の受け取りを拒否し、生活保護の受給を窓口で阻止する「水際作戦」が採られた。厚労省前の街宣で桜井が「日本人は生活保護の申請書すらもらえずに叩き出されている」と訴えたのは、おそらくこのことを指している。なかでもかつては全国一の保護率を記録した北九州市では「水際作戦」に積極的だとされ、申請を拒否されたり保護を打ち切られたりした人々の孤独死や自殺が連続して発生したのだった。

行政の都合によって切り捨てられた側に心情を置くのであれば、これに憤るのは当然のことだ。だからこそ貧困問題に取り組む市民団体などは行政を追及し、「水際作戦」を批判し、そして「年越し派遣村」などを実施するなかで生活困窮者とともに闘ってきたのである。だが、在特会が困窮者とともに、あるいは弱者に寄り添いつつ、この問題に取り組んできたなどという話を残念ながら私は知らない。彼らはただ、「外国人にも生活保護が支給されている」事実を批判し、「日本で生きていけないのならば祖国へ帰れ」と叫び続けているだけである。

そこで根本的な疑問なのだが、そもそも本当に、在日コリアンや他の外国人は生活保護を「優先的に支給」されているのか——。本当ならば、これはたしかに「特権」になるだろう。

この件については、厚生労働省や福祉事務所に徹底して質《ただ》してみたのだが、彼らは口を揃えたように「優先支給などあるわけがない」と一蹴する。東京都内で生活保護を担当するケースワーカーは次のように答えた。

「生保の支給にあたって重視するのは、あくまでも申請基準を満たしているかどうかであり、在日だからと基準を曲げることなど、過去に遡《さかのぼ》っても聞いたことがないですよ」

生活保護法は支給対象を「国民」と明記しているため、厳密に言えば永住者、定住者のような外国籍の人間は適用外だとする見方もある。外国籍住民にとって生活保護とは、法律上の権利として必ずしも厳密に担保されたものではなく、政府や自治体による一種の行政判断によって支給されているにすぎない。ゆえに、「国民ではない在日外国人に生活保護が適用されているのはおかしい」という在特会の主張は、その是非はともかくとしても、主張として一応筋は通っている。

しかし、これを「特権」と呼ぶのはやはり無理があるように思える。たとえば、生活保護を申請して支給が認められなかった場合、日本人であれば不服申し立てをおこなうことで、支給が許可されるケースもあるが、外国人からの訴えは却下するように厚生労働省は各自治体へ通達を出している。「在日外国人に優先」どころか、これもまた大きな制限が加えられているのだ。

少しずつ状況は変化している。2008年、大分市に住む永住資格を持つ中国籍の女性（日本生まれ）が、同市に生活保護を申請するも、却下された。女性はこれを不服とし、却下処分の取り消しを求めて裁判を起こす。争点は生活保護法が外国人に適用されるかどうかという点だった。前述したように、外国人の場合は何の法的担保もない。一審の大分地裁では「生活保護法の範囲は日本国籍を有する者に限定している」との判断を示し、女性は敗訴した。ところが11年11月、福岡高裁は「永住資格を持つ外国人は日本人と同様の待遇を受ける地位が法的に保護されている」として一審判決を覆し、市の却下処分を取り消したのである。

在特会などからすれば、このような判決さえも「在日優遇の証拠」だと主張したいところだろうが、私が指摘したいのは、「不服申し立て」の権利さえ認められていない外国籍住民は、裁判で争うことしかできないという事実だ。手間と時間をかけなければ、生活保護が認められない現実は、やはり「特権」や「優先支給」からはほど遠い。

なお、厚生労働省の2011年の調査では、生活保護受給世帯149万7329世帯のうち、世帯主が韓国・朝鮮籍の世帯は2万5000世帯ほどである。国勢調査などの結果に照らし合わせ、かなり強引に被保護世帯率を割り出してみると、生活保護を受けている韓国・朝鮮籍世帯の割合は約13パーセントであるのに対し、同様の日本人世帯の割合は約

3パーセントである。つまり、在日コリアン世帯の受給率は日本人世帯の4倍強の高い値になっている。この数値の差が「在日韓国・朝鮮人への給付率が異常に高い」という在特会の論拠になっているわけだ。

それでは、なぜ「在日への給付率は高い」のか。ストレートに考えるならば、それは「申請基準を満たすような」、つまり、「生活の困窮した」在日外国人が、「生活の困窮した」日本人よりもずっと多いから——ということになる。

「その数値こそ、まさに在日の置かれてきた状況を示しているのではないでしょうか」

とは、前出の弁護士・李春煕の弁である。

「もともと経済的、社会的基盤が脆弱であるうえ、特権どころか偏見や差別によって、厳しい生活を余儀なくされた在日は少なくない。しかも在日の生保受給者の多くは高齢者です。この世代の方々は、国民年金制度の創設時には国籍条項によって加入権を得ることができなかったという問題もある。そのために生保に頼らざるを得ない困窮状態にある人が多いのです」

先のケースワーカーも担当地域に多くの在日コリアンを抱えているが、やはり同様に指摘する。

「生活保護受給者の圧倒的多数は高齢者と障害者、そして母子家庭です。これは在日であっても同じこと。あえて在日と日本人の違いをあげてみれば、助けてくれるべき親族や知人が身近にいるかどうか、ということになります。在日の場合、全体の数そのものが少ないわけですから、依存できる親族・知人だって限られてくる。とくに単身高齢者の場合、就職に恵まれなかった人や、無年金など、条件的に悪い人が多いのは事実です」

近年では、来日したばかりの中国人がブローカーの手引きによって、集団で生活保護の支給を受けるといった事件も世間を騒がせた。たしかに悪質な事件であり、こういった不正受給は断固取り締まられるべきだと思う。ただし、このような事件だけをもって「優先受給の実態」「構造上の問題」とするには相当な無理がある。

「むしろ生活保護の現場でいま最も頭の痛い問題は、生保受給者から現金をピンハネする、貧困ビジネスの跳梁跋扈ですよ。2000年代に入ってからいろいろと怪しげな団体が、ホームレスなどをかき集めて、集団で受給申請に訪れるようになりました。生活保護受給者急増の背景には、こうした問題もある。財源を考える上でも、あるいは適正な受給を目指す上でも、本当にメスを入れるべきはこういった問題だと思いますよ」(前出・ケースワーカー)

貧困状態に置かれている在日コリアンの生活を、国や地方自治体はどうサポートしていくのか。生活保護の曖昧な運用を含め、こうした問題に世論が関心を持ち、考えていくようになるのはとてもいいことだと思う。しかしながら、在特会が主張するような「優先受給」を裏付けるような証拠は、どこにも見当たらなかった。在日コリアンの受給率の高さは決して特権などではなく、やはり貧困問題の表れと考えたほうが正確であろう。

在特会が「犯罪を助長させている制度」とまで指摘する通名（日本名＝通称名）制度はどうか。

通名は戦前の「創氏改名」政策によって生み出された制度である。朝鮮半島が日本の植民地下にあった1940年、朝鮮総督府は、それまで朝鮮では一般的だった父系血統を基本とする夫婦別姓（結婚しても女性の姓は変わらず、子どもは父の姓を名乗る）を日本式の「家社会」に改めること、さらに朝鮮人の名前を日本式に変えることを目的に、創氏改名制度を施行した。「改名」は建前上は「本人の自由意志」とされたが、「天皇と国家への忠誠を強いることを目的とした皇民化政策が推し進められるなか、生活上の不利益を恐れた多くの朝鮮人が日本式の名前を選択したのは当然だった。朝鮮人の側からは「事実上の強要だった」とする声も多い。

戦後、朝鮮人は本来の名前に戻ったが、在日朝鮮人は、便宜上、あるいは民族差別から逃れるために、そのまま日本名を名乗り続ける者も少なくなかった。そして日本の役所も、在日の日本名使用を法的効力を持つ名前として認めてきた。
戦後間もない頃に法務省入国管理局登録管理室の法務事務官を務めていた飛鋪宏平は、外国人登録事務協議会全国連合会が発行していた雑誌『外人登録』第19号（1958年）で次のように記している。

〈元日本人と言われた朝鮮人及び台湾人の多くは戦前から本邦に居住し、又は我国の主権が及んでいた当時の朝鮮、台湾において、日本人として我々と生活社会を全く同一にしていたのである。したがって、これらのうちの多くの者は、固有の氏名のほかに、日本式の名前を好んで使用しており、また、そうすることによって人種的偏見に基づく差別待遇を逃れようとしていた。この心情は無理からぬことであった。（略）彼等自身において「通称名」を名乗る必要のなくならない限り、やはり制度を続けてゆくのが好ましいことだと考える。仮に、今直ちにこれを廃止しようとした場合、元日本人だった当時、不動産登記等を日本式氏名をもってしている者も少なくなかろうし、日本式の氏名で在学中の者又は就職中の者もあり、日本式の氏名で事業を営み、その氏名で官公庁の許認可を受けている者もあろうし、さらに、その氏名が納税名義となっている者もあるわけであるから、「通称名」制度を過早に廃止すれば、むしろ混乱を生ずることさえ想

像されるのである〉

飛鋪は人種的偏見と混乱回避を、通名公認の理由にあげている。

在特会は「日本に在日朝鮮人差別など存在しない」と事あるごとに強調するが、同会の会員がデモや街宣で「チョン」「チョンコ」などと蔑称を多用している点一つをとっても、在日コリアンに対する差別や偏見は間違いなく存在している。

2005年、大手住宅メーカー・積水ハウスの在日韓国人社員が、営業先のマンションオーナーから「スパイ」「北朝鮮にいくら送金しているのか」などと差別的な発言を受けたとして、慰謝料請求の訴訟を起こした。

資料によれば、この男性社員は通名を用いず、名刺には本名が漢字とハングル文字で記されていた。マンションオーナーは彼の名刺を見て、前記のような発言をしたという。結局、オーナー側が解決金を支払い、謝罪することで和解となった。在日コリアンが本名だけで生きていくことの困難さを示す事件であったと同時に、日本社会に存在する差別と偏見のまなざしを浮き彫りにした事件でもあった。

在特会は自らのウェブサイトにおいて「そもそも外国人が外国籍のまま本名を隠し、日本人と同じ名前で生活できる制度自体が異常と思わないか」と主張している。たしかにそのとおりだが、在日が通名を使用せざるを得ない〝環境〟について、少しでも思いを馳せたことがあるだろうか。たとえば在特会の幹部たちはリーダーの桜井をはじめ本名を隠し、別の名前を使って活動している者が多いが、その理由の一つは、本名で活動すると「いろいろと都合の悪いこと」が生じるからだろう。「外国人だからダメ」などと言う前に、「本名で自由に保守活動ができるような社会」づくりを目指してはどうか。

桜井誠のブログでは、この事件に関して、以下のような記述を見ることができる。

〈オーナー側は「日本企業」の「積水ハウス」という会社に仕事を依頼したにも関わらず、（略）一体これは何処の国の名刺か？と一瞬考えてしまうハングル名刺など渡されたら疑念を抱くのは当然のことです。まして朝鮮半島と緊張感が高まっている現在、朝鮮名が大きく書かれた名刺などをいきなり渡されて不愉快になることも当たり前であると考えます〉

（「Doronpa の独り言」２００６年8月4日付）

おそらくそのように考えるのは桜井や在特会だけではあるまい。だからこそ、こんな日本社会で生きていくためにも、通名という選択肢が必要なこともあるのだ。

付記しておけば、男性社員の勤務先である積水ハウスは訴訟費用を全額負担し、裁判に出席する時間を勤務時間と認めるなど、この男性社員を全面的に支援した。同社は1970年代に被差別地区の地名を列挙した『全国部落地名総鑑』なる差別的な書籍を購入したことで、部落解放同盟から糾弾された過去を持つ。その反省から人権問題に対する取り組みには熱心だったという。

ところが、こうした経緯が保守的なネット住民をいたく刺激した。男性社員を「名刺にハングル記載するなど非常識」と批判する文言がネット上に溢れ、「(訴えられた)日本人を守れ」と主張するブロガーも続出した。また、男性社員を支援する積水ハウスに対しても「なぜ在日に味方するのか」といった抗議電話やメールが相次ぎ、「2ちゃんねる」をはじめとする掲示板では同社を中傷するメッセージが多数、書き込まれてもいる。なんともやりきれない話である。

以上、在特会が主張する「在日特権」なるものについて考えてみたが、一つひとつ事実を検証すれば、「特権」というよりは、在特会やその賛同者が従来の制度を思いっきり拡大解釈した上で、彼ら独自の見解や根拠の怪しいデータを付け加えた、いわば彼らが後から〝発見〟したもの——といったほうが正確だろう。

是非はさておき、「在日特権」なる概念をつくりあげ、ネットや街宣などを駆使しながら組織の裾野を広げていった在特会の〝手法〟には感嘆せざるを得ない部分もある。

私は、在特会が主張する歴史の「すべてが完全に誤っている」と言うつもりはない。戦後長らく、在日コリアンは日本社会の一部で〝犠牲者〟〝弱者〟〝被害者〟として位置づけられてきた。朝鮮半島を植民地化し、戦争に巻き込んだことへの贖罪《しょくざい》意識から、ときには日本人の間で彼らに対する過剰な遠慮が働いたことも事実だろう。そこにある種の〝在日タブー〟が生まれたことも私は否定しない。

まさに在特会は、その点を衝《つ》いた。在日が必要以上に「守られている」と喧伝し、日本人が「貶められている」と訴えた。やがてそれが、「外国人のくせに福祉にタダ乗りしている」「税金を食い物にしている」といった、いわゆる「フリーライド」論を形成するに至った。旧宗主国の責任としてわが国が在日に対して設けた補完的な権利が、いつのまにか特権だとして槍玉にあげられたのである。

閉塞感に満ちた今日にあって、こうした「特権」というコンセプトは、声を大にして打倒すべき対象としては実に魅力的だ。なかでも「自分は社会から守られていない」と感じる層にとって、在日コリアンに与えられた補完的な権利が「手厚い庇護」に見えたこともあったかもしれない。彼らにとって在日とは、既得権益に守られた特別な存在に映ったのだろうか。しかし、繰り返すが、調べれば調べるほど、彼らが「特権」だと非難するような権利は、少なくとも、私たち日本人が当たり前のように行使しているものであり、日本人が羨むほどの内容ではないのだ。

現在、日本には約56万人の在日コリアンが生活しているが、日本人との通婚や帰化の増加によって、その数は年々減少傾向にある。民族学校に通う者も激減し、学校運営すら難しくなっているのが実情だ。日本で暗躍どころか、いずれ在日は日本から消えてなくなるのではないかと危惧する声すら聞こえてくる。たとえば、ある朝鮮総連関係者は次のように嘆く。

「総連の専従職員の給与遅配が常態化している地域もある。朝鮮学校にいたっては、教師のほとんどが20代の独身です。家族を養うのに必要なだけの給与が支給されていないからです。同胞コミュニティだけで生活を成り立たせるには、もはや同胞の数が足りないんです」

これは帰化などによって、在日である「特権」とやらを放棄する人間が相次いでいるためだ。少しばかり乱暴な表現を使えば、在日コリアンは、たかだか50万人程度のマイノリティである。在日の立場から想像すれば、1億2000万人の日本人というボリュームこそ、ときに恐怖に感じるのではないか。私なりに結論めいたことを言えば、在特会員の人々は「特権」が許せないのではなく、おそらく外国籍住民が日本人と同等の生活をしていることじたいが許せないのである。

真実とデマのあいだ

ジャーナリストの野村旗守《はたる》が『ザ・在日特権』なる本を共著で出したのは2006年のことだ。一部ではゴリゴリの「保守派」として知られる野村だが、実際は温厚な人柄と緻《ち》密《みつ》な取材力を兼ね備えた優秀な記者で、私も週刊誌記者時代、一緒に公安事件などを追いかけたことがある。

「在日」に対する彼の視点は厳しい。国益重視を主張する野村と私とでは、そのあたりの取材スタンスは微妙に違う。だからこそ彼は、「在日特権なる言葉を世間に定着させた」とも言われるこの本を共同で執筆したのである。だが、そんな野村ですら、在特会が主張している「在日特権」については「言いがかりに等しい」と憤っている。

「大の大人が徒党を組んで騒ぎ立てるようなものじゃないでしょう。みっともないとしか言いようがありませんよ」

「京都事件」で在特会員らが朝鮮学校に押しかける場面を動画サイトで目にしたときは「在特会への怒りでブチ切れそうになった」とまで言う。

「最初にはっきりさせておきますが、私自身は、『戦後日本において在日韓国・朝鮮人に対する、ある種の優遇政策があったことは事実』という立場にあります。たとえば在日に認められた『通名』によって開設された架空口座が、かつては脱税や資金洗浄に利用されてきたことを、私は告発してきました。しかし、民団や総連といった民族系組織が強大な力を誇っていた時代ならまだしも、いま現在、在日にどれだけの特権が残っているというのか。そんなもの、ほとんど消滅してますよ。仮にその残滓《ざんし》があったとしても、目くじらたてるようなものじゃない」

1999年以降、全国各地の民族系金融機関で経営破綻が相次いだ。破綻に追いやられた在日韓国人系の商銀信用組合（商銀）、在日朝鮮人系の朝銀信用組合（朝銀）はそれぞれ、事業譲渡や統合によって規模が大幅に縮小されたのだが、その処理の最中に浮上したのが、不正融資と架空口座の問題だった。東京商銀の場合、架空口座の預金総額は一時期、全残高の4分の1、約600億円にも達していた。

2002年まで信用組合の管轄は各都道府県にあったのだが、地方自治体による監査は人手不足などもあり、金融機関側の巧妙な検査逃れに切り込むことができなかった。こうした〝甘さ〟が利用され、課税逃れのための架空口座が多数、開設されたのである。朝銀の場合も〝身内意識〟から、朝鮮総連に対して無茶な無担保融資がおこなわれていたばかりか、架空口座に裏金がプールされ、それが朝鮮総連、あるいは北朝鮮に献金されていた事実も指摘されている。

こうした問題は長きにわたり表に出ることはなかった。野村によれば、たとえば総連系の事業主の団体、朝鮮商工会などは「集団の圧力」を使うことで〝問題化〟を防いでいたという。かなり前の話だが、1967年に国税当局が同和信用組合（朝銀の前身）を脱税の疑いで強制捜査した際、朝鮮商工会は全国の税務署に向けて大規模な抗議活動をおこない、業務をマヒさせたこともある。第3章でも触れたが、京都事件で逮捕された西村斉は私へのメールの中で「多数で押しかけ、恫喝し、脅し、言い分を呑ませてきた」と総連を批判している。まさにこうした過去の事例を指しているのだろう。

野村はこうした問題を丹念に取材してきた。その経験から、在特会の運動を人並み以上の関心を払って見守ってきたという。しかし「当初から、ある種の違和感を拭い去ることができなかった」とも話す。

「彼らの言葉の激しさや声の大きさに比べると、問題設定の立て方があまりに小さすぎるような気がしてならなかった。ありていに言えば針小棒大にすぎるんですよ。私の眼から見れば、『在日特権を許さない』という在特会の活動は、『在日特権』なるものがほとんど消えてなくなった後になって始まったかのように見えて仕方がないのです。『ない』ものを『ある』と言い、あるいは『小さくある』ものを『大きくある』と言って相手を責め立てるなら、これは不当な言いがかりであり、チンピラヤクザの因縁の類と変わりがないでしょう」

野村は一度、在特会から学習会の講師を依頼されたが、断ったという。

インターネットで「在日特権」と打ち込んでみると、その事例の豊富さに驚く。本当の話ならば、とんでもないスクープの連発であろう。代表的なものを拾ってみよう。

●在日特権（在日に優遇されている権利）とされる事例

・水道料金の免除
・NHK受信料の免除
・通勤定期の割引
・マスコミにおける在日採用枠
・固定資産税の減免
・自動車税の減免
・公営交通の無料乗車券交付
・公務員への優先雇用

結論から言えば、どれもこれもまったくのデマ、神話の類だった。

水道料金やNHKの受信料については、生活保護受給世帯であれば減免、免除されるケースもあるが、国籍によって実行されることはまったくない。

マスコミの「採用枠」に関しては、私も何度か在特会会員から真顔で問い質されたことがあった。出版社に勤めている同会広報局長の米田でさえ、新聞の署名記事に「在日の名前が増えてきた」ことを理由に、「在日採用枠」説を本気で信じているくらいだ。一昔前と比較すれば、大手メディアのなかに韓国・朝鮮籍の社員が増えてきたのはたしかだろう。とはいえ、現実には各社ともに数える程度の存在でしかない。それも採用枠の問題ではなく、普通に試験や面接を受けて通過しただけの話である。正確に確認したわけではないが、単純に外国籍社員の比率でいえば、マスコミは全業種のなかでも下位に属するのではないか。

公務員への優先雇用——これは捏造もいいところだ。1953年に内閣法制局が「公権力の行使と公の意思形成に携わる公務員には日本国籍が必要」と示した見解を発表して以来、外国籍の人間は長きにわたり、ほとんどの公務職場から排除され続けてきた。96年、当時の自治省が「公権力の行使に携わる職務や人事面の制約を明示すれば、採用は各自治体の裁量にゆだねる」とした見解を出したことで、ようやく地方自治体レベルで永住外国人の雇用が進むようになった。それでもまだ、管理職への登用を制限する自治体も少なくない。国家公務員にいたっては事実上、いまだに門戸は閉じられたままである。在日の公務員への雇用じたいは、その賛否をめぐって大いに論じられるべきテーマかもしれないが、「優先雇用」とは、誤解もはなはだしい。

恐ろしいことに、このような「在日特権」のデマは、何の検証もなしにネットでどんどん拡散されていく。それを見て「真実を知った」と衝撃を受け、在日を憎む人々が増えているのだ。

「朝鮮進駐軍」なる言葉がある。在特会をはじめとする〝保守界隈〟の人間がしばしば口にする「歴史用語」で、終戦と同時に在日朝鮮人は「朝鮮進駐軍」という部隊を結成し、日本国内で暴虐の限りを尽くしたのだという。たとえば「京都事件」での「(学校の土地は)朝鮮人に奪われた」という在特会のアジテーションは、この話が根拠となっている。

在特会大阪支部では「『朝鮮進駐軍』をご存知ですか?」なるタイトルのチラシを作成している。一部を引用しよう。

〈1945年(昭和20年)以後に、現在特別永住権を持つ在日一世(朝鮮・韓国人)、もしくは現在日本に帰化または、半島に帰国した朝鮮人によって作られた犯罪組織を指します。終戦後彼らは、日本各地で婦女暴行・窃盗・暴行・殺人・略奪・警察署や公的機関への襲撃・土地建物の不法占拠・鉄道や飲食店での不法行為など様々な犯罪を引き起こしました。自称「戦勝国民」であると主張し、自らを「朝鮮進駐軍」と名乗り、各地で徒党を組んで暴れ、凶悪事件を起こしました。GHQ（連合国軍総司令部）の資料にあるだけでも最低4千人の日本人市民が、朝鮮進駐軍の犠牲となり殺害されたとされています。

3万人もの朝鮮進駐軍は戦後の混乱を利用し、旧日本軍から盗んだ銃や日本刀で武装し、軍服を着込み全国で組織化を行いました。（中略）白昼堂々、日本人婦女子が暴行を受け助けを求めていても、銃で武装する彼らには警察すらも成す術が無かったのです〉

なんとも極悪非道、許しがたい組織があったものだ。ぜひ「朝鮮進駐軍」に関する文献の一つでも読んでみたいと思ったのだが――そのような文書はどこにも存在しない。日本人が4000人殺されたという「GHQの資料」とはいったい何なのか、在特会は出典を示していない。

在特会が発行したこのチラシには〝証拠〟として、武装した「朝鮮進駐軍」の写真が掲載されている。「在日本朝鮮人聯盟中央総本部」と看板が掲げられたビルの入り口をふさぐようにして、制服・制帽・腰拳銃の者が数名で立っている。キャプションには「武装集団在日朝鮮人集団」「短銃を所持する在日朝鮮人警備隊」といった文言が並ぶ。

なるほど、この写真とキャプションを目にすれば、たしかに進駐軍や武装組織に見えなくもない。だが事実は違う。実は在特会が掲載した写真は、毎日新聞社の写真提供サービス「毎日フォトバンク」が収蔵しているものだ。同社ではこの写真に次のようなキャプションを付けている。

撮影月日　1949年9月

タイトル　在日朝鮮人・朝連本部を取巻く武装警官隊

そう、腰拳銃の男たちは「朝鮮進駐軍」なる武装組織ではなく、「在日本朝鮮人聯盟（朝連）」（朝鮮総連と韓国民団に分裂する前の在日朝鮮人団体）の本部を捜索する日本の武装警察官なのだ。

「朝鮮進駐軍」をご存知ですか？

1945年(昭和20年)以後に、現在特別永住権を持つ在日一世(朝鮮・韓国人)、もしくは現在日本に帰化または、半島に帰国した朝鮮人によって作られた犯罪組織を指します。 終戦後彼らは、日本各地で婦女暴行・窃盗・暴行・殺人・略奪・警察署や公的機関への襲撃・土地建物の不法占拠・鉄道や飲食店での不法行為など様々な犯罪を引き起こしました。 自称「戦勝国民」であると主張し、自らを「朝鮮進駐軍」と名乗り、各地で徒党を組んで暴れ、凶悪事件を起こしました。 GHQ(連合国総司令部) の資料にあるだけでも最低4千人の日本人市民が、朝鮮進駐軍の犠牲となり殺害されたとされています。

今の朝鮮総連となる「在日朝鮮人連盟中央総本部」武装集団在日朝鮮人集団「朝鮮進駐軍」総本部。

全国各地で武装した在日朝鮮人「朝鮮進駐軍」と名乗る集団の総本部でもある。

朝鮮総連本部を警備する拳銃を所持する在日朝鮮人警備隊。

3万人もの朝鮮進駐軍は戦後の混乱を利用し、旧日本軍から盗んだ銃や日本刀で武装し、軍服を着込み全国で組織

在特会が作成した「朝鮮進駐軍」に関するチラシ。出典も根拠も何ひとつ明示されていない

これは私の推測にすぎないが、在特会幹部の少なくとも一部は、これが「でっちあげ」であることをわかっているはずだ。なぜなら、これだけの大きなネタでありながら、会長の桜井にしても広報局長の米田にしても「朝鮮進駐軍」については一切言葉に出さないからである。こうしたデマがネットで騒がれれば騒がれるほど自分たちの活動には好都合なので、プロパガンダとして黙認・利用しているのではないか。

事実、在特会を支持する一部ブロガーらは、前記の写真を自らのブログに貼り付け、デマの拡散に一役買っている。在特会の「協賛ブロガー」と称する、ある者は、この写真に次のような説明文を加えている。

〈上の写真は、昭和24年に撮影された「朝連」本部入り口の様子だ。ブーツに警棒など

軍装に近い。治安警察が解体された中で彼らは自警団を組織したが、写真を見ると、まるで占領軍兵のようである〉

先入観という名の曇ったフィルターを通せば、日本の警察官も「軍装」の「占領軍兵」にしか見えないのだ。

公平を期すために付記しておくと、終戦直後に一部の在日コリアンがアウトロー化したのは事実である。私は彼らの手による犯罪がなかったなどと言うつもりはまったくない。実際に、終戦直後の日本では、国内各地でヤクザ組織と朝鮮人との間で熾烈な縄張り争いがあった。朝鮮半島にも日本社会にも基盤を持たない外国人は、とりあえず、いまいる場所で、拳を使って生き抜くしかなかった。なかでも徴用によって各地の炭鉱、鉱山などで働いてきた朝鮮人労働者にとって解放とは、同時に失職をも意味したのである。

闇市の利権をめぐり、神戸で朝鮮人と真正面からぶつかった三代目山口組組長の田岡一雄は、自著『山口組三代目　田岡一雄自伝』（徳間書店）のなかで次のように述べている。

〈敗戦の報に茫然自失する市民とは対照的に、これまで苛酷な労働で軍部から抑圧されてきた朝鮮人、中国人たちの一部は欣喜《きんき》雀躍《じゃくやく》し、略奪、報復の火蓋を切ったのである。(中略)彼らの暴虐を見聞《みきき》するごとにわたしは怒りにふるえていた〉

この時期、愚連隊と化した一部の朝鮮人・台湾人と日本のヤクザとの抗争は常態化していた。東京渋谷では台湾人組織とヤクザが銃撃戦を展開、日本人警官1名、台湾人7名が死んでいる。また、新潟県直江津では列車内のトラブルから、闇米ブローカーの朝鮮人3人が日本人乗客の1人をスコップで殴り殺した「直江津事件」も起こっている。これらの事件は、〝在日事件史〟の重要なファクターとして、在特会などもしばしば取り上げる。繰り返すが、こうした事件が頻発したことは歴史的事実だ。敗戦というパラダイムシフトは、さまざまな形で日本国内に混乱を引き起こしたのである。

「首相官邸デモ事件」「阪神教育事件」についても触れておきたい。在特会会員が「朝鮮進駐軍・最大の蛮行」としてよく引き合いに出す事件だ。「朝鮮進駐軍」の存在は真っ赤なデマだが、これら2つの事件は実際に起こった歴史的事実である。

終戦直後、在日朝鮮人によって組織された「在日朝鮮人生活権擁護委員会」は1946年12月、皇居前広場で全国大会を開催。大会終了後、参加者は生活物資の配給を訴えてデモ行進をおこなった。ところが隊列が首相官邸前に差しかかったとき、その一部が官邸の正門前に殺到、警官隊の阻止線を破って官邸内になだれ込む事態となった。すぐに米軍憲兵隊が出動し、デモ隊は解散させられる。「在日朝鮮人生活権擁護委員会」の幹部らは米軍東京憲兵司令部によって軍事裁判にかけられ、国外追放処分となった。これが「首相官邸デモ事件」だ。

後者の事件も、政治闘争によって引き起こされた暴動である。1948年、当時の文部省は各都道府県知事に対し、朝鮮学校の閉鎖および生徒の日本人学校への編入を指示した。その背景には、冷戦構造が形成されていくなか、民族教育が左翼勢力の拡大につながっていくことを恐れるGHQ（連合国軍総司令部）の反共政策があった。

朝鮮学校を傘下に置く在日本朝鮮人聯盟（朝連）はこれに強く反発。在日朝鮮人数万人が、大阪府庁や兵庫県庁などを取り囲む大規模デモをおこなったのである。このとき朝鮮人側からは2000名以上の逮捕者が出た。この事件がきっかけとなり、朝連はその後、団体等規正令による暴力主義団体に指定され、解散に追い込まれることになる。

事実を検証していけば、これら2つの事件の実態は、大規模な政治闘争における騒擾《そうじょう》事件であり、一般的な犯罪とは区別されるべきものである。そもそも「阪神事件」で死亡したのは朝鮮人の少年1名、「首相官邸デモ事件」にいたっては死者はゼロだ。在特会がチラシで煽るような「朝鮮進駐軍の凶悪事件」「進駐軍が大暴れ」という文言はまったく事実と異なる。

50万人対1億2000万人

在特会が「京都事件」を引き起こした直後、同会は事件関係者を支援するための大規模デモを京都市内でおこない、現場の近くを練り歩いている。そのなかには関東から駆けつけた橋本将司（仮名・30代）の姿もあった。そしてそのとき、橋本はこう思ったという。

「在日が、なんとなく、羨ましかった」

現場付近をデモ行進したとき、橋本も「朝鮮人は出て行け！」と大声で叫んでいた。が、そんな彼の目に映ったのは、必死になって学校を守ろうとしている朝鮮学校OBの姿だった。仲間や親たちとスクラムを組み、必死に学校を守っていた。そのなかには子どもも、年寄りもいた。

いまは在特会から離れてしまった彼だからこそ、正直な心境を打ち明ける。

「僕らが持っていないものを、あの連中（在日のこと）は、すべて持っていたような気がするんです」

守るべき地域。守るべき家族。守るべき学校。古くからの友人――在特会と対峙する在日の姿から、そうしたものが浮かび上がってきた。

「考えてみたんです。僕らは市民団体を名乗っているけど、地域の人間とともに立ち上がることができるのか。家族とスクラムを組んで敵とぶつかることができるのか。そもそも出身小学校のために駆けつけることができるのか。すべてNOですよ。僕らはネットで知り合った仲間以外、そうした絆を持っていない。僕はそれに気がついた瞬間、この勝負は負けだなと確信しました」

在特会は絶対に認めることはないだろうが、彼らが憎悪する「特権」の正体とは、意外とそんなところにあるのかもしれない。つまり、在日社会が持っている濃密な人間関係や、強烈な地域意識。それは、今日の日本社会が失いつつあるものでもある。個々に分断され、ネットを介してでしか団結をつくりあげることのできない者たちにとって、それこそが眩《まばゆ》いばかりの「特権」にも見えるのではないだろうか。

在特会に〝襲撃〟された京都朝鮮第一初級学校に娘を通わせていた、前出の金義広は、「特権どころか、朝鮮人を辞めたいと思ったことのほうが多い」と打ち明ける。

子どもの頃、「オマエ、朝鮮人やろ」と何度もバカにされた。そのたびに殴り合いのケンカになった。頼れるのは自分の拳だけしかないと思った。おかげでケンカには強くなったが、「だから朝鮮人はすぐに暴力に訴える」と今度は陰口を叩かれた。

「在特会だけじゃないですよ。僕ら、昔から『朝鮮帰れ』って、そこらへんの普通の兄ちゃんに言われてましたもん。なんじゃこらあと殴りかかりながらも、心のなかでは『なあ、朝鮮人だと、あかんの？』とずっとつぶやいてましたよ」

それでも京都事件の直後は冷静でいられなかったという。「ウンコ食え」「スパイの子ども」といった集団での罵声には、差別を突き抜けた、徹底した悪意を感じた。娘が「学校に行きたくない」と泣いた話はすでに第3章で述べたとおりである。

娘だけではなかった。80歳を超える知り合いの老婆は、事件のことを知って泣きじゃくった。「なんで、あんなこと言われな、あかんの？」と、ぼろぼろと涙を流していた。

「あんた、どうにかできひんのか」

老婆に問い詰められた金は、しかし、こう答えるしかなかった。

「何もできません。すんません、ほんまに」

頭を下げ続けた。本当はメンバーを捜し出して、シバいたろかと思わないこともなかった。しかし、それで何かが変わるのか。もう、憎しみ合うのはイヤだと心底から思った。

「いまはもう、ウンコがどうしたとか、どうでもええねん。僕ら朝鮮人だって、１００パーセントの正義があるわけじゃない。事件のことだって、よく考えてみれば、グラウンドを持たない学校というのも、たしかにおかしい。もっと早く、僕らがなんとかしてあげるべきだったとも思うんです。ただね、僕らは朝鮮人であることを自覚しながら、それでもずっとこの国で生きていきたいんですよ。それって、あかんことなんでしょうか？

そりゃあね、悪い朝鮮人もいますわ。でもね、朝鮮人の場合は1人が悪いことをすると、周囲の100人が悪者にされますでしょう。日本人の場合なら、そんなことないですよね。僕ら、日本人とケンカしたくないですよ。ホントは怖いですよ。1対1でケンカして勝つことができたとしても、最終的には50万人対1億2000万人じゃないですか。負けるに決まってますよ。

いまは、在特会の人とかね、会って冷静に話してみたいという気持ちがあります。朝鮮人として何か謝れっていうならば、僕が個人として頭下げたっていい。在特会に感謝しろっていうのならば、感謝したっていいですよ。別に皮肉でも開き直りでもなく、ほんま、在特会のおかげで、僕らこれからどうやって生きていくべきか、真剣に考えるようになりましたもん。その上で、日本って国はワシにとっても、あんたらにとっても、同じ故郷やないか、一緒に仲良くできんのかと、きちんと話し合ってみたいんです」

現実社会には天国も地獄も存在しないように、人種や国家にも100パーセントの善も悪もない。それをわかっているからこそ、金義広は「憎しみは捨ててもいい」とまで口にする。

金は、複数の飲食店を営む経営者としての風格と、拳で生きてきた者特有の凄みと、その両方を感じさせる男である。そんな金が、何かにすがるような目で私を見つめながら「なんとか、ならんのやろか」と必死で訴えた。いまにも泣き出しそうな表情にも見えた。

6 離反する大人たち

暴走を続ける在特会に、かつての理解者や民族派は失望し、そして去っていく

2011年9月、私は大阪・梅田の地下街で、元在特会会員の中村友幸（仮名）と待ち合わせた。57歳になる彼は、かつて「チーム関西」の〝まとめ役〟として知られていた人物だ。現役の会社員であり、すでに運動からは離れている（専従活動家でもないので本人の希望どおり仮名表記とする）。

「自分のなかでもまだ整理がついてない。在特会のことは、あまり話したくない」と渋る中村を、私は無理やり近くの喫茶店に誘った。自ら進んでペラペラと喋るようなタイプではなかったものの、私の問いかけに対しては最小限の言葉で、そして丁寧な口調で応じてくれた。

中村は学生時代、新左翼党派の活動家だった。関西の学生部隊を率い、三里塚闘争（成

田空港反対闘争）にも参加している。当時は70年代前半。最も熱かった〝政治の季節〟は翳《かげ》りを見せ、学生運動は「敵」を見失いつつあった。国家権力に向かうべきエネルギーが、他党派との内ゲバに費やされていた。

不毛な闘いを繰り返すうちに、彼は他の多くの仲間と同じように虚無感を味わうようになる。何のために、誰のために自分は闘っているのか、わからなくなった。人間解放をうたうマルクス主義の旗を掲げながら、党派間で凄惨な内ゲバを繰り返す左翼のデタラメぶり、批判を許さない「党」の絶対性から逃れようと決意した。政治の世界から離れ、図書館にこもってひたすら本を読んですごす日々。就職して「革命」への幻想も消えた。仕事で海外を行き来する機会が増え、冷静に「日本」を考えるようになった。歴史をひもとく過程で、かつて自分がブチ壊そうとした「日本」への愛着が深まった。転向ではない。還るべき場所に還っただけなのだと考えた。

——ここまではけっして珍しい話ではないのかもしれない。

解放区という幻影

そんな中村が在特会と出会ったのは２００９年のことだ。ネットでその存在を知り、興味本位で街宣を見に出かけた。

梅田の歩道橋だった。同じ場所では従軍慰安婦への補償を訴える左翼系市民団体が署名活動をおこなっていた。在特会は、彼らを妨害する〝カウンター街宣〟を仕掛けていたのである。

十数人ほどの市民団体に対し、在特会側は２００人を超えていた。ほとんどが20代、30代の青年だ。

「日本を貶めるな！」「我々は絶対に許さないぞ！」「慰安婦は、ただの売春婦だ！」

在特会の陣営からは怒号が飛び交い、得体の知れぬエネルギーが渦巻いていた。

中村はそこに「解放区」を感じたという。革命勢力が国家権力の統制を排除し、その場を支配する――いま、機動隊と対峙しているのは左翼系市民団体ではなく、在特会のほうだ。主張はともあれ、胸が熱くなった。彼らは権力と闘っている。

「……正直言えば感動したんですよ。すごいことやってると思った。まるで統制が効いていないし、各自がてんでんばらばらに叫んでいるだけ。単独で警備の機動隊に突っ込もうとするヤツもいた。でも、それこそ本来あるべき運動の姿じゃないかと思ったんです。そのうえ、彼らは左翼のように〝動員〟されているわけじゃなかった。みな自発的に集まっていることだけは間違いない。そこに運動の原点みたいなものも感じたんです」

これを機会に中村は在特会の運動に参加するようになる。「在日特権」なるものに格別の興味や関心があったわけではなかった。だが、中国の覇権主義に抗議の声をあげ、拉致問題に怒りを示し、日本を守るのだと主張する荒削りな彼らのパワーに、運動の大義と魅力を感じた。やたら攻撃的で下品なアジテーションに懸念もないわけではなかったが、それもパフォーマンスとしては「あり」だと思った。かつての新左翼運動だって、世の中の〝良識派〟から「思想がない」「暴れたいだけ」などと叩かれていたじゃないか――そんな思いだった。

活動家としての経験を持つ中村は、在特会やその支持者たちから、やがて「頼れる存在」として人望を集めていく。若い仲間たちを相手に自らの体験や運動論について語り、ときに、デモの際に注意すべき機動隊との〝間合いの取り方〟なども指南した。そして彼もまた若い仲間たちに期待した。運動としては未熟な部分も多いが、いずれ既存の右翼や保守とも違った、オルタナティブな運動をつくることができるのではないかと夢を見たのである。

結局、夢は夢でしかなかった。中村が運動から離れるきっかけとなったのは、くだんの「京都事件」である。実を言えば、中村自身も事件には関わっている。逮捕されたメンバーらとともに朝鮮学校の前で怒声をあげた。逮捕こそ免れたが、参加者の一人として書類送検されている。

しかしこの事件をきっかけとして、彼と在特会との間には埋めがたい溝ができる。

中村はこの事件を「権力からの弾圧」と捉えたうえで、これを好機にきちんと論理的な主張を組み立て、保守層を中心とする「世間」と問題意識を共有できるような運動展開を考えた。要するに「事件」の正当性を訴えるべく、過激な言動を控えてでも大衆闘争に打って出るべきだと主張したのである。

だが、在特会を中心とする「チーム関西」の面々は、朝鮮学校への感情的な反発を強めるだけで、運動の社会的な広がりを求めようとはしなかった。いつまでたってもネットや街宣で「朝鮮人が！」と口汚く罵るだけの運動しかできない。そのうえ逮捕者が出たというのに、弁護士の手配すら満足にできていない状態だった。

「彼らの稚拙《ちせつ》さを責めるつもりはありませんけど……」

中村は苦虫を嚙み潰したような表情を浮かべた。冷めたコーヒーを口に運び、ぐいと流し込むと、ため息交じりに言葉をつなげる。

「彼らからは、運動を段階的に成長させていこうとする志が見えなかったんです。僕にとっては、そこが最大の誤算だった。僕は、刑事弾圧を機会に運動の質の転換が図られると思い込んでいた。『敵である朝鮮人を叩き出せ』などという主張は仲間内だけでしか通用しないものですし、いつまでもそんなことを繰り返していても仕方ない。結局、彼らは社会に通用する言葉を持っていなかったんですね。考えてみたら、ネットの情報に触発されただけの連中ばかりで、満足な社会経験のない者も多かった。だから運動論や組織論なんてものは、まるで考えてない。少なくとも大人の運動じゃなかった」

街頭で日の丸を林立させ、在日を挑発し、大声で騒げば、それが運動だと思い込んでいる。一応は保守を名乗りながらも、何を〝保守〟したいのか、どんな国を目指したいのか、筋道を明確にして説明できる人間がいなかった。

おまけに京都・徳島両事件で逮捕者が出てからの在特会は、ますます「敵への憎悪」を強めていくばかりだった。それに対して中村が少しでも批判めいたことを口にすれば、憎悪の刃《やいば》は自分に向かってきた。批判を許さないという組織の硬直性に、彼は「いつか来た道」を振り返るしかなかった。新左翼運動崩壊の過程とそっくりじゃないか――。そう思ったとたん、中村の目に映る彼らの運動が、徐々に色あせて見えてきたという。

「他者という存在を認めないばかりか、仲間内の忠告さえ耳に入らない。ネットで拾った、ツギハギだらけの論理をごくごく狭い身内で共有しているだけ。これは暴走していくしかないだろうなとその頃から感じていました」

水平社博物館事件

中村の予感が的中する。

決定的な「事件」が起こったのは2011年1月22日のことだった。

この日、京都・徳島事件の被逮捕者であり、中村が〝同志〟として長く付き合ってきた在特会副会長の川東大了が、水平社博物館（奈良県御所《ごせ》市）前で街宣活動をおこなったのである。

博物館が建つ御所市の柏原地区には、「人の世に熱あれ、人間に光あれ」で知られる全国水平社宣言の起草者、西光《さいこう》万吉の生家がある。1922年、西光はこの地で同志の阪本清一郎、駒井喜作とともに「水平社創立事務所」を旗揚げした。いわば部落解放運動の「聖地」である。封建的な身分制度によって差別や貧困に苦しめられてきた被差別部落民は、ここから人間の平等を求めて立ち上がったのだ。

博物館には、「全国水平社」（部落解放同盟の前身）の活動記録が常設展示されているほか、事件当日は「コリアと日本」と題した特別展示を開催中だった。日本の朝鮮植民地政策にスポットを当てたもので、内容は当然ながら在特会的な歴史認識とは大きくかけ離れたものだ。

その数日前、川東は電気工事の仕事でたまたま訪れた近畿大学の構内で展示を紹介するパンフレットを見つける。愛国者・川東としては格好の攻撃材料を「発見」したわけだ。在特会は在日コリアンのみならず、部落解放運動の関係者に対しても「弱者を装った利権屋」といった批判を向けている。ましてや自覚的に〝差別する側〟に立つ在特会にとって、差別撤廃のために活動する部落解放同盟などは許されざる敵なのだ。

ところが、撮影役のカメラマンを引き連れた川東の街宣は、博物館の職員や地域住民も「はじめて耳にした」というほどに激烈で、聞くに堪えないものだった。被差別部落民に対する蔑称である「穢多《えた》」を、さらに下劣な「エッタ」「ドエッタ」などといった言葉に置き換え、トラメガで連呼したのである。

「出て来いよ！　エッタども！　ここはドエッタの聖地らしいですな。エッタ博物館！」
「これがエッタどもの正体です。ケガれた卑しい連中、文句あったらいつでも来い！」

このとき、博物館職員の仲林弘次は、事務所のなかで拳を握り締めながら川東の街宣を聞いていた。すぐにでも外に飛び出してマイクを奪い取りたい気持ちではあったが、それを抑えたのは、警察から事前に「挑発に乗らないでほしい。彼らは相手の反応を引き出すのが目的だから」と告げられていたからだ。

実は、川東はその2週間前の1月5日にも同館を訪れている。日の丸の旗を掲げながら館内を歩く川東との間で、「示威《じい》行為に当たるから旗を畳め」「そんな強制力があるのか」といったやりとりがあった。ICレコーダーを突き出して「このやりとりは録音させてもらう」と言い放った川東のことは、はっきりと覚えていた。

約1時間に及ぶ街宣を終えた川東が、またもや館内に入ってきた。仲林は思わず声をあげた。

「さっき、ドエッタと言っただろう!」

川東は平然とした表情のまま答えた。

「おたくらの展示物のなかにもエッタと書いてあるやないか」

結局、こうした短いやりとりだけで、川東は姿を消したものの、仲林はいまでも思い出すたび怒りに震えるという。

「ここまであからさまに〝ドエッタ〟を連呼するケースは聞いたことがない。まさに確信犯ですよ。それに、なんていうのでしょうか、彼の場合、怒りに駆られてというよりも、非常にドライな感じがしたんです。機械的にわめいているんですね。それが、かえって不気味に思えました」

同博物館の運営母体である部落解放同盟の機関紙『解放新聞』は、この出来事について「水平社博物館前で差別発言連呼　『在特会』が企画展を妨害」という記事を同年3月7日付紙面で掲載した。これに対し在特会は急遽、「街宣は川東が個人でおこなったものであり、（街宣活動じたいは）在特会とは無関係」との声明を発表したものの、同時に「博物館の展示は、我々の祖先に対する人権侵害」との見解も示したのだった。

5ヵ月後の8月22日、博物館は川東に対して1000万円の慰謝料を求める訴訟を奈良地裁に起こし、現時点（2012年4月）でも審理中である。

事件のあった1ヵ月後、私はふたたび川東の自宅（枚方市）を訪ねることにした。インターホンで来意を告げると、彼は「またか」とでも言いたげな不機嫌そうな表情を浮かべながら玄関に姿を現した。

――なんで、あのような街宣をおこなったのか。

「歴史の捏造に抗議するためですよ。博物館の展示では、慰安婦を性奴隷と表現するなど、職業差別も甚だしい。正しい歴史認識を示さなければ、在日朝鮮人に対する差別も温存されるじゃないですか」

――エッタ、ドエッタという言葉には相当の悪意が込められているように思うが。

「何かまずいことでもありますか。〝士農工商穢多非人〟という言葉があるじゃないですか。ならば武士や商人も差別用語なんですか？」

──あなた自身、街宣では「エタ」という言葉を穢《けが》らわしいという意味で自覚的に使っている。私は言葉狩りをしたいわけではない。悪意ある言葉で傷つく人もいるということだ。

「僕自身、差別をなくしたいと思っていますよ。いま、あの言葉を使った意図について、多くは答えられません。僕は朝鮮問題については色々と学んではいるが、エタ、ヒニンのことについては専門じゃないから」

京都・徳島事件で彼に話を聞いたときと同様、今回もけっして喧嘩腰といった対応ではなかった。だが、以前も「活字は苦手。主にネットで知識を得ている」と答えた川東には、ネットと現実の境目がフラットなままの〝平坦な言語感覚〟を感じた。

彼が繰り返して使う「正しい歴史認識」という言葉などは、まさにその「境目のなさ」を表している。検証、傍証なしに、怪しげなネット論壇だけをリソースとして、まるで切り札のように用いる。これは自らが「差別者」ではないことを訴えるために、在特会などが多用するロジックの一つである。川東は在特会の公式ウェブサイトに次のような文章を残している。

〈チョンコや、ドエッタが特権階級に上り詰め、我々、善良な市民を虐げて半世紀余

り、私達は、その虐げられてきた悔しさ・悲しさ・辛さを「怒り」に変えて戦ってきた〉（2011年12月18日付）

「在日朝鮮人や被差別部落出身者＝『差別』を武器に特権を享受する階級」

「市民＝特権階級から搾取される人々」

これが川東や仲間たちの「正しい歴史認識」なのである。

むろん、その「歴史認識」を議論することと、被差別部落の住民を侮蔑する行為とが、同じ回路でつながっていてよいわけがない。そして、この川東を擁護しながらも、「事件」そのものは組織とは無関係だと主張する在特会にもまた、私は言いようのない違和感を覚える。在特会はふだんから「拉致事件」とは明らかに無関係な在日コリアンに対しても「犯罪者」と罵っている。個人と組織の関係を、ずいぶんと都合よく使い分けることができるものだと思う。

いずれにせよこの「事件」は、京都・徳島事件のときと同様、在特会関係者の一部にも耐え難い不快感を与えたことは事実だった。

その典型が、この章の冒頭で紹介した中村友幸である。

「どう形容してよいのかわからない、やるせなさを感じた」と彼は言う。

政治少年だった中村は、高校生のときに狭山事件（1963年に埼玉県狭山市で発生した高校生少女の誘拐殺人事件。被差別部落出身の男性が逮捕され、無期懲役が確定するも、男性は獄中で冤罪を訴え続け、1994年に仮釈放。現在も再審請求が続く）の闘争に参加している。部落差別は許せないという素朴な正義感からだった。その後、立ち位置は保守へと移ったが、日本に依然として部落差別が残っているという認識は今でも変わっていない。

「僕自身、在特会に参加したことで在日朝鮮人に対して暴言とも取れる言葉を使ってきた。傷ついた人もいることでしょう。しかし、それを自覚し、向き合い、議論に発展させることができればと考えてきた。でも川東にはそうした覚悟が見えない。現在の部落解放同盟が思想的に階級史観や左翼的価値観に捉えられていることは事実だとしても、それに抗議することと、『エッタ』を連呼することの違いを、彼は何もわかっていない」

実際に「暴言」を吐かれた者や、かつての同志たちからすれば、中村のこの物言いにはあまりに自己合理化のすぎた言葉ではないかという批判もあるだろう。私だって、そう感じなくもない。だが、自ら発した言葉と向き合おうとする彼は、少なくとも、これを機会に運動の場から完全に離れた。

在特会の行きすぎた「暴走」が、運動に理論を吹き込もうとしていた「大人」を手放してしまった形である。

師匠の離心

中村と同様、従来の在特会の活動には一定の理解を示していながら、水平社博物館事件に対して不快感を表明した「大人」がもう一人いる。在特会の〝育ての親〟であり、桜井誠に「行動スタイル」を伝授した、あの西村修平だ（第4章参照）。

西村率いる「主権回復を目指す会」は11年3月26日、次のような声明を発表した。

〈主権回復を目指す会は、川東大了氏（在特会）が水平社博物館の歴史捏造を糾弾する街宣で、「穢多」という言葉を何の脈絡なしに発する行為を社会的に許されないと認識しています。

解放同盟の歴史捏造を糾弾するにあたって、「穢多」なる用語を用いなければならない理由など全くない。従って、この類の「穢多」発言を容認または擁護する陣営並びに方々と、主権回復を目指す会は思想的、政治的に一線を画せざるを得ないと明言します〉（主権回復を目指す会ウェブサイト　２０11年3月26日付）

在特会に対する事実上の絶縁宣言である。

水平社事件の直後、私は西村から意外な言葉を聞いた。

「もう、運動をやめたくなったよ。少なくとも在特会のような連中とは一緒にやりたくない。彼らには運動をつくりあげるだけの能力、力量がないんだから」

どこか投げやりな口調だった。そしてこう続けた。

「京都・徳島事件ってのも、本当は僕にはよく理解できないんですよ。やばいなあという印象しか持たなかった」

西村は京都事件を「支援」するデモなどを企画し、実際「在日朝鮮人を叩き出せ」と連呼しながら京都市内を練り歩いている。そのことで、朝鮮学校側からは在特会会員らと並んで民事訴訟を起こされてもいるのだ。

「たしかに僕は逮捕された人間を支援しましたよ。違和感を表明して運動を停滞させるよりも、あえて攻撃に出て運動の灯を守りたかった。しかしねえ……」

西村は腕組みをして、うーんと唸りながら目を閉じた。

「在特会の人間の多くが、知識も教養も持っていないことは、最初から知っていた。彼ら、映画や文学の話なんかできないでしょう？　まあ、そんなことはいいか。それよりも、覚悟がないんだな、連中には」

中村と同じことを西村も口にした。

「運動をどう発展させていくのかというビジョンが見えない。わーっと騒いで、酒飲んで終わり。だいたい桜井君にしても、一度も（京都・徳島事件の）裁判には顔を見せなかったじゃないか。最後まで闘うという意志が、少しも伝わってこないんだよ」

西村の言葉に対し、首をひねりたくなる向きも多いことだろう。そもそも聞くに堪えない罵声を運動の現場に持ち込んだのは西村である。在特会は、ある意味でそれに倣っただけだ。だが、周囲が認めようが認めまいが、西村には西村なりの〝ルール〟があった。身分や門地をあげつらう言葉を用いないこと。そして、言葉はあくまでも運動の手段にすぎないのだと自覚すること――だ。西村からすれば、「在特会は罵声そのものが目的化している」ということになる。

西村は在特会の「覚悟のなさ」に嫌気が差したと話す。

「都合のよいときに、都合のよい場所で、気持ちよく発散させたいだけの運動にも見える。そんな人たちと僕には共通の基盤がないこともわかった」

その後の水平社事件によって完全に両者は決裂し、共闘関係は消えた。いや、それどころか「牽引すべき大人が消えて暴走を続ける在特会」（西村）に対し、西村はときに「批判声明」という形で、かつての「弟子」に苦言をぶつけている。

２０１１年秋、在特会が朝鮮大学校（東京小平市）の学園祭に押しかけた際、西村は以下の声明文をネット上で発表した。

〈在特会（桜井誠会長）が朝鮮総連傘下の朝鮮大学校前で街宣を行い、校舎に向かって「朝鮮人を殺すために来た」「殺してやるから出てこい」などと発した。さらに、「冗談では言っていない」「次は、我々がお前たちの血を流す番だ」などなど…。当日は学園祭であり、あえて在特会はこの日を選んで乗り込んだのだろう。しかしながら学園祭は朝鮮大学校とはいえ、地域社会並びに不特定多数の人らが見学に訪れる日であり、場所となる。そこで、「我々は朝鮮人を殺しに来た」「お前たちの血を流す番だ」などとトラメガで咆哮したなら、どういう結果を招くか一目瞭然ではないか。さらに和服姿で通る婦人に対して、「朝鮮人が着物を着るな、着物を脱げよ！」「チマチョゴリを着ろよ！」などなど、知性の欠片も見いだせない罵声はおぞましさの一言に尽きる。しかも日章旗を掲げ、なかには肩に担いで…。あげくの果てに、この醜悪極まる映像を動画で発信して悦に入っている。日章旗に対する冒瀆であり、狂気の沙汰でしかない。当日、この場に居合わせた在特会幹部や「行動する保守」を自称する誰も、桜井誠会長の暴言・無責任を注意又は制止させることが出来なかった。逆に喝采を送っている。情けない限りで、同罪と言われても致し方ないだろう。チンピラの恫喝・脅迫、言いがかりと何ら変わらず、ただの弱い者イジメの街宣ではないか。ここの何処に在特会が目的とする「在日問題の現状を調査・研究し、その改善に取り組む」（会則五条2項）こととの関連があるのか。街宣行為は不特定多数への発信であり、社会的責任を有する言論である。桜井会長並びに在特会幹部には多少とも社会人の自覚があるならば、今回の件について然るべき釈明の義務が生じている。その義務を自覚出来なければ社会運動を口にする資格など無い。鬱憤晴らしを目的とするただの徒党集団ではないか。人前で釈明も出来ない暴言・無責任は、愛国運動にとって百害あって一利なしである〉

（主権回復を目指す会ウェブサイト　2011年11月29日付）

西村は在日コリアンや中国人の政治活動には鬼のような咆哮を見せるが、彼らの一般的な文化活動は〝素通り〟する。声明の根底には勝手に暴走を続ける在特会への複雑な感情もあるだろうが、やはり一般の在日コリアンに対する「殺してやる」発言に対しては腹に据えかねたのだろう。西村はとにかく「思想を持たない人間の暴言」が嫌いなのだ。

これに対し、在特会、桜井の側からとくに釈明はなく、声明発表から数日後に「ニコニコ動画」の会員向け生放送で、桜井が西村を「困ったオジサン」と揶揄《やゆ》するだけだった。

トーマス・マンに魅せられて

第1章で紹介した、「チャンネル桜」社長の水島総も、かつては在特会の後見人のような立場にありながら、現在では桜井や同団体とは距離を置く「大人」の1人だ。

西村を桜井の「育ての親」とするならば、水島は「生みの親」と呼んでもいいだろう。それまでネット上の「論客」にすぎなかった桜井をテレビカメラの前に引っ張り出し、カリスマに仕立て上げた功労者が水島だったことはすでに述べた。その水島も、いまや桜井の暴走に辟易《へきえき》しており、私が桜井の名前を口にしただけで表情を曇らせるのである。

「在特会は、わかりやすい敵を見つけて騒いでいるだけのようにも見える。それで注目を集めたいというのであれば民主党と同じ。だいたい〝市民の会〟などと名乗ることじたい、近代主義的な発想で、保守運動にはなじまない」

在特会ができたばかりの頃、水島は桜井にやんわりと指摘したことがある。

「あなた方の運動は、かつての部落解放同盟の糾弾闘争と同じスタイルなんじゃないかな。一時的には気持ちいいのかもしれないが、いずれ行き詰まるときがくるような気がする」

だが、桜井は何の反応も示さなかったという。

ここで簡単に水島の紹介と、水島が〝ネット右翼〟の隆盛に果たした役割について触れておきたい。水島本人はこうした表現を絶対に認めないだろうが、いわゆるネット右翼の〝活性化〟を促したのは彼の手腕によるところが大きい。ビジネスとしては必ずしも成功しているとは言い難いチャンネル桜だが、保守層の裾野を拡大させたという点においては、評価の対象たりうると私は思っている。

他のテレビ局と決定的に違ったのは、政治的路線を明確にしただけでなく、開局当時から〝インターネットとの連携〟を模索していた点だ。自局のサイトに掲示板を設け、視聴者以外にも書き込みを認めた。そこではさまざまな議論が交わされ、水島の目に止まった〝論客〟は、次々と番組にゲストとして呼ばれた。さらには、そうした市井《しせい》の論客を中心とした一種のサポーター組織をつくりあげ、同局や保守系団体の主催するデモや集会、講演会などへ誘導することに成功したのである。いわばネットを主戦場としていた保守層を、外に出て行動する活動家へと引き上げたのだ。

既存のメディアを「サヨク」だと罵倒する保守層にとって、チャンネル桜は紛れもなく「希望のテレビ局」であったことは間違いない。そして、在特会をはじめとする〝街頭に躍り出たネット右翼〟を語る際、チャンネル桜の存在を欠かすわけにはいかないのだ。

だからこそチャンネル桜の創業者であり、同時に桜井とはまた違ったタイプの扇動家である水島という人間に、私は強い興味を持っていた。

静岡県掛川市出身の水島は、地元の名門・静岡高校を卒業後、1968年に早稲田大学に入学した。言うまでもなく、全国の大学で学園紛争が燃え盛っていた時期である。早稲田は66年に学費値上げ、学生会館管理問題を端緒とする〝第一次早大闘争〟が展開され、すでに全共闘運動の素地は十分にできていた。さらに水島が入学した翌年には〝第二次早大闘争〟が勃発。学生会館奪還を目指す学生たちによって、学内各所にバリケードが築かれ、激しい闘いに突入した。最も熱い〝政治の季節〟だった。

高校生の頃から「典型的な〝朝日岩波少年〟だった」という水島も、騒然としたキャンパスのなかで全共闘シンパの一人となる。

「活動家ではなかったけど、時代の変革を目指す全共闘の闘いを理解しようとは思っていました」

マルクスを読み、ルカーチを読んだ。『朝日ジャーナル』を尻ポケットに突っ込み、全共闘に声援を送った。

そんな水島が「マルクスの幻想」から覚めるのは、卒業近くになってからである。ドイツ文学を専攻していた水島は、卒論のテーマとして作家トーマス・マンを選んだ。これがマルクス主義史観から離れるきっかけとなったと語る。

「徹底的にトーマス・マンを読みこなしていくうちに、自分のなかにあったマルクス主義への興味や関心が音を立てて崩れていくのを感じました。マンは反ナチスの文化人ということで、どちらかといえば左翼的な文脈で語られることもありましたが、実際はヨーロッパの伝統的人間観、世界観を守り通そうとした人物です。それこそがマンの美学であり、私はそこに胸を打たれた」

水島は例としてマンの代表作『魔の山』のラストシーンをあげた。結核サナトリウムで療養していた主人公の青年は、第一次大戦勃発の報に接し、戦場に駆けつける。ドイツ軍の隊列に加わった青年は、祖国と祖国の文化を守るために闘う。シューベルトの「リンデンバウム」を歌いながら、青年は敵陣に突撃するのだ。

「主人公は歴史と伝統という軸を通してドイツの再生を考えていた。そのために彼は、あえて退却戦を闘った。それに比べてマルクス主義のなんと薄っぺらなことか。マルクスには〝現在〟という時間軸しかない。つまり歴史を振り返る作業がない。過去から未来へと連なる縦軸の時間が欠けているんです」

『魔の山』は次の一文によって結ばれている。

〈この世界的な死の祭典からも、雨に濡れた夕空を焼きこがしている悪性の熱病のような猛火からも、いつの日か愛が生まれてくるのであろうか？〉

（『魔の山』佐藤晃一訳　筑摩書房刊）

水島はそこに日本の姿を重ね合わせた。戦後民主主義という「熱病」を認識し、取り戻すべき「日本」を思ったのだという。

マルクス主義との決別を果たした水島は、近代西欧主義批判をトーマス・マンに仮託した卒論を書き上げた。指導教官からは高い評価を受け、一時は大学院に進学することも考えた。しかし卒業間際に父親の経営する企業が連鎖倒産するなどしたこともあり、一日も早く社会へ出ることを迫られた水島は、好きだった映像の世界に飛び込んだのだった。

フリーランスのテレビディレクターとして、水島はドラマ制作の分野で活躍する。主に2時間ドラマの演出や脚本を手がけ、80年代に入ると映画製作にも乗り出す。日中国交正常化15周年を記念して作られた『パンダ物語』（88年）の脚本を担当したほか、東宝創立60周年記念作品の『奇跡の山　さよなら、名犬平治』（92年）、『南の島に雪が降る』（95年）では、いずれも水島が監督を務めている。95年からはフィリピンにおいて在留邦人向けの日本語放送事業も興した。業界ではそれなりの知名度を持ち、途切れることなく仕事が舞い込む状態であったにもかかわらず、それでも水島は鬱屈したものを抱えていたという。

「結局、テレビ業界は近代的価値観から脱却できないんですよ」

禅問答のような受け答えを乱暴に意訳すれば、水島が学生時代から持ち続けてきた「歴史と伝統への回帰」が、もはやテレビ業界から消えてしまったことへの憤りを表したのである。そんな彼の思いは、自社サイトに設けられた、水島が執筆を担当するコラムコーナーに目を通せば、概《おおむ》ね理解することが可能だ。ある日のコラムでは、水島は韓国ドラマの放映に力を入れるフジテレビを批判するなかで、次のように記している。

〈権力は腐敗すると言われるが、第四の権力のテレビメディアも例外ではない。中でも、フジテレビは戦後日本のテレビメディアが辿った歴史の典型例である。（略）ニュース報道さえ、エンタテインメントとしてニュース「ショー」と化した。ワイドショーとニュース報道との区別がなくなっていったのである。

ニュースキャスターたちも、一種の時事エンタテイナー（電波芸者）に変わった。テレビは完全なショービジネスの演芸場と化したのだ。（略）「母と子のフジテレビ」から

「楽しくなければテレビじゃない」という番組製作コンセプトの転換で、日本一のテレビ局に躍り出たフジテレビの姿もまた、戦後日本が世界のトップを争う物質主義と経済至上主義の国に変貌、転換していくその姿を見事に体現したものであったのだ。フジテレビの腐敗堕落は、私たち戦後日本国民の精神的腐敗堕落の体現であり、私たちは同じ穴のムジナであるという痛苦な自覚が必要なのである〉

（日本文化チャンネル桜　草莽崛起　水島総のページ　2011年9月17日付）

あくまでもフジテレビ批判という形を取っているが、水島の憤りと絶望はテレビ業界全体に向けられたものであるのは明らかだ。

換言するならば、水島にとってはテレビ業界こそが、まさに「魔の山」だったのである。つまり水島は同書の主人公と同じく、「退却戦を闘う」ために魔の山から〝下山〟し、チャンネル桜を設立した。保守の旗を掲げ、戦場に躍り出たのだ。

新右翼の静かな怒り

在特会に匙《さじ》を投げた「大人」たち――中村、西村、水島の3人とも、ほぼ同じ時期に学生運動を経験していたこともそうだが、全員が期せずして同じことを口にしたのが私にはとても興味深く感じられた。

「在特会には思想がない」

だから在特会は保守でも右翼でもないのだと、3人は共通する「見解」を示した。

ただ、私は、むしろその点こそが在特会が運動を広げる原動力になったのではないかという気がする。それは上記の3人がそれぞれ体験した60年代から70年代にかけての学生運動と重ねあわせれば、わかりやすいのではないか。

当時の学生運動を牽引した新左翼は、それまで「唯一の前衛党」として左派の頂点に君臨していた日本共産党への〝アンチ〟から、その軌跡が始まっている。教条主義、スターリン主義への反発は、一時的とはいえ広範囲な人々を巻き込み、新左翼の運動を拡大させていった。「日共=唯一の前衛党」といった神話を疑い、マルクスを疑い、レーニンを疑うことで、旧来的な左翼のカテゴリーを打ち破ったのである。

かたや、従来の保守陣営にとっては自民党こそが唯一の経典だった。いわば自民党は保守業界の「日共」である。そのぬるい体質から抜け出したのが、右翼・民族派と言われる勢力であり、そして在特会のような「行動する保守」勢力だった。なかでも在特会はネットを駆使し、垣根を低くし、新しい形の保守をつくりあげた。いわば自民党を疑い、従来の右翼を疑い、保守の鬼っ子となったのである。いつの時代も、新しい運動は「仏法のためならば釈迦をも斬る」の覚悟が必要だ。そして既存のカテゴリーを打ち破った〝新しい流れ〟は、一時的な「祭り」を演出する。運動が硬直化する前の、つかのまの解放区である。

だからこそ、在特会に対する既存保守・右翼双方からの視線は限りなく冷たい。

当然ながら逆もまた然りだ。在特会の会員の多くは、なかでも「右翼」と呼ばれることを極端に嫌う。あくまでも自分たちが「一般市民」であることを強調し、既存の右翼団体を「国家を貶める集団」「朝鮮人の手先」などと罵る者さえ珍しくない。

在特会が街宣している脇を右翼の街宣車が軍歌を大音量で流しながら通りすぎた際、いっせいに「うるせえぞ！」と野次が沸き起こった場面を私は目にしたことがある。黒塗りの大型バスを見つめる在特会員の視線は限りなく冷たかった。いや、敵視に近いものであった。市民社会が抱える右翼の一般的なイメージ——軍歌と黒塗りの街宣車、暴力団の隠れ蓑——を、在特会もまた共有しているのだ。

たしかに右翼を標榜しながら企業恐喝などをおこなう「エセ右翼団体」や暴力団との深いつながりを持つ「任侠系右翼」は多い。かつては政治家や企業の用心棒として、左翼運動や労働運動の弾圧に手を貸してきた歴史もある。

だが、右翼とは本来、暴力装置を意味する言葉ではない。国家や民族が長きにわたって培ってきた文化、伝統を重視する政治思想の一つなのだ。字義どおりに伝統重視と国体護持を地道に訴え続ける「伝統右翼」の団体はけっして少なくない（街宣スタイルが似ていることから、任侠系団体との区別は難しいが）。

一方、60年代からは、機関紙や書籍などで積極的な言論活動もおこなう「新右翼」と呼ばれる組織が登場する。「反共」を前面に押し出す従来の右翼とは一線を画し、新右翼は「反米」「反大資本」といったスローガンを掲げ、ときには国家権力に対しても牙を向ける。いまや評論家として活躍する鈴木邦男が最高顧問を務める「一水会」などがその典型であろう。

一水会をはじめとする新右翼勢力は日米安保条約に反対し、わが国からの米軍基地撤去を主張し、昨今では国土保持といった観点から反原発運動にも力を入れている。米軍によるイラク攻撃にも一貫して反対の姿勢を見せてきた。同じ「反体制」という共通項から、個人レベルにおいて新左翼との交流を持つ活動家も少なくない。そのために既存の右翼団体からは、しばしば「容共」といった批判を受けることもある。

一口に右翼といっても、その内実はさまざまなのだ。

右翼や民族派の間からは、在特会の運動スタイルに対する批判をよく耳にする。

2010年10月、週末の横須賀米軍基地前——。数人の男たちが集まり、街宣を始めた。

「米軍基地こそが諸悪の根源である」

「米軍は日本から出て行け！」

公安刑事が彼らをぐるりと取り囲み、道路を隔てた米軍基地からは、ＭＰ（米軍の憲兵）が双眼鏡で監視を続けていた。先鋭的な活動で知られる新右翼組織「統一戦線義勇軍」による定例街宣である。

「反米愛国・抗ソ救国」を掲げるこの組織は１９８１年、新右翼団体「一水会」代表の木村三浩らによって創設された。「反米」の立場から、80年代には「池子米軍住宅建設反対闘争」を展開し、防衛施設庁・横浜防衛施設局に火炎瓶を投げ込むなどして話題になっている。

「在日特権というのであれば、まずは何よりも槍玉にあげるべきは在日米軍だろうにねえ」

義勇軍で現在議長を務めている針谷《はりや》大輔（46歳）に、在特会について訊ねたところ、彼は軽く笑いながらそう言った。

若い頃、横浜で最大の暴走族を率いていた針谷には、どこか懐かしい「不良」の香りがする。本人もそれを意識してか「最後には不良の論理で闘うしかないからね」と、さらりと言ってのける洒脱さも持ち合わせている。

「結局ね、彼らはお手軽な敵を見つけて騒いでいるだけでしょう?」

これが針谷の在特会に対する感想である。

彼に会う数ヵ月ほど前、新宿のトーク居酒屋「ロフトプラスワン」で「激突! ウヨクvs.右翼」と題されたトークイベントがおこなわれた。「ウヨク」の代表として招かれたのが在特会の桜井と、当事はまだ桜井と蜜月状態にあった日護会の黒田である。一方、「右翼」の側から桜井たちと対峙したのが一水会最高顧問の鈴木邦男や針谷だった。

イベントは開始早々から荒れた。在特会を敵と見なす「右翼」側の男性が桜井に向けて野次を飛ばすと、つめかけた在特会らの「ウヨク」がいっせいに詰め寄った。

「ふざけるな!」「バカヤロー」。

両者入り乱れて、なかなか議論が進まない。あげく、桜井と黒田は壇上で拳をふりあげながら、あのお得意のシュプレヒコールを始めたのである。

「ゴキブリを叩き出せーっ!」

針谷が制止してその場は収まったが、それでも両者による罵倒の応酬は続き、結局、実のある議論がなされることはなかった。

このときのことを針谷に訊ねると、彼は苦笑しながらこう述べた。

「ネットだけが真実だと信じている人たちに、違った形の民族運動があるということを話したかった。でも、無理でしたね。僕らとあの人たちとでは会話が通じない。まるで違う世界を生きているような気がしましたよ」

ただし、針谷は在特会を全面否定しているわけではない。

「この国をなんとかしたいという気持ちがあることは、何も考えないよりもいい。だけど、彼らはインスタントな運動に走っている。そこが気に入らない」

針谷が最も強く危惧するのは、在特会特有の言語の軽さ、そして現実感覚の喪失である。

「ネット言論をそのまま現実社会に移行させただけなんですよ」

ここでようやく、彼は「不良」にふさわしい険しい顔つきを見せた。

「要するにネットと現実との区別がついていないんです。彼らがすぐに暴走しやすいのは、日常生活のなかで物理的な衝突も経験していないのに、ネットの感覚で対処しようとするからですよ。あの人たちにとってみれば、ネットも現実も〝地続き〟なんです」

キーボードを連打するだけで「相手を負かした」と思い込む感覚を、そのまま路上に持ち込む。針谷の言う「地続き」な関係によって、街宣時に反対者を取り囲みながら罵声を浴びせる集団リンチもまた、ブログの「炎上」と同じ意味しか持たなくなる。「叩き殺せ」といった言葉が躊躇《ためら》いもなく飛び出すのは、そのせいなのだと針谷は語った。たとえ建て前であろうと、本来、右翼が大切に抱える「情」が、在特会からはまったく見えてこない点にも違和感を持っているという。

針谷は新右翼の代表的な論客だった野村秋介に尊敬の念を抱き、この道にとどまっている。野村は何よりも「義と情」に訴える人物だったと彼は力説した。

1935年生まれの野村は若い頃に愚連隊の一員として大暴れしたが、後に五・一五事件や三無事件に関与した三上卓と知り合い、民族主義の活動家となった。野村が他の右翼・民族派と違ったのは、「日米安保条約破棄」といったスローガンを掲げ、反米・反権力を強く主張した点である。右翼のみならず、左翼の人間とも交流し、立場の違いを越えて人望を集めた。1993年、朝日新聞東京本社で拳銃自殺を遂げた事件はいまだ記憶に新しい。

「野村先生であれば、在日朝鮮人を、その出自だけを問題にして攻撃するなんてことは絶対に許さなかったはずです」

1983年、第37回衆議院議員総選挙に新井将敬（1998年に自殺）が初出馬した。ところが同じ選挙区である石原慎太郎の秘書が、新井の選挙ポスターに『北朝鮮から帰化』という中傷シールを貼り付けるといった事件が起きた（俗に言う「黒シール」事件。

新井は16歳のときに朝鮮籍から日本に帰化していた)。その際、石原慎太郎候補の事務所に猛抗議をおこなったのが他ならぬ野村だった。なお、野村は、河野一郎邸焼き討ち事件で千葉刑務所に入獄していた際にも、同房の在日韓国人が看守に虐待されている姿を見かねて、管理部長に直訴をした逸話が知られている。

「在特会が面白おかしい運動をしたいならば、まあ、それでも構いませんよ。僕らと接点があるわけではないから。ただ、弱い者イジメは許せない。そもそも彼らがしているのは『運動』なのか、という疑問すら覚えるようになりました。僕も京都事件の動画なんかを目にしましたが、とてもじゃないが正視できない。あれはただのイヤがらせでしょう」

統一戦線義勇軍で宣伝局長を務めるかたわら、かつて防衛省内に侵入し、火炎瓶を投げて逮捕されたこともある山口祐二郎(25歳)にいたっては、「国家を批判するならともかく、人間をゴキブリ呼ばわりするような運動など、それこそクズだと思う」と吐き捨てるように言った。

「もしも、そんな程度の運動で日本が良くなるというのであれば、僕はそんなカッコ悪い日本なんて必要ありません」

しかしこうした言葉は、ネットを出自とする「行動する保守」の面々には何の影響も与えない。それればかりか「(右翼は)奇麗ごとを言うな」「既存右翼が、これまで何か世の中を変えることができたのか」といった文言が、ネット上には溢れている。

はっきり言えば、動員力の点でも、もはや既存右翼を上回っているのが、こうした「行動する保守」「ネット右翼」なのである。


「正直に言って、忸怩《じくじ》たるものはあるんです」

在特会について訊ねる私に対し、スーツ姿の男性は生真面目にそう答えた。

犬塚博英（63歳）。整った身なりと穏やかな表情は、一流企業の重役に見えなくもないが、実は民族派の重鎮である。

福岡県出身の犬塚は長崎大学の学生時代、戦後日本でははじめての「民族派自治会」を同大で組織した。全共闘華やかなりし頃である。卒業後も民族派運動一筋、一水会の創設にも関わり、現在は右翼団体の横断組織「民族革新会議」の議長も務めている。

その犬塚が静かに語った。

「（在特会が）多くの若い人々を引き込んだ力量はたいしたものです。日本の右翼は戦後60年以上も何をやっていたんだという、彼らの指摘も、正直言えば耳の痛い話ではあるんですね。機会があれば、その桜井さんという方と、ゆっくりお話でもしてみたいとは願っているんです。ただし、私自身は在特会の運動に憧れることもありませんし、あのような運動を民族派のあるべき形にはしたくありません」

犬塚の穏やかな表情は変わらない。静かに、しかし深みのある声で、ゆっくりと話を続けた。

「在特会の主張を聞いていますと、私のような人間には、彼らにとって、いったい誰が敵なのか理解できないんです。まったく敵の姿が見えてこない。在日の人たちを攻撃することで、どんな世の中ができあがっていくのかもわかりません。私はね、日本人は本来、おおらかな気風を持った民族であると信じているんです。外来文化を受け入れ、独自の形をつくりあげ、優しい風景をつくりあげてきました。そのことに誇りを感じれば十分ではないかという気もするんですけどね。ことさらに、声高に、日本の優位を唱えなくてもね。私はやはり、敵が明確に見える運動を続けていきたいと思っています。それは力の無い個人や、少数者ではありません。権力の姿を捉えることができなければ、民族派運動とは言えないのではないでしょうか……」

私には右翼とは何かということを論じるだけの知識はない。だが、これだけは言えるのではないか。右翼には右翼なりのロマンというものがある。日本の麗しき山河を守りたいとの願い。あるいは天皇のもとで国民が一つにまとまり、皆で社会を築くのだとする国民国家への夢。人間の力に限界があることを自覚し、天地とともにこの世の永遠を求める天《てん》壌《じょう》無《む》窮《きゅう》の思想。

在特会には、そうした日本人の琴線に触れるようなロマンを感じることがない。どんなに切実な理由があったとしても、他者へのバッシングに特化した、インスタントな〝愛国心〟しか見えてこないのだ。

7 リーダーの豹変と虚実

身内を取材したことで激怒した桜井は
私に牙を向け始めた……

ある日の夕刻、ＪＲ平井駅前の商店街は買い物客で溢れていた。生鮮食料品から洋品雑貨まで、古い店構えの個人商店が軒を連ねる。精肉店の前では1個80円のコロッケを求めて多くの人が並んでいた。威勢の良い呼び込みの声が響く。都心から総武線でわずか20分。下町の商店街は生活の匂いと活気に満ちている。

戦前は東京でも指折りの規模を誇る花街だったという。その風情はすでに失われているが、商店街の裏通りには淫靡な雰囲気の漂う飲み屋が立ち並び、そこだけは怪しげな昭和の香りを残していた。

商店街を突き進み、その先の住宅街を抜けた場所に、都立小松川高校がある。いまから半世紀以上前に世間を騒がせた「小松川事件」の現場である。

この場所で同校の女子高生が殺害されたのは1958年のことだった。犯人は同じく同校の定時制に通う少年（当時18歳）。新聞社に犯行を打ち明ける内容の長電話をかけ、その声がラジオで全国に放送されたこともあり、人々の関心を集めた。少年が反響を楽しむかのような言動も見せたために、劇場型犯罪の草分けと評されることも少なくない。

また、違った意味でこの事件に関心を寄せる人も少なくなかった。犯人の少年が在日韓国人であったからだ。

少年――李珍宇《イチヌ》（日本名・金子鎮宇）は近隣の貧しい朝鮮人集落で生まれた。かつて周辺には、こうした朝鮮人集落が少なくなかった。関東大震災のときには、「朝鮮人が井戸に毒を入れた」とのデマが広がり、このあたりでも多くの朝鮮人が自警団に殺されている。

李の父親は日雇い労働者、母親は聾者《ろうじゃ》だった。遠足にも行くことができない極貧家庭で育つが、成績だけは常にトップクラスだった。文学に傾倒し、なかでもカミュやドストエフスキーを好んだ。しかし李は貧しさゆえに普通高校への進学をあきらめ、昼間は同胞が経営する工場で働いた。

李が女子高生を殺害したのはこの年の8月のことである。高校の屋上で読書をしていた被害者を襲い、殺害した。逮捕後、別の場所で23歳の女性を殺害したことも自供した。「残虐非道」という世間の声に押されるように事件は少年法の適用外とされ、1962年に李は死刑を執行されたのだった。

そんな李は多くの文章を書き遺している。逮捕前には事件の経緯を『悪い奴』という小説に仕立て、新聞社の懸賞にも応募していたほか、獄中からも自らの内面を手紙で発信し続けている。そこから浮かび上がるのは、貧困と民族差別の問題だった。

李が獄中から知人女性に宛てた手紙には次のような記述がある。

〈罪の感情がともなわない罪の意識、あるいはその意識でさえ漠然としている例として『異邦人』のムルソーや『罪と罰』のスヴィトリガイロフをあげることができるかも知れない。私はあのような事件を起こしたにもかかわらず、それに対して身近なものとして感じられなかった。私は人を殺したということについても別に嫌悪など感じないし、またその点について云えば、再びそのような場にあっても人を殺すということについて、変った感情も起らないだろうと思われたのだった〉

李珍宇はこの町で「異邦人」として生きてきた。彼はムルソーだった。

私は民族差別がもたらした抑圧や疎外が悲惨な殺人を引き起こしたのだと、単純に結びつけることはしたくない。だが、少なくとも「小松川事件」は、当時の貧しい在日コリアン少年の心象風景を日本社会へ見せつけたことは、たしかだった。

主なきアパート

買い物客で賑わう夕刻の商店街を歩きながらそんなことを考えたのは、桜井誠の住むアパートが「小松川事件」の現場と至近距離にあったからだ。

もちろん、ただの偶然だ。それにしても桜井が少年時代を過ごした北九州のはずれも、そして上京してから彼がずっと住み続けるここ平井も、いずれも「在日」の息づかいを感じる場所であることに不思議な〝縁〟を感じるのだ。

もしも「小松川事件」が21世紀の今日に起きたものであれば、あるいは在特会があの時代に存在したならば、文学的修辞に満ちた李珍宇の言葉など一蹴され、彼の救援に奔走した作家・大岡昇平などには「朝鮮人のイヌ」といった罵声がぶつけられていただろう。

桜井は自身のブログで「在日の犯罪」について次のように書いている。

〈「在日には犯罪ばかり起こす獣在日とそれを見て見ぬ振りをする在日の二種類しかい

ない」という事をいい加減日本側は認識するべきだと思います。在日という存在自体が日本人の生命と財産を脅かしているのなら、国民を守る事を第一義とする国家にはこれを排除する義務と権利があります。犯罪をなんとも思わない不逞鮮人が闊歩する在日社会に自浄作用を求めても無駄である事は全ての人が頷くものでしょう〉

（「Doronpa の独り言」２００６年5月19日付）

乾いた文体だ。「獣在日」という言葉に、何か寒々としたものを感じざるを得ない。

その桜井が暮らすアパートは、下町の雑然とした住宅街のなかでも、ことさら地味なたたずまいを見せていた。木造2階建ての古びた建物である。家賃3万５０００円。風呂はない。桜井の部屋の窓には、明かりが漏れるのを防ぐためか、目の細かいすだれが外側から吊るされていた。

傾斜の急な外階段を上り角部屋のドアを叩く。反応はない。呼びかけても同じだ。

実は何度足を運んでも、この繰り返しだった。桜井は部屋の中で息を潜めているのか、それともめったに自宅へ帰らない生活をしているのか。いずれにせよこの部屋で桜井と顔を合わせたことはない。同じアパートの住人も「あまり姿を見かけない」と話す。

「たしか警備員をしていたはずですよ。朝方、警備員の制服を着たままバイクで出勤する姿を何度か見かけました。ただ、愛想はよくないなあ。こっちが挨拶しても何の反応もなかったしね」

正確には、警備員だったのは数年前の話である。その後、彼は近隣の役所で非常勤職員として勤務していたが、現在はその仕事からも離れている。

近くに住む大家に訊ねても「生活のことはよくわからない」と言うばかりだ。ただし、大家がぽつりと漏らした一言が妙に印象に残っている。

「朝鮮史の研究家っていうけど、実際はなにしてるんだろうねえ」

桜井は「朝鮮史研究家」を自称することが多い。前述した『嫌韓流』文庫版のなかでも、彼の肩書は「朝鮮中世〜近代社会史を専門とする歴史研究家」と記載されている。

誤解を恐れずに言えば、桜井は勉強家である。おそらくかなりの文献に目を通し、一般の朝鮮史に精通している彼は、朝鮮人をひたすら罵倒し、モンスターに仕立てるだけのネット右翼とは明らかに違う。アカデミズムの世界の人間ではないからと言って、彼の「研究家」としての肩書を批判するのは私の本意ではないし、在野の研究家としての彼の豊富な知識量（それが偏ったものであるにせよ）を疑うものでもない。

ただ、あらゆる場で「研究家」を自称する桜井の内面に、あるいはアカデミズムへの羨望や嫉妬もあるのでは――といった想像を働かせることはできる。桜井は役所や企業へ抗議に出向いた際、いつも決まり文句のように「私は朝鮮問題の専門家だ」「私ほど研究している人間はいない」と口にする。あえてそのことを主張しなければならない桜井の胸奥には、他者に「認められたい」という気持ちが渦巻いているようにも推察される。ストレートに言えば〝承認欲求〟だ。

少年時代の桜井は、同級生の記憶に残らないほどに地味な存在だった。上京後もしばらくは、ネットで外国人への憤りをぶつけるだけの〝内向き〟な活動しかしていない。それがいまや会員1万人を超える団体のトップとして、カリスマ扱いされ、海外メディアから「外国人排斥運動のニューリーダー」と評されるまでになった。少なくとも彼は、一部において「承認」されたのだ。それでも、世間的な評価はいまだ〝色物〟扱いを超えてはいない。

京都事件をきっかけに在特会を辞めた関東在住の青年は、都心の居酒屋で焼き鳥をほお張りながら、私にこんな指摘をした。

「桜井に限らず、在特会のメンバーに共通するのは〝世間に認められたい〟といった強い欲求ですよ。彼らは〝メディアなど信用できない〟と言いながら、たとえ批判的なトーンであったとしても自分たちの活動がメディアに取り上げられると、無邪気に喜ぶ人が多いんです。桜井だって本当はメディアが大好きなんですよ。取材を受けるたびに、わざわざブログで報告していたぐらいですからね。おそらく、保守派の論客として世間に認められ、高い評価を得たいと考えていたのでしょう。でも結局、彼を〝識者〟として取り上げるメディアはなかった。学術の世界からもメディアからも、彼はまったく無視されているでしょ？　だから焦っているんだと思いますよ。あえてわざわざ〝研究家〟を強調するのも、なんの〝実績〟も評価されていないことに対する苛立ちの表れだと僕は思うんですね」

彼の分析が正しければ、桜井が役所や教育機関、メディアに対して、必要以上に攻撃的であることの理由も見えてくる。それらから排除、虐げられてきたのが、桜井のこれまでの人生なのだ。

「おい、キミはどう思うんだ。はっきり答えなさい！　私はこの道の専門家だ！」

生活保護を外国人にも支給しているとして大声で役所の人間を罵倒するとき、彼のなかでは役所の非正規職員という自らの立ち位置が、憤りを増幅させていたのではないか。雇用の調整弁として、安価な労働力として、非正規の労働者は存在する。雇用が安定している正規労働者は、ましてや役所の人間は、桜井からすれば特権的な存在だ。

かつては桜井も少なくない屈辱を経験したことだろう。市民団体トップとして、公務員にあらん限りの罵倒をぶつける行為は、彼にとって一種のカタルシスであったはずだ。もしも私が同じ立場であったら——やはり同じような憤怒を表したかもしれない。

メディアに対しても同様だ。桜井は大手新聞社やテレビ局の人間を前にして抗議するとき、やはり居丈高に、尊大に振る舞う。

「キミたちは私に何の反論もできないのか！」と記者へ詰め寄るときの桜井の顔には、してやったりとでもいうような満足気な表情が浮かぶ。自分を疎《おろそ》かに扱ってきた大手メディアへの復讐を果たした高揚感すら見て取ることができる。

そんな様子を目にするたびに、私は桜井の孤独な立ち位置を思わずにはいられない。

この社会において、おそらく桜井も「異邦人」として生きてきたのではないのか。蝶ネクタイにサスペンダーという定番スタイルも、それは世間に対する挑発でもあり、同時に承認欲求の一つでもあるはずなのだ。

それでも私は、桜井がこうした質素な部屋に住んでいることには親近感を持った。

在特会には一般の会員や支持者から、活動費として多くのカンパが寄せられている。会員だけに公開されている「平成22年度決算報告」によれば、同年度のカンパ収入は約1500万円にものぼる。明細がはっきりしない「決算報告」の信憑性に疑問はあるが、それでも多額のカンパが寄せられていることは、多くの関係者が認めるところだ。

は、桜井がそうした会へのカンパ金を自分の住居のために着服するような人物でないことは、暮らしぶりを見る限りにおいては判断できる。

「1000万円」の巨額カンパ

ここで在特会の資金状況についても触れておきたい。

発足以降、同会は会員向けに毎年、ウェブサイト上で決算報告を発表している。以下が、その大まかな内訳である。

平成18（2006）年度
総収入　157万9430円（内、寄付金は156万3920円）
支出　34万1423円（本部運営費、集会費用、支部運営費など）

平成19年度
総収入　196万8887円（内、寄付金は172万3738円）
支出　180万4641円（事務経費、集会費用など）

平成20年度
総収入　479万5865円（内、寄付金は307万2705円）
支出（収入と同額）——活動費など

平成21年度
総収入　885万6969円（内、寄付金は702万9858円）
支出（収入と同額）——活動費、事務所家賃など

平成22年度
総収入　1822万9638円（内、寄付金は1543万9853円）
支出（収入と同額）——活動費、裁判費用など

年を追うごとに収入が飛躍的に増大している。いずれの年も、収入のほぼ全額が寄付金である。寄付金以外で、収入項目に含まれているのは、利子や前年度からの繰越金だ。

在特会の場合、ウェブ上で登録するだけの「メール（一般）会員」は会費を必要としない。特製の在特会ピンバッジが支給される（12年3月からは会員証）「特別会員」のみ年

会費1万円を徴収されるが、関係者によればその割合はごく少数だという（実数は公表されていない）。

「こんな団体に寄付する者が本当にいるのか」「バックに大スポンサーがいるのではないか」といった声を多く聞いた。私もそう思ったことがある。だが、取材を進めていくうちに、「活動には参加できないが、せめて活動費用だけは支えたい」と考えている、ごく普通の人々の存在を知った。在特会の財政に協力しているのは、こうした無名の一般人なのである。

在特会本体とは異なるものの、たとえば、私の手元には同会も関わる「チーム関西」の「入出金記録」がある。会の関係者から入手したものだ。約1年間における「チーム関西」へのカンパ明細が記録されており、カネを振り込んだ者の氏名と金額が日付順に並べられている。

一読して驚いた。「チーム関西」の銀行口座には、わずか1年間に、延べにして98人から総額109万円もの寄付金が振り込まれているのだ。カンパの額は500円から1万円といった小口がほとんどだが、なかには5万円を振り込む者もいた。

提供してくれた会員によれば、振り込み者の氏名にはまったく心当たりがないという。つまり、このカネの大半は部外者による純粋な寄付である。一般の市民団体で、不特定多数から年間100万円のカンパ金を集める組織など、そうあるものではない。「チーム関西」はホームページやメンバーのブログで、カンパ先の銀行口座を記しているにすぎないが、それでも、これだけのカネが集まるのだ。逮捕者まで出している「チーム関西」であっても、その活動に賛意を寄せ、財政を支える者が存在する。わずか500円であっても、わざわざ銀行から振り込む〝手間〟に、私は「草の根」の熱い支持を感じた。

つまり、全国組織の在特会であれば、市井の人々から1500万円もの寄付が集まったとしても何もおかしくはないのである。

一方、支出に関しては、その大半が桜井をはじめとする幹部やゲストの講演や集会の際の会場費、遠征費、事務所家賃で占められる。「平成22年度」のみ、京都・徳島両事件の訴訟対策費が1100万円を超えた。

支出においては「平成18年度」以外、勘定項目の明細は出ていない。あまりにざっくりとした内訳であるために、会員の一部からは「子どもの小遣い帳みたいなもんだ」との声も出ている。

「市民団体」としては相当に恵まれた財政状況とは言えるであろう。とはいえ、各支部への配分はそれほど多くはないという。打ち明けるのは、かつて西日本のある支部で支部長を務めていた30代の自営業者である。

「私の支部に対して配分されたのは年間10万円にすぎませんでした（筆者注：現在は34の支部がある）。とてもじゃないが、これだけではやっていけないから当然、足が出ますよ。どこの支部でも幹部クラスの人間は持ち出しが多くなっています。活動資金を稼ぐためにバイトを掛け持ちしたり、会社員のかたわら、夜間だけコンビニで働いている支部長もいます。そうした意味では、市民運動の形だけは維持していると思いますよ。末端会員が手弁当で活動しているのは本当ですし。ただ、桜井会長の活動費がかなり不透明なんですよね。彼は事実上の専従ですから、いったいどうやって食っているのか、疑問に思っている会員は多い。まぁ、先頭に立ってがんばっているんだからそれなりの待遇があっても良いとは思うけど、彼、けっこう贅沢なところがあるんですよ。地方遠征で泊まるホテルも、地元支部が用意したホテルが気に入らないと、グレードの高いホテルを要求したこともある。日頃、自腹で活動している末端会員には、そうしたところで腹を立てている者もいる。寄付金は、在特会の活動にシンパシーを寄せる自営業者などによるカンパが多いと聞いています」

在特会ではなく、桜井個人に「生活費」をカンパする者も少なくないという。そう話すのは、桜井と親しい保守系団体の幹部である。

「彼はああ見えても、同じ志を持った保守的な年寄り連中には好かれているんだ。目上の人間を立てることも知っているからね。年配者のなかには、自分ができなかったことを桜井君が先頭に立ってやってくれていると、心から感謝している者も少なくない。私の知っている自営業者や中小企業の経営者は、さまざまな形で桜井君の生活を援助しているよ」

2010年から翌年にかけて、在特会は財政面で最大のピンチを迎えた。京都・徳島両事件で多くの幹部を含む逮捕者を出したからだ。弁護士費用などで約1100万円を要したことは、決算報告からも明らかとなっている。このピンチを財政面で支えたある女性がいることを、私は会員の一人から教えられた。

その女性――仮にSとしておく。

Sに関しては複数の関係者から次のような話を聞いた。

現在50代のSは資産家の夫に先立たれ、大阪市内の高級マンションで一人暮らしをしている。もともとはチベットの独立運動を支援する市民団体で活動していたが、その流れから反中国を訴える保守系のイベントにも次第に参加するようになった。そこで在特会の活動を知るところとなり、2010年頃から同会が主催する街宣の常連となった。

当時の街宣を記録した動画には、軍服のコスチューム姿で日の丸を掲げた彼女の姿が残されている。面倒見のよいSはたちまち会員らの〝母親〟のような存在となり、とくに若い会員たちから慕われた。在特会や「チーム関西」の面々は、活動を終えると、大阪市内を一望できるSのマンションの一室で打ち上げの飲み会をおこなった。S自身も、若い活動家たちを手厚くもてなし、酒や料理をふるまったという。

京都・徳島事件で逮捕者が出たとき――Sに対し、在特会の会員から「弁護士費用が足りないので協力してほしい」と要請があった。

逮捕されたのはSが親しくしていた者ばかりである。わが子のように可愛がってきた連中の危機に際し、Sは少しばかりの迷いもあったが、預金のなかから1000万円を引き出した。

カネの受け渡しは大阪市内のホテル「阪急インターナショナル」でおこなわれた。ホテルのロビーでは桜井が待ち受けていた。Sは1000万円を紙袋の中に詰め、中身が見えぬように、その上から熊のぬいぐるみを突っ込み、それを桜井に直接手渡したという。さらにSは「大金を持ち歩くのは心配だから」と自分の車で桜井を伊丹空港まで送っている。

Sと親しい関西在住の会員の一人は「Sさんの巨額カンパがなければ弁護士費用を工面できる当てがなかった。Sさんは財政面で在特会を支えたというよりも、窮地に陥った在特会を救った功労者です」と訴える。ただし、この話には後日談がある。Sはその後、活動からきれいに足を洗ってしまうのだ。

この会員が言う。

「カネの受け渡しの際、桜井はとくに感謝するそぶりを見せることもなく、当たり前のように受け取ったとSさんは言ってました。そのことを彼女は相当怒ってましたね。しかもその後、カネをどのように使ったのか、報告の電話もなかった。つまり、在特会は高額なカンパを〝もらいっぱなし〟にしていたわけです。Sさんは『礼儀を知らない人たちだ』とカンカン。そのことがきっかけで、彼女は運動への熱が冷め、いまでは在特会に関わったことじたいを後悔しているようです」

事実をたしかめるべく、私はSが住む高層マンションを訪ねたが、彼女はインタホン越しに、私の取材を拒んだ。「すぎたことは話したくない。いまさら他人の批判もしたくない」とのことだった。私は必死になって関係者から聞いた概要をSに告げ、事実関係に間違いはないかと訊ねると、Sは「間違いない」とだけ答えてくれた。

私は重ねて質問をぶつけた。

――運動に参加していたことを後悔していますか？

Sは無言だった。

――在特会をどう思いますか？

今度はため息とともに、くぐもった声がインタホンから漏れた。

「私がバカだったということです」

インタホンは、そこで切れた。

亀裂

桜井に対して、私は在特会の取材を始めた2010年夏から何度も取材を申し込んでいる。当初こそ「まずは広報を通してくれ」と話していた桜井だったが、広報が紹介する一般会員だけでなく、脱会者や批判者、さらには彼の同級生にも私が取材を重ねていることを嫌悪したのか、すぐに私との接触を拒むようになった。

その年の11月、私は名古屋で開催された桜井の講演会に足を運ぶことにした。直接、彼と話をしたかったからだ。名古屋駅近くの会場へ早めに到着した私は、講演準備のために会場の片隅でパソコンをいじっていた桜井に声をかけた。

――桜井さん、在特会の取材ではお世話になってます。

パソコンの画面から目を離し、桜井は私を見つめた。見る見る顔色が変わっていく。しばしの沈黙の後、彼は突然激昂した。

「あなたの取材は受けない。出ていってくれ！」

理由を訊ねる私に向かって、桜井は早口でまくしたてた。

「あなたねえ、私の親族まで取材したでしょう。そんな人間の取材なんか受けるワケがない！」

その後は何を話しかけても無駄だった。目を合わせようともしない。いつまでもその場を立ち去ろうとしない私に余計に苛立ったのか、桜井はそばにいた若い会員たちに命じた。

「これ、叩き出して！」

桜井の命令は絶対である。複数の会員が自らの身体をぐいぐいと私に押し付け、無理やり会場から排除した。彼らはエレベーターホールまで私を取り囲むようにして〝誘導〟し、「住居侵入だ！」「不退去罪だ！」「警察に通報するぞ」などと大声で威嚇した。

私もカッとなりやすい性格ではある。あまりに理不尽な〝排除劇〟で頭に血が上り、「とっとと警察呼べ！　なんならこのまま一緒に警察までついて来い！」と大声をあげ、一人の腕に手を触れた。

「イタタタ。オマエ、暴力を振るったな！　訴えてやるぞ！」

中年男性だった。大げさに顔をしかめ、「痛い、痛い」と繰り返す。下手くそな芝居に、もはや怒る気力も失せた。これではまるで公安警察が得意とする「転び公妨《こうぼう》」（わざと相手の前で転び、「暴行された」とその人物を公務執行妨害で逮捕するテクニック）ではないか。

私はおとなしくエレベーターに乗った。

その後、おこなわれた講演で、桜井は私のことをエサに熱弁をふるっている。

「反日極左がいよいよ本気になってきたということだ！」

「私は安田という男に殺されるかもしれない。しかし、私が死んでも後に続く者が出るはずだ！」

あげくには「いまこそ一人一殺の覚悟が必要なんです！」と聴衆を煽る始末である。

大げさな男だ。自分は椅子に座ったまま、「叩き出せ」と年下の会員たちに命じるような人間に「一人一殺の覚悟」があるのか。もし私を排除したかったのなら、日頃から「立ち上がれ」「覚悟を持て」と会員をけしかけている桜井こそが、自らの手で私を叩き出すべきだった。

なお、名古屋での一件に関して後日、桜井はブログでこんな記述をしている。

〈安田浩一を名乗る講談社所属のフリーライターが好き勝手を書いているようなので、一応の反論を記載します。まずこの男と初めて会ったのは今年9月の大分支部発足記念街宣のときでした。あまり印象になかったのですが、ずいぶん物腰低く取材をさせて欲しいというので、快諾してそのときは取材をＯＫしました。

その後、全国各地の支部主催行事に取材と称して付きまといを開始し、北海道からの報告では「情報を取るためなら何でもやる極左の情報屋ではないか？」として注意を促す連絡がありました。その後、桜井の実家より連絡があり突然安田を名乗る男がやってきて「取材させろ」と凄んできたというのです。実際、実家の人間は身体的危害を加えられるかもしれないと怯えており、その件があったため講談社に安田の身分照会と抗議、今後の取材をいっさい拒否する旨を伝えました。

そして、名古屋では了解も何もなく突然会場に押しかけて来たのです。この男と直接会うのは2度目になりますが、大分であった時と明らかに目つきが変わっており、興奮した様子で私のところに駆け寄ってきました。実家の件について問いただし、取材は拒否する旨を伝えて出ていくように命じましたが、突然大声で「取材に答えてください！」と叫びだし会場から出ていかないため、スタッフが外に連れ出す事態になりました。

会場からつまみだされる直前に「だったら、次はあんたのところに直接行くから」と脅迫の捨て台詞を残して消えていったのですが、その後も会場の外でスタッフと言い争いを行い、うち一人の肩を強く摑んで負傷させています。この様子は数名の関係者が目撃しており弁解の余地はないはずですが、（在特会から送付した抗議文について）講談社からの返答では「（桜井の）実家への取材は終始和やかに行われた」「名古屋で安田が暴れたことはない」などとんでもない虚偽が回答として送り返されてきました。

和やかに行われた取材で実家の人間がどうして怯える必要があるのでしょうか？　また、名古屋では多くの目撃者の前で声を張り上げ乱暴狼藉を行い、脅迫まで行った人間のどこが記者などといえるのでしょうか？　ここまで堂々と平気で嘘を垂れながし犯罪行為を隠ぺいしようとする連中だからこそ、自分の身はともかくとして今も怯えている関係ない家族を守ろうとするのは当然のことだと思います。

現在、講談社とは在特会として調整を続けていますが、個別の法的対応も含めて断固として戦っていく所存です〉（「Doronpa の独り言」　2010年11月15日付）

必要最小限の反論をしておく。

そもそも私は「講談社所属」ではないが、細かいことはこの際どうでもいい。

桜井の「実家に『取材させろ』と凄んだ」事実はまったくない。桜井の実家はすでになく、私が訪ねたのは彼の実弟宅である。さらに言えば、実弟が留守だったために、インタホンで応対した実弟の妻に、インタホン越しに来意を告げ、取材趣旨を伝えるメモと名刺を郵便受けの中に投函しておいた――これが事実経過である。女性は「怯えて」いたのではなく、現在の桜井（つまり義理の兄）の近況を知らなかったので「びっくりしていた」が正しい。

「スタッフの肩を強く摑んで負傷させた」のも完全なデッチ上げだ。事実であれば被害届を出してほしいと講談社を通じて再三要求しているにもかかわらず、今日にいたるまで、なしのつぶてである。もちろん「個別の法的対応」もおこなわれていない。

組織の防衛といった観点から、桜井がこうした文章を書く意図は、わからないでもない。危機や弾圧をバネにするのは、政治団体としてはある意味、正しい選択だからだ。それにしても、たかが一人の取材を受けただけでこれほどの過剰反応を示す桜井の〝脅え〟は理解できない。

私は、この名古屋での一件を含め、桜井の育った環境や在特会会員たちの素顔を、２０１０年末に発売された雑誌『Ｇ２』で記事にまとめた。

すると、桜井はますます感情の乱れを見せるようになった。

直接対話

「反日勢力の反撃が始まっている。底辺左翼、ルンペン左翼、ろくでなしのクズ左翼が必死に在特会のことを追っている。少しでもアラを探して、何とかして潰そうとしているんです!」

2011年1月、東京・池袋の豊島区民センターで開催された在特会の全国大会。集まった170人ほどの会員たちを前に、桜井は壇上から声を張り上げた。

〝年頭教書演説〟と仰々しく銘打たれたこのスピーチで、さらに桜井はこうまくしたてた。

「バカが個人情報を流してくれたものだから、もはや脅迫だけじゃ済まない状況になっている。しかし、私がいなくなっても、後に続く者が必ずいる」「日本国民が危機に陥っている。いま、それを訴えることが差別というのであれば、なんぼでも差別と呼べ!」

「バカが個人情報を流した」というのは、おそらく桜井の地元を取材して記事にした私の行為を指しているのだろう。それでも彼が何かに脅え、焦り、苛ついていることだけは十分に理解できた。口調は激しくとも、どこか痛々しい。いつもならば緩急自在な桜井の話法も、この日ばかりは怒鳴り上げるばかりの一本調子である。

「危機」に瀕しているのは「日本」ではなく、桜井自身ではないのかと私も本気で心配になったくらいだ。というのも、そのあたりを境に桜井から一切の余裕が消えてしまったからだ。

ニコニコ動画の生放送中に「私を殺せ、ナイフで刺せ！」などと突然に絶叫したりするなど、さすがに私と親しくしている若手会員からも「ウチの会長、ちょっと冷静さを失っているんです」との声が直接、寄せられたほどだった。彼が胸中を語ってくれた。

「論理的な批判で記者を威圧するならともかく、記事が意に沿わない内容だったというだけで逆上するのはやっぱり情けない。仮にも1万人規模を誇る団体のトップなのだから、堂々とした態度を見せてほしかった。結局、自分の過去に触れられたことが気に入らなかっただけでしょ？」

私は別に在日コリアンに与《くみ》するために取材を始めたわけではない。在特会は、これまで延べ10名以上の逮捕者を出している。社会的にも注目度の高い団体だ。公益性といった観点から団体トップの〝人となり〟を取材し、伝えることはメディアとして普通のことだと思う。

事実、在特会やその周辺から『G2』の記事内容そのものに対する「論理的な批判」など、私の耳には届いていないのだ。「安田は朝鮮人」「講談社は左翼」といった感情的な文言がネットに溢れただけで、そこにせいぜい「会長のプライバシーを侵害した」「桜井会長にギャラを払え」などという筋違いの物言いが加わるだけである。

　意見の異なる他者を片っ端から「朝鮮人」「左翼」だと決め付けることで、どうにか自我を保っている人々に対して、私は何も反論する言葉を持たない。語彙《ごい》の乏しさと貧困な想像力を憐れむだけである。

　前述した〝年頭教書演説〟で、桜井は次のように述べている。

「日本にはいま、北朝鮮系の朝鮮人が20万人います。みんな工作員だとしてもおかしくない。ほかの国だったらね、この状態において敵性民族は断固として処断されるんです」

　桜井自身は自らが人種差別主義者《レイシスト》であることを否定しているが、これを排外主義と呼ばずして、なんと呼べばいいのだろう。どう言い繕おうとも、他者の属性を攻撃しているにすぎない。

　前出・30代の元支部長も「いくらなんでも言いすぎだ。名古屋の一件から桜井は迷走を始めた。この頃から、やたら『殺*せ』といった言葉を多用するようになった」と指摘するほどだ。

　頭の良い桜井はもう少し論理的な反応を見せるだろう――少なくとも私はそう思っていた。

だが、残念なことに、その後も桜井の筋違いの「逆上」は止まらない。

２０１１年に文庫版として登場した『マンガ嫌韓流』巻末に、著者の山野車輪と桜井による対談が収録されていることはすでに述べた。そのなかで、「（安田の取材は）完全な脅し」「（安田のせいで）私の個人情報が中核派に流れた」「在特会に取材費も払わない。ふざけやがって」などと、桜井が言いたい放題なのである。

唯一興味深かったのは、桜井がはじめて自分の高校時代について、わずかながらも言及した点だ。「おとなしくて目立たない高校生だった」との私の記述に反論しつつ、桜井はこう述べている。

「実はいろいろ派手なこともやりましたね（笑）。たぶん覚えてる人のほうが多いはずな

＊拉致問題の解決を訴え、北朝鮮を激しく糾弾する在特会だが、「北朝鮮に拉致された日本人を救出するための全国協議会」（救う会）などからは「（在特会は）ただの排外主義団体」と非難されることが多い。２０１１年６月５日、東京都内でおこなわれた「救う会」主催の拉致被害者救出デモに参加した在特会員らが「朝鮮人を殺せ！」などと騒ぎ出した。これをたしなめた「救う会」メンバーに対し、在特会側から「生ぬるい運動してるんじゃねーよ」と罵声が飛ばされるといった〝事件〟も起きている。「救う会」のある幹部は私の取材に対し「鬱憤晴らしのような言動で、拉致被害者救出運動をかき回されたくない」と在特会に嫌悪感を示した。

んです（笑）。いろいろとやんちゃなことも少しはやっちゃったので。だから、そのあたりはかなり彼の取材が雑というか、アラが目立ちすぎるんです」

オレも昔はワルだった、とでも言いたいのだろう。それならそれで構わない。私は自分の取材が100パーセントの事実を描き出しているとは考えていない。あくまでも私が接した人間の言葉から桜井像を描き出したものであり、桜井の「やんちゃ」を覚えていた人が、残念ながら私の取材先には一人もいなかっただけかもしれない。

とはいえ、彼がこうした具体的な反論を示してくれた点には、正直、悪い気持ちはしなかった。

その後も私は、どんな些細なことでもよいから、桜井と話ができないものかと模索し続けた。だが、この年の4月、在特会は広報局名で正式に私の取材を受けないよう、会員に対して通知をおこなったのだった。

〈安田浩一氏の取材に関する会通知

すべての在特会会員の皆様は、安田浩一氏及び講談社媒体の取材を一切受けないようお願いします。安田氏から打診があった場合は、「会長命令による拒否」で対応をお願

〈米田隆司（在特会広報局長）〉

いします。

額に汗を浮かべながら、深夜まで私の取材に応じてくれた米田の顔を思い出した。素顔の米田は、ヘイトスピーチと一部の歴史認識を除けば、親しみやすい、ひょうきんな性格の男である。「会長命令」などと市民団体らしからぬ文言を駆使しなければならないところに、組織の悲哀を感じざるを得なかった。

らしからぬ、という点では一般会員も同じだった。それまで私の取材に快く応じてくれていた会員のなかには「会に内緒で」「匿名で」と条件を出してくる者が少なくなかった。そのうち、「会長命令だから」と取材を拒んだり、「取材謝礼を払え」と要求する者もでてきた。

取材謝礼に関して言えば、在特会は2011年からすべての取材者に対して「インタビュー料」を請求するようになった。さすがに報道関係者のなかでそのような条件に応じたという話は聞こえてこないが、大学の研究者などに対しては会員取材1万円、幹部3万円といった料金を請求している。

そのような彼らの態度を断罪するつもりはない。市民団体のあり方としては疑問に感じるものの、支払いに応じるかどうかは取材、報道する側が決めればよいことだ。私もかつて左翼系団体を取材した際、高額な書籍の購入を取材条件として示され、閉口しながらもネタ欲しさに応じたことがある。だから私は取材の原理原則にこだわっているわけではない。

だがカネの問題とは関係なく、これ以後、在特会は私の取材に対して公式には一切応じることがなくなった。

その後も、私は機会あるごとに街宣や集会の現場に足を運び、桜井の姿を見つけるたびに近寄って話しかけた。桜井はいつも無言で私をにらみつけるだけで、それでもなお食い下がろうとすると取り巻きが私を追い払う、その繰り返しだった。

2011年5月7日。私は講談社編集者の青木肇とともに京都へ出向いた。同地で開催予定の桜井の講演を聞くためである。在特会とチーム関西が主催する講演会なので、もちろん追い出されることは覚悟のうえだ。だが、そうでもしなければ桜井と接触できない。

講演開始時刻ぎりぎりに到着した私たちは、会場の受付で正直に取材で訪れた旨を話した。担当者は一瞬の躊躇を見せたものの、一人8000円の参加会費は支払う、講演の邪魔は一切しない、といったことを告げると、「仕方ない」といった表情を見せながらも私たちを会場のなかに通そうとした。そのとき「ちょっと待って！」と声をあげたのが桜井だった。

「あなたの入場は断ります」

桜井は椅子に腰掛けたまま無表情で言い放った。なぜかと問う私に向けて桜井が平然と語った。

「だいたい、あなたは取材させてくれと頼んでおきながら、在特会をコキおろしただろう。そんな人間の取材は受けない」

――主張や論評もダメなんですか？

「もう、あなたとのことは終わったんだよ」

――僕はまだ、終わったとは思っていませんよ。

「いいから、もう帰ってくれ」

そんなやりとりだった。

仕方なく私は会場の外で桜井の講演が終わるのを待った。なかば意地にもなっていた。そのときの私は桜井を批判するつもりも、糾弾する意図もなかった。ただ話がしたかっただけだ。

講演を終えた桜井が会場の外に姿を見せると同時に、私は彼のもとへ駆け寄った。

――桜井さん、少しでいいから話をしましょうよ。一緒にメシでも食いませんか。

われながら陳腐な口説き文句だと思った。いざとなると、こんな言葉しか出てこない。

当然ながら、桜井はまったく表情を変えなかった。一切無視である。

私と桜井が肩を並べて歩く。しばらくの間、お互いに無言だった。桜井は不愉快そうな顔つきをしたまま、私をちらりとも見ようとしなかった。

と、突然、彼がぽつりと漏らした。

「あのさあ、オレはあんたのことが嫌いなんだよ」

どこか疲れた声だった。

「あんた、オレの親族とか取材したろう? 脅しただろう?」

またその話か。脅すわけもない。そうする理由もない——そんな反論も、しかし桜井は無視したまま話し続ける。

「とにかく取材は受けない」

そう言い残して桜井は足早に私から離れた。

ただそれだけのことではあったのに、なぜか私には、そのときの桜井の声が耳から離れずにいる。いままでに聞いたことのない、弱々しい声だったからだ。

心底、私が実弟宅を訪ねたことに怒っているのだろう。おそらく彼は相当に兄弟思いなのだ。実弟の妻は、桜井が市民運動のリーダーであることを知らなかった。過激な市民運動であることを自覚しているからこそ、兄弟に心配をかけまいとしていたはずだ。彼がいつまでもその点へのこだわりを見せることに、私は少しばかり罪の意識を感じた。彼が必死に守ろうとしているものだけは理解できた気がしたのだ。

気になったことがもう一つある。昨今の彼の表情もまた、以前と比べると疲労の度合いが濃くなっているようにも見えることだ。在特会設立以来、ずっと活動を続けている若手会員ですら私にこう漏らしている。

「会長は、もはや自分をコントロールできないような精神状態にあるんじゃないですかねえ」

たしかにこの1年あまり、彼の言動はことさら過激な方向に走っている。「死ね」「殺せ」といった文言を多用するようになるなど、会員の間でも疑問を口にする者が増えてきた。

この日の講演でも、桜井は常軌を逸したとしか思えない言葉を口にしている。たとえばこんな具合に――。

「在日朝鮮人が生活保護をもらえなければ死ぬというのであれば、死ねばいいんです。いま、日本は混乱期にあります。次に来るのは動乱期。そして最後は必ず殺戮《さつりく》期がやって来る。在日朝鮮人、そして反日極左と本気で命のやりとりをやって叩き殺さなきゃいけないときが必ず来るんです。そのときに皆さんにね、心の強さが問われる。泣いて許しを請う相手を本当に一刀両断で斬り捨てることができるかと。大変厳しい選択です。朝鮮人であってもまだ子どもです。でもこの子どもを生かしておいたらね、また同じ事を繰り返される」

さらに彼は、かつて徳川家康が6歳の幼子まで打ち首にし、豊臣家を根絶やしにした事例を引き合いに、こう続けた。

「その厳しさが無かったら徳川280年の太平は無かったんですよ。その覚悟が我々に問われている。日常覚悟です」

在日特権もへったくれもない。これではただのテロ扇動だ。

桜井が本気で「殺戮期」の覚悟を決めているのかどうかは知りようがない。ただ、過激な言動に走れば走るほど、桜井自身も必要以上の負担を感じてしまっているのではないか。講演を終えた後の、どこか疲れきった彼の表情からは、そんな苦渋が垣間見えたような気がした。

夢破れる同志たち

桜井の苛立ちや疲労に拍車をかけているのは、あるいは地方支部長をはじめとする在特会幹部の相次ぐ退会かもしれない。メール（一般）会員は着実に増えている一方、それまで全国各地で在特会の活動を支えてきた支部長、運営クラスの幹部が、２０１１年に入ってから続々と活動から離れているのである。私が知っている限りでも、その数は10名を超える。

その一人、かつて西日本のある地域で支部長を務めていた40代の会社員男性は、「おかしな方向にひきずられるのがイヤになった」と退会の理由を口にする。

「組織を拡大させた桜井会長の手腕は認めますよ。ただし、良くも悪くも在特会は桜井のワンマン体制なんです。だから会長が右に突っ走れば、みんなして同じ方向に流れる。そこで異論を挟めば『朝鮮人や左翼の手先』だと排除されてしまうんです。

設立当初は、それなりに真面目な団体だったと思いますよ。支部によっては定期的に勉強会も開いていましたし、メンバーのなかには大学や高校の教員など、それなりのインテリも多かったんです。保守とは何か、日本のなかで外国人の立場はどうあるべきかという真剣な議論も交わしていました。それがいつのまにか街宣中心の活動スタイルが良しとされ、とにかく騒ぐことが目的化されてしまったような気がするんです。そのうち、在日を『殺せ』といった主張まで飛び出して、もうガマンできなくなりました。以前はもう少しロジカルであったはずの会長が、ただの恫喝屋になった。悪いけど、今の会長はもう見ていられませんよ。何を焦っているのか、何がそんなに怖いのかは知りませんが、もう会長にはついていけないと感じたんです」

彼もまた、自腹で活動費を捻出し、数々の行動に参加してきた〝地域の立役者〟である。

「僕だってもともとは会長のブログに触発されて在特会に参加したんです。彼の主張にはそれなりの説得力もありました。ですが、彼を見ていると、やっぱり権力は腐敗するもんなんだなあと思いましたよ。イエスマンばかりが持ち上げられ、異論を口にする者は許されない。こんな雰囲気では議論だってできやしない。支部長になると、10人ほどが集まって定期的にスカイプを利用した支部長会議をおこなうのですが、僕が辞めた頃には議論どころか馴れ合いでしかありませんでした。学ぼうという雰囲気などまるでない」

同じ時期に退会した別の地域の元支部長（50代）も言う。

「逮捕上等、愛国無罪。そんな感じになってしまいましたね。もはや私がいるべき団体ではなくなりました。市民団体なんてのは名前だけ。やっていることといえば〝敵〟と見なしたところへ押しかけて、大声で怒鳴りまくるだけでしょう。古くからの真面目な会員ほど苦々しく感じているはずですよ。でも、いま在特会の大部分を占める新参の若手会員は、そんなところに魅力を感じているんでしょうかねえ。

やはりエポックとなったのは京都・徳島事件だったと思います。あのとき、運動の行きすぎを自己批判すれば、まだ組織はまともな市民運動を模索できたかもしれません。しかし桜井は逮捕された者を〝勇士〟だと持ち上げ、法律違反までおかしているのに、全面的に肯定してしまった。不思議なもので、あれが『行動』として認められるんだと判断されると、ただ騒ぎたい連中ばかりが組織のなかで頭角を現すようになる。声が大きければ大きいほど、動きが派手であればあるほど、評価されるような雰囲気がつくられてしまうんですね」

彼が退会する直前のことだ。彼の支部が集会を開くために、ある別の幹部が公共施設に会議室の利用申請に出かけたところ、「在特会のような団体には貸し出しできない」と拒まれたことがあった。その幹部は机をバンバン叩きながら大声で恫喝したが、このときのいきさつを会員から聞いた元支部長は、そんな脅しのような抗議はかえって逆効果であり、信頼を得ることもできないと幹部に諭した。

「ところがね、これが問題となってしまったんですよ。私としては在特会のためを思って注意したつもりだったのに、『あいつは臆病だ』とのレッテルを貼られてしまった。つまりは、そういうことなんです。真面目に会のことを考えても、結局は〝愛国無罪〟の論理が勝ってしまう。この一件が引き金となって結局私は退会を決めました」

かくして在特会は暴走を続けていくのである。

8 広がる標的《ターゲット》

反原発、パチンコ、フジテレビ……
気に入らなければすべて「反日勢力」

炎天下、無数の日の丸が陽炎《かげろう》のように揺れていた。奇妙な熱気が渦巻いている。真夏の日差しも、その周辺だけ波長を乱しているように感じた。

原爆ドームのすぐ横に陣取ったのは在特会会員ら100人ばかりの集団である。直射日光に打たれながら、会員たちはこれから始まる街頭宣伝の準備に余念がなかった。首にタオルを巻いたTシャツ姿の若者らが、日本の核武装を訴える横断幕を広げ、トラメガの音量をチェックする。ハウリング音が、ねっとりした空気と絡み合う。

2011年8月6日——。この日、広島は66度目の原爆忌を迎えた。爆心地に近い平和記念公園で開催された記念式典は午前10時には閉幕し、その1時間後、参列者と入れ替わるように登場したのが在特会の面々だった。

このとき、公園内にはまだ、式典の余韻が重々しく漂っていた。慰霊碑の前では被爆者を悼《いた》む大勢の人々が花を手向け、静かに頭を垂れていた。線香の煙が空に向かってゆらゆらと立ち昇る。園内の各所では、労組や平和団体が小さな集会を開き、核の廃絶を訴えていた。東日本大震災による原発事故の影響から、例年とは異なり「脱原発」のメッセージを伝える団体も目立った。

そこへ突然、「日本は一日も早く抑止力としての核武装をせよ」と大書された横断幕を手にした集団が姿を現したのだ。おまけに原爆ドームの真横という〝一等地〟を確保し、日章旗や旭日旗を林立させるという不敵さである。注目を集めないわけがなかった。いったい何が始まるのかと、怪訝な表情を浮かべた人々が集まってくる。

新たなる標的

在特会はこの日に先立ち、次のような「街宣告知」をウェブサイト上で発表している。

〈原発を守ろう！　核武装推進！　街頭演説会 in 広島
広島から日本覚醒！　日本を守るために一日も早い核武装を！
反日国家の核兵器を容認する反日極左を瀬戸内海に叩き込め！

平等・人権の名の下に長く日本人の人権を貶め続けて来た反日左翼に対して、我慢の限界にある日本人が本気で怒りを爆発させます。広島市の平和公園に設置されている『安らかに眠ってください　過ちは繰り返しませぬから』と刻まれた記念碑は、平和の象徴として存在しているといわれています。しかし、実態は自虐史観のモニュメント（贖罪意識という名の平和の押し付け）にすぎず、これこそ左翼の政治プロパガンタ《ママ》以外の何者《ママ》でもないのです。広島は国を語ることも独立を語ることも、そしてそれを思うことや表現する行為さえ邪悪視されてきました。今こそエセ平和主義に断固ＮＯの声を上げましょう！　私たち日本人が真の自由を獲得するときがきたのです〉

いつものごとく服装も年代もバラバラな、まとまりのない集団である。浴衣姿の若い女性の姿もあった。しかし、この日集まった一人ひとりの表情からは、普段の街宣とは違った緊張感を見て取ることができた。

「8・6広島」は彼らにとってアウェイに等しい。いわば敵地で「核武装」を訴えようというのだから、会員らの間でピリピリした雰囲気が漂うのも当然だろう。睨みつけるように周囲を警戒する者も目立つ。林立する日章旗の下で、排他と団結とが賑やかに共存していた。

準備が整い始めた頃を見計らい、私はゆっくり集団に近づいた。街頭宣伝が始まる前に、せめて取材に訪れていることだけでも彼らに伝えるのが仁義だと思っていた。コソコソ隠れて取材するのは好きじゃない。野次馬をかきわけて前へ進む。

日の丸集団にあと数歩、といったところまで近づいた、そのときである。

「何しに来たんだ、この野郎！」

私に向かってドスの利いた罵声が飛んだ。

「おい、ここから出てけ！」

自らが経営する福岡の美容室で私を怒鳴り散らした副会長の先崎だった。彼とはどうにも相性が良くないみたいだ。先崎は血走った目で私を睨みつけながら大声でわめいていた。

こうした対応にすっかり馴れてしまった私は、ああまたかと苦笑するしかなかった。その際、私の口元がだらしなく歪んでいたのだろう、傍目には人を小バカにしたような表情に映っていたかもしれない。それが余計に、参加者の怒りの導線に火をつけたようだった。

「ヘラヘラしてんじゃねえ！」

「お前のことなんて呼んでねえよっ」

「取材したかったらカネ払え」

こうして四方八方から罵声が投げつけられるのも、もはやお約束の反応である。

私はおとなしく引き下がり、遠巻きに眺める野次馬の群れに溶け込んだ。

「まあ、あまり無理しないでくださいね」

そう話しかけてきたのは地元広島県警の刑事だった。半袖ワイシャツにスラックス、そして片耳のイヤホン。典型的な公安ルックである。刑事は私の友人でもある右翼青年の名をあげて「彼からも、安田さんの安全を守るように言われているんですよ」と人の良さそうな笑顔を向けた。気がつけば3人ほどの刑事が私を取り囲むように立っていた。

額面どおりに受けとめれば、それはそれでありがたい申し出だと言えなくもない。だが、警備・公安担当の警察官が守りたいと思っているのは私の「身の安全」ではなく、その場の秩序である。つまり、私が警備を混乱させることのないよう、監視しているにすぎない。

実際、その刑事たちはずっと私から離れず、その後おこなわれたデモの際にも、私が少しでも在特会メンバーに近づこうとすると身を乗り出すようにして彼らとの接触を阻んだ。「安全を守る」というよりも取材妨害である。苛ついた私は隙を見て小走りで警戒網を抜け出そうともしたが、そこは警備のプロ、すぐに追いつかれ、背後からがっしりと身体を押さえつけられる始末だった。まるでテロリスト扱いだ。

「親切」を申し出る公安刑事を苦々しく思いながらも私は曖昧に相槌を打ち、あらためて周囲を見回した。100人程度の集会にしては、やけに公安関係者の数が多い。群集に紛れて目立たぬように参加者の面割《めんわり》（身許確認）をしている公安調査庁の職員も含めれば、いわゆる「私服」の数は在特会と同程度だったのではと思う。その中には東京から出張ってきた警視庁公安3課（右翼担当）の刑事の姿も見えた。

完全武装で身を固めた50人ほどの機動隊員が公園近くに待機している。ここまでくると左翼党派に対する警備態勢と遜色ない。左翼や労働運動の勢力衰退により、新たな仕事探しに躍起となっている公安にとって、在特会が「いいメシの種」であることは間違いないだろう。

公安関係者や多数の野次馬に囲まれながら、在特会の街宣は11時ちょうどに始まった。

マイクを持った「弁士」たちが代わる代わる「核武装」と「原発擁護」を訴える。

「これまで8月6日の広島は極左の連中のやりたい放題だった。誰も日の丸掲げて街宣なんてできなかったんですよ。今日、史上はじめて、我々は自衛のための核武装を訴えているのです！　核の惨禍を繰り返さないためにも、核武装が必要なんです！」

「タバコと放射能のどちらが身体に悪いのか、みんな知っているのか。テレビなどのマスコミを信じるな！　あいつらはウソばかり垂れ流している！」

刺激的といえば刺激的だ。原爆ドームのすぐ隣で、しかも原爆忌の当日に「日本も核を持て」「原発の灯を守れ」と声をあげたのだから、たしかに「史上初」ではあっただろう。どうだ、見たか、ついにやったぜ――そんな高揚感が連中のボルテージを高めている。

ちょっとしたハプニングが起きたのは、弁士の一人、京都・徳島事件で逮捕された経験を持つ荒巻靖彦が、この日広島に集まった左翼団体を例の過激な口調で罵っている最中だった。

「中核？　革労協？　なんだそれ。食い物か。親のスネかじって何が革命だ。道理を貫いている日本人が一番強いんや。アホんだら！」

そこへ突然、Tシャツ姿の若者がなにごとかを大声で叫びながら荒巻に詰め寄ってきたのだ。若者は地元の平和団体のメンバーらしく、当初はおとなしく「見物」していただけだったが、どこかの時点で沸点を超えてしまったようだった。荒巻を指差しながら向かってくる若者に対し、街宣参加者らがいっせいに駆け寄ってきた。

「朝鮮人か、オマエは」

「コジキ野郎が」

口々に叫びながら、十数名が若者を取り囲み、肩を小突いたり、強引に腕をつかんだりと、手荒に引き回した。若者はなにかを必死に訴えてはいたが、騒乱状態のなかで少しも聞き取ることができない。それまで悠長にカメラを回し、メモを取っていた私服刑事たちも慌てて駆けつけ、力ずくで両者を引き離した。

一騒動終えた後、マイクを握ったのは桜井だった。

「あのなあ、突っ込んで来るなら命がけで来い！　我々は反日左翼を一人でも叩き出すために、ここに来てるんだよ！　広島県警がなんと言おうが、ジャマするヤツがいたら引きずり出せ！　反日極左を叩き殺せ！」

物騒な怒鳴り声が、大型のトラメガを通してキンキンと響く。正気と狂気の境目を綱渡りしているかのようにも見える桜井の言葉は、だからこそ人を不快にもさせれば、一方で熱狂もさせる。桜井が多くの若者の心をつかんだのは、彼の不安定さが、同じように不安定なものを抱えた人間と、どこかで「共振」した点にあるのかもしれない。

「突っ込んでみろ！」「そうだあ！」

参加者は桜井の言葉に合わせながら拳を突き上げた。

〝ダルビッシュ〟との再会

約1時間の街宣を終えると、次はデモ行進である。

在特会の一行はデモの出発点である、公園と原爆ドームとを結ぶ元安橋の方向へとゾロゾロ移動した。途中、公園内で反核集会を開いている市民団体を見かけると、まるで八つ当たりするかのように「左翼!」「出て行け!」などと罵声を飛ばす。相手が車椅子に乗った障害者団体であってもお構いなしだ。「許可取って集会やってるんだろうな?」などと、地回りのヤクザみたいに食ってかかる者さえいる。一人ひとりは素朴な顔つきのおとなしそうな若者ばかりなのに、徒党を組んだときの在特会は怖いものなしだ。周囲を威嚇し、市民団体を蹴散らすようにしながら日の丸集団が往く。

気持ちいいだろうなと私は思った。

威嚇された側からすれば迷惑この上ないであろうし、彼らの言動に憤りを覚え、あるいは心が傷ついた被爆者や遺族もいたことだろう。だが、その瞬間において、在特会は間違いなく「主役」に躍り出ていた。誰もが彼らを恐れ、渋々と道を開け、黙って日の丸の列を見送るのである。こんな経験、そうあるもんじゃない。

出発地点の元安橋でも彼らの雄叫びは続いた。「在特会は全力で闘うぞ!」といったシュプレヒコールが繰り返される。

日本百名橋の一つに数えられる元安橋は66年前のこの日、原爆の直撃を受けた。爆心地のほぼ真下にあたる。同橋の周辺ではとくに多くの犠牲者が出たことから、毎年、原爆忌当日夜には慰霊のための灯籠流しがおこなわれる。その橋の上が日の丸の旗で埋め尽くされ、そしてここでもデモ出発前の景気付けのスピーチがおこなわれた。

「核の力を一番よくわかっているのは広島市民のみなさんではないですか。周辺諸国が核武装しているのに、日本だけ、なぜに持つことができないでいるのか。何考えてんのや、お前ら！」

在特会を刺激しないよう、少し離れた場所から様子を窺っていた私の耳に、やけに挑発的な若者の声が飛び込んで来た。聞き覚えのある声だった。

もしや――と思い近寄ってみる。日の丸をマントのように背負った長身の男が、大げさな身振りを交えつつ声を張り上げていた。間違いない。〝ダルビッシュ〟こと星エリヤスだ。どちらかといえば地味な容貌の多い在特会のなかにあって、彼の草食獣のような、しなやかで細長い手足は、ひときわ目立っていた。

彼の自宅で話を聞いてから、まだ数ヵ月もたっていない。取材中に「運動から離れたい」と私に打ち明けた星は、その後、在特会の活動には姿を見せなかったため、私はてっきり彼が「卒業」したものだと思い込んでいた。その星が、私の目の前で、聴衆の視線を独り占めしたロックスターのように、誇らしげな表情を浮かべている。少しばかり残念でもあり、しかし、音信不通だった彼の姿をふたたび目にすることができたことが嬉しくもあり、複雑な気持ちだった。

演説を終えた星に、思わず私は駆け寄った。星は嫌がる素振りも見せず、それどころか旧友に再会したときのような満面の笑みを浮かべ、私をハイタッチで迎えたのである。

「お久しぶりです」

在特会の「敵」である私に向かって星は深々と頭を下げた。周囲の目もあるだろうに、彼のこうしたところが憎めない。

──復帰したんだ。もう辞めたのかと思ったよ。

星はそれに対して何も答えず、へへへと照れくさそうに笑った。結局、彼もこの場所に「帰る」しかなかったのかという思いが頭をよぎった。趣味の音楽は続けているのかと訊ねると、星は「ええ、続けてます」とこれまた礼儀正しく、ちょこんと頭を下げた。

彼の立場もある。これ以上親密な素振りを周囲に見せたら、星も困るだろう。そう判断した私は、彼の肩をぽんと軽く叩き、静かにその場を離れた。星は「おつかれさまです」と私をねぎらうように言い、そしてまた深々と頭を下げるのである。

ほんの数分前まで「何考えてんのや、お前ら」とマイクを持ってがなりたてていた星の姿が、私のなかでは、遠いものとなっていく。このギャップはいったい何なのか。

星だけではなかった。「安田、出てけ！」と罵声が飛び交うなかにあっても、私に目配せで挨拶する者、すれ違いざまに私の肩にそっと手を置く者、視線を合わせないままに「おつかれ」と短くつぶやいて通りすぎる者、「あとで電話します」と耳元でささやく者──が何人かいた。在特会の傍若無人な姿に私はうんざりしながらも、一部の会員のこうした自然な振る舞いに、やはり憎めないものを感じていた。

しかしひとたびデモ行進が始まってしまえば、彼らはまたもや狂熱の世界に身をゆだね、ひたすら「ハネまくる」のだった。

在特会のデモ隊は「広島から日本覚醒！　核武装推進デモ」と記された横断幕を先頭に、元安橋からすぐ脇のアーケード商店街を抜け、さらに目抜き通りを進む。

「反核団体は広島から出て行けーっ！」「でーていけー！」

「核武装してシナ・朝鮮から日本を守るぞおーっ！」「まーもるぞお！」

「核兵器のない未来よりも北朝鮮のない未来をつくるぞおーっ！」「つーくるぞお！」

被爆地・広島で、こうした訴えに共感が集まるわけがない。デモに寄り添い、在特会の放つ甲高い声をメモする私も、次第に気分が悪くなってきた。

彼らは、あろうことか被爆者そのものへも矛先を向けた。

「被爆者援護制度には市民の血税が使われているぞおーっ！」「そーだあ！」

「血税にたかる被爆利権者を叩き出せえーっ！」「たーたきだせー！」

「贖罪意識を押しつける記念碑を叩き壊せえーっ！」「こーわせー！」

「原爆ドームを解体するぞおーっ！」「すーるぞー！」

被爆者が国から補償を受けることまで「利権」なのか。だいたい、「原爆ドームを解体」してどうなる。こうなってくると、主張を訴えるというより、喧嘩を吹っかけているようなものだ。

私の目の前を星エリヤスが通りすぎる。整った顔が、憤りで歪んでいる。冷めた視線を向ける沿道の市民に対し、拳を振り上げ、「あなた方の問題なんだよ！」と大声で怒鳴っている。

これまでの取材で見知った者たちも、何かにとりつかれたかのように、ぶんぶん手を振り回し、呪詛《じゅそ》の言葉をぶつけていた。私と向き合ったときに見せる幼い表情も、苦悩も、そこにはない。

「出てけー！」「叩き出せー！」

暗い情熱に支えられたような怒鳴り声が、8月の空に吸い込まれていく。

「反原発」を攻撃する理由

そもそも彼ら、在特会はなぜ、「反原発」を新たな攻撃目標に選んだのだろうか。

日本列島に未曾有の被害をもたらした11年3月11日の東日本大震災、福島第一原発の事故は、在特会の活動に大きな影響を与えた。いや、危機感、焦燥感といってもよいだろう。

彼らを追い詰めたのは、反(脱)原発運動の大きなうねりだった。この反原発運動を彼らは「左翼に主導された国家破壊活動」と捉え、「このままでは左翼に日本が乗っ取られる」との論理から、すぐさま「反・反原発」のカウンター行動にとりかかったのである。いわば新しい敵をつくり出したとも言える。

たしかに3・11以降の反原発運動は、日本の社会運動史に記録されるほどの盛り上がりを見せた。原発事故から1ヵ月後の4月10日には東京・高円寺で1万5000人を集めたデモがおこなわれたのを皮切りに、全国各地で数千人規模のデモが繰り返された。それほどまでに原発事故が与えた不安や危惧が大きかったからだという以外にない。左翼が云々といった話ではなく、実際、すべての国民に危険が迫っていたのだ(それはまだ続いている)。だからこそ古くから反原発、反核の運動に関わってきた者ばかりでなく、政治的無関心層、あるいは保守・右翼と呼ばれる人々も含めて、反原発・脱原発の一大ムーブメントが形成されたのである。

たとえば前出・統一戦線義勇軍の針谷大輔などは「右から考える脱原発ネットワーク」を組織、同じ民族派・右派に属する仲間たちとともに脱原発デモを各地で展開している。「そもそも脱原発運動に政治的な左右は関係ないはず。真剣に国の将来を考えるならば、原発のない社会を目指すのは当然のこと。日頃から麗しき日本の山河を守れと訴えている民族派であればなおさらです」というのが針谷の主張だ。

在特会・桜井の〝育ての親〟でもある「主権回復を目指す会」の西村修平も、「(原発事故は)誰もが否定し得ない惨禍。国土を守るためにも脱原発の声をあげなければならない」と、事故直後から原発問題を考えるシンポジウムなどを主催した。さらには自らが先頭に立ち、「脱原発! 愛国デモ行進」を実施してもいる。

ところが、同じ保守派に属するはずの在特会は、まったくの逆張りに出た。

反原発・脱原発運動に「左翼の魔手を見た」という桜井は、「原発の火を消させない国民会議」なる団体を立ち上げ、自ら代表に就任。早くも同年4月17日には東京・渋谷で「原発の火を消させないデモ行進」をおこなった。

この日、デモに参加したのは在特会、排害社などのメンバーを中心に約50人。私は列の最後方から彼らの姿を追った。

案の定と言うべきか、シュプレヒコールも原発と直接的に結びつくようなものは少なかった。

「日本の精神をむしばむ朝鮮人を叩き出せ！」

「原発を反日左翼から守れ！」

あげくには沿道の冷たい視線（休日の渋谷など、そんなものだろう）に苛立ったのか、「渋谷で遊ぶことができるのも電気のおかげだ！」といった罵声まで飛び出した。

デモ解散地点の公園で、桜井はデモの意義を訴えた。

「我々の運動に対して反発する声も多い。しかし、反原発をヒステリックに叫んで得られるもんといったら、日本の混乱しかないんですよ（そうだ！　と合いの手）。その証拠にね、いま、反原発を訴えている中心には誰がいますか？　極左暴力集団なんですよ。反原発デモは、とてもじゃないがデモとはいえない。ただの暴動です！（そうだあ！）いま、たしかに、原発の火を消すなと訴えれば、原発推進と捉えられかねない。しかしこれをやらなければ、多くの人が、とくに社会的弱者と呼ばれる人が、間違いなく犠牲になります！」

どうにも桜井の主張には「左翼憎し」の側面しか見えてこない。

こうした桜井の動きに逸早《いち》く反応を示したのは敵である左翼ではなく、西村修平だった。

同じ日、西村は「『愛国』に名を借りたレッテル貼りを止めろ！」と題する声明を発表した。そこには次のような記述がある。

〈現行の原子力政策への異論を一律に「反日左翼」と決め付け、レッテル貼りに狂奔し、建設的な議論からも遁走するかのような姿勢を我々は容認できない。「愛国」の看板を掲げながら、そのような逃避の姿勢に終始することは、国家の将来に対する二重の裏切り行為であるとさえ考えている。真の愛国者を自負するのであれば、原点に回帰すべきである〉

名指しこそ避けているものの、ここで批判されているのが在特会であることはいうまでもない。

6月10日、西村の企画発案による「原発の是非を問う　これからのエネルギーを考える」と題されたシンポジウムが東京都内で開催された。登壇者は主に保守派と目される人物が中心で、反原発、脱原発、原発擁護といったそれぞれの立場から、発言してもらう手はずだった。西村は事前に在特会の桜井に出席を要請している。保守派のなかで明確に「原発擁護」を訴えているのが在特会だけだったからだ。

ところが桜井は出席を拒否した。というよりも、西村曰く「携帯電話に連絡しても、桜井は出ようとしなかった」のだという。その少し前から在特会批判を繰り返してきた西村に対し、桜井は反発を覚えていたのか。かつての〝恩師〟の一人でもあるだけに、西村の批判はことさら耳に痛く響いたのかもしれない。

結局、西村は、桜井がダメならばと、副会長の八木に出席するよう要請。紆余曲折はあったものの、「個人の資格」といった条件で、どうにか八木の参加は実現できた。

西村はこうした桜井の「逃げ」に対して私にボヤいた。

「彼（桜井）はもう、僕と話すのがイヤなんだろう。それならそれで構わないが、運動のリーダーたる者が言論の場から逃走して、いったいどうするのか。原発擁護だ、朝鮮人を殺せだといった威勢の良い彼の発言も、結局のところ身内に守られていないとできないわけだろう。無責任としか思えないんだよな」

一方、桜井はますます西村との間に距離を置き、まるで意地になったかのように「原発擁護」に力を入れるようになる。なかでも在特会が躍起となったのは反原発デモに対するカウンター行動だった。反原発デモの現場に押しかけ、沿道からデモ参加者に向けて罵声を飛ばすという、彼らが得意とする抗議運動である。

震災からちょうど3ヵ月目にあたる6月11日は、国内１４０ヵ所で「全国一斉脱原発デモ」が開催された。主催者の発表によれば、このイベントに参加したのは全国で約８万人。東京都内だけでも2万人がデモの隊列に加わった。

私はその日、新宿でおこなわれた脱原発デモを取材していたが、沿道はまるで解放区のように賑やかだった。バンドやＤＪを乗せたサウンドカーがデモ隊を先導し、道を埋め尽くした参加者らが「原発反対」と声を張り上げる。

デモの隊列が新宿駅前に差しかかったときだった。突如、日の丸集団が現れた。在特会である。新宿アルタ横の交差点に陣取った在特会メンバーら男女20人ほどが、日の丸を振りながら、いっせいに罵声を浴びせた。

「コジキー！」

「キチガイ！」

デモ隊のなかには気色ばんだ表情で中指を立てて見せる者もいたが、多くはとくに気に留めることもなく素通りした。というよりもサウンドカーから流れる音楽が在特会の罵声を打ち消し、それに気がつかなかった参加者も多かったのである。そして、それが余計に在特会をイラ立たせたのであろう。なおいっそう声を張り上げ、聞くに堪えぬ罵声を連呼するのであった。

同時刻、桜井は名古屋にいた。同地の在特会メンバーらとともに、やはり脱原発デモを迎え撃っていたのである。

「原発推進！」と大書された横断幕を掲げ、やはり挑発的な叫び声をあげる。

「浜岡（原発）を守るぞーっ！」

「おい、そこのババァ、電力不足の責任を取れ！」

在特会は他にも福岡、大阪などでメンバーを動員し、同様のカウンター行動を見せた。いま、あらためて在特会がアップロードした動画を見ると、耳が腐るような差別的な罵声が少なくない。福岡ではOL風の若い女性会員が「汚ねえチョンコウ（朝鮮人）とつながる左翼は帰れ！」「土人の生活をしろ！」と金切り声をあげている。大阪でも「チョンコは日本から出て行け！」「ボケー！」といった声が飛び交った。

いずれの支部でもデモ参加者を「コジキ」「中核派」などと決めつけ、さらに「反原発ならば電気を使うな」と、手垢のついた文言を持ち出すところは共通している。まさに西村修平言うところの「『愛国』に名を借りたレッテル貼り」である。

そもそも中核派の主導で全国から8万人もの人間を集められるはずがない。こうした政治オンチぶりをさらしてしまうところに、組織としての在特会の脇の甘さがある。朝鮮人の蔑称である「チョンコ」を連発するにいたっては問題外だ。在特会としてはどうしても結びつけたいのであろうが、在日コリアンと今回の原発事故とはまるで関係がない。

だが、その後も大規模な脱原発デモがあるたびに在特会は日の丸を持って押しかけ、「コジキー!」と叫び続ける姿が目立った。

いまや脱原発運動のシンボルとまで言われるようになった俳優の山本太郎も、在特会からの攻撃を受けている。11年10月、原発を考える市民集会に押しかけ、ゲストで参加していた山本に対して「おい、売国奴!」「ボケ、こらぁ!」と詰め寄ったのは関西在住の在特会メンバーだった。いきり立つ在特会側に対し、「売国奴と呼ばれても構わない」と平然と答えた山本を、私は彼の原発に対するスタンスとは関係なく、素直に見直した。

しかし在特会は、脱原発運動にひた走る山本がどうしても許せないらしい。

10月24日、在特会佐賀支部のメンバーが、山本を建造物侵入などの罪で佐賀地検に刑事告発した。7月に同地でおこなわれた脱原発デモの際、山本らデモ参加者が玄海原発の再稼働中止を求めて、県庁に「乱入」した行為に対するものだという（告発状は受理されたが、その後、地検は嫌疑不十分で不起訴処分としている）。

２０１２年１月18日、経済産業省で開かれた原子炉施設の安全評価に関わる意見聴取会に、山本は市民団体メンバーとともに姿を現した。しかし経産省側が一般傍聴を制限したことから、山本らが強く抗議。意見聴取会会場は警察官も導入され一時騒然となった。

これに対し、ふたたび在特会は動く。山本の行為は犯罪だとして、またもや東京地検に建造物侵入、威力業務妨害などの罪で刑事告発をおこなったのだ。

地検に提出した告発状には次のような記述がある。

〈正当な理由がないのに同会合の室内へ侵入し、要求を受けたにもかかわらず同庁舎内から退去せず、大声をあげ、罵倒を繰り返すなどして、２時間以上にわたり会場を占拠し、それにより長時間会合を中断させせられた主催者は、会場を変更しての再開を余儀なくされ、以って威力を用いて人の業務を妨害したものである〉

山本の行為を不愉快に感じた人もいたことだろう。そして告発の権利は誰もが有している。だが告発状の文面を目にした瞬間、私の頭の中には経産省とは別の場所の光景が浮かび上がった。

たとえば徳島県教組の事務所である。「要求を受けたにもかかわらず退去せず」「大声をあげ、罵倒を繰り返すなどして」「威力を用いて人の業務を妨害した」のは——まさに在特会だったのではないか。

パチンコへの憎悪

「パチンコ産業」もまた、在特会が目の敵にしている対象の一つである。

先に述べた「原発の火を消させないデモ行進」（2011年4月）でも、先頭集団が掲げる横断幕には「日本の電力を守ろう！　原発のない社会よりもパチンコのない社会を！」と大書されていた。桜井をはじめとする在特会の面々は、もともとパチンコを「朝鮮人の民族産業」と位置づけ、日本社会を貶める存在として攻撃目標にしていたのだが、「原発」と「パチンコ」を強引に結びつけることで、会のメンバーや支持者たちの憎悪をさらに煽ろうとしている。「反原発を唱えるならば、まずは電気の無駄遣いにすぎないパチンコ屋を即座に閉鎖しろ」という桜井の主張などはまさにそれだ。

11年4月、在特会は、パチンコの業界団体である社団法人日本遊戯関連事業協会に、次のような申し入れ書を提出している。

〈（略）在日特権を許さない市民の会（以下、在特会と称す）は計画停電の最中においても、病院等の必要な施設に電力が供給されるよう、社会に何の貢献もせずギャンブル依存症患者を増加させ、多大な電力を無駄に浪費するだけのパチンコホールすべての営業停止を求めます。（略）半導体の塊とされるパチンコ台は平均で20ワットアワーから最大100ワットアワー以上の電力消費を必要としています。さらにパチンコ台から放出される熱を押さえるため、パチンコホールの電力使用量の大半が空調関係となっています。このため、とくに夏場の電力消費量の急増を招いていることは周知のとおりです。（略）今回の電力不足問題に限らず、そもそも違法賭博産業としての問題、現在200万人と目されるギャンブル依存症患者の問題、在日基幹産業（民団新聞より）のパチンコとワンセットとなっている消費者金融においてギャンブルに起因する自己破産の増加問題など、在日の故郷韓国においてでさえ違法とされ、取り締まりの対象となっているパチンコ産業にはあまりにも問題が多すぎると言わざるを得ない状況です。（略）協会の責任においてホール営業の停止を徹底させるように在特会は強く要請します〉

パチンコは電力の浪費にすぎず、違法な賭博産業であるから即時に営業を停止せよ――

というわけだ。申し入れ書でさりげなく触れられている「在日基幹産業」なる文言こそが、主張の根幹であることは言うまでもないだろう。

かくして全国各地で「パチンコ撲滅」のデモや街宣がおこなわれるなか、私が足を運んだのは2011年6月25日に新宿でおこなわれた街宣である。

同日早朝、20〜30代の若者を中心とする在特会のメンバーら約30人が新宿駅東南口前に集結した。

桜井の演説は、いつも以上に激しいものだった。新宿駅東南口はパチンコ店の密集地帯である。桜井はパチンコ店のほうに身体を向け「我々はパチンコ店の全店廃業を目指しています」と前置きしながら大声でアジり続けた。

「電力不足は深刻な事態になっている。こんなときにドンチャン騒ぎしててもいいのか!」

「全国のパチンコ屋の一日の消費電力は原発30基分。電力不足で苦しんでるのに、こんなもの認められるわけないだろうよ」

「パチンコ産業からは年間700億円が北朝鮮に流れている。それがテポドン、ノドン、拉致活動の資金となっている。(パチンコ店の客に向かって)あなたたちが朝から晩まで朝鮮タマ入れに突っ込んでいる金がテロ資金になっているんだよ。ちったあ、目を覚ませ！」

一通りの演説を終えるとメンバーらは「見学」と称して東南口一帯を集団で歩き回り、パチンコ店の前で気勢を上げた。

「日本人からカネを搾取する反日朝鮮人を東京湾に叩き込めーっ！」

電力問題が、すっかり「朝鮮人問題」にすり替わっている。パチンコ店の経営者に在日コリアンが少なければ、おそらくはこうした行動もなかったことであろう。在日への憎悪が、そのままパチンコ店に向けられているのだ。

大阪支部では街宣後の飲み会で酔ったメンバーがパチンコ店の看板を蹴り倒し、パトカーが出動する騒ぎを起こしている。また愛知県の女性支部長は、日頃からパチンコ店通いを公言していたこともあり、パチンコ糾弾街宣には消極的だったため、一部の会員から激しく糾弾され、退会に追い込まれてしまった。

「フジテレビ抗議デモ」の真相

「フジテレビをつぶせーっ！」

「韓流なんて見たくないぞーっ！」

そんなシュプレヒコールが渋谷駅前に響き渡った。

群衆の前では、在特会員である男子高校生がマイクを持って叫ぶ。

「クラスの女子は韓流スターに夢中になっている。気持ち悪いです！」

在特会が渋谷で「フジテレビ抗議街宣」をおこなったのは2011年8月14日のことだ。

その頃はまだ在特会とも良好な関係にあった中谷良子（徳島事件で逮捕・第3章参照）も、チーム関西の仲間とともに姿を見せていた。胸元が大きく開いたシャツを着込んだ彼女も、高校生に負けじと声を張り上げた。

「韓流アイドルなんて、みんな同じ顔。歌も同じに聴こえる。個性なんてない。韓流なんて日本に必要ありません。フジテレビは韓流ドラマを流すな！　日本人は黙っていてはいけません！」

皮肉なことに在特会が陣取るハチ公前広場は、韓流スターの看板で囲まれていた。駅側には韓国の人気グループ「超新星」、その反対側では「ＫＡＲＡ」が大きな看板のなかで微笑んでいる。くだんの高校生が「気持ち悪いです！」と叫んだ瞬間、正面ビルのオーロラビジョンでは、やはり韓国の人気俳優であるパク・シフが「コレカラ、ニホンノミナサンニ、アイニイキマス！」とたどたどしい日本語でメッセージを伝えた。その絶妙なタイミングに、野次馬の一部からは思わず笑いが漏れたほどだ。

震災後に相次いでおこなわれた「反原発デモ」に〝押され気味〟だった在特会――そんな彼らを久々に活気付かせるようなネタが飛び込んできた。いわゆる「反フジテレビ騒動」である。

引き金を引いたのは若手俳優の高岡蒼甫《そうすけ》だった。11年7月23日、高岡はツイッター上で突然、フジテレビの〝韓流偏重〟を批判する旨の発言をおこなった。

〈正直、お世話になった事も多々あるけど8（筆者註：フジテレビのこと）は今マジで見ない。韓国のTV局かと思う事もしばしば。しーばしーば。うちら日本人は日本の伝統番組求めてますけど。取り合えず韓国ネタ出て来たら消してます^^ぐっばい〉

〈ここはどこの国だよって感じ^^気持ち悪い！ごめんね、好きなら。洗脳気持ち悪い！〉

これがきっかけで所属事務所との関係が悪化し、彼は解雇されてしまう（周知のとおり、その余波は夫婦仲にも及び、その後、妻だった女優とも離婚するにいたった）。

ネット言論の世界は文字どおりの大騒ぎとなった。掲示板やブログでは高岡を擁護・絶賛する書き込みが相次ぎ、それがいつしかフジテレビ批判へとつながっていく。日々の事件や出来事を何でも街宣行動に結びつけようとする在特会がこうした絶好の流れを見逃すはずがない。すぐさま「反フジ・反韓流」の街宣デモを企画、この日の渋谷のデモと相成った。駅前で街宣を終えた在特会は、桜井を先頭に「フジテレビは平壌に移転しろ!」「放送免許を返上しろ!」などと連呼しながら渋谷の街を練り歩いたのだった。

その頃、すでに一部ネットの世界において、フジテレビは「日本を貶める反日放送局」といったレッテルが貼られ、しばしば目の敵にされていた。そこに高岡の発言という起爆剤が投げ込まれた結果、いつのまにかネット上ではフジテレビの反日ぶりを示す〝証拠〟が次々とあげられ、拡散していくことになる。主なものを列挙すれば以下のとおりである。

・フジのスポーツニュースで、サッカーの「日韓戦」が「韓日戦」と言い換えられた
・「笑っていいとも」のコーナーで、「好きな鍋料理ベスト5」の1位が「キムチ鍋」だった。アンケート調査を装った情報操作だ
・「めざましテレビ」で偶然に映された七夕の短冊に、「『少女時代』のようなきれいな

　脚になりますように」と書かれていた

・オリンピック放送で、選手が日の丸を手にしている場面や君が代斉唱がカットされた
・「サザエさん」のなかで、ワカメとカツオの部屋に韓国の人気グループ「東方神起」
　のポスターが貼ってあった

　重箱の隅を楊枝でつつくような指摘ばかりだが、これらはすべてフジテレビの意図的な韓流偏重だとされていくのである。

　皮肉なものだ。フジテレビはもともと、反共財界人として知られた水野成夫（当時・文化放送社長）がニッポン放送社長の鹿内信隆らと設立したテレビ局である。共産党からの転向組である水野は財界入りした後も労組つぶしなどで手腕を発揮し、左翼色の強かった当時の日本のメディアのなかで、唯一の〝保守系〟テレビ局を目指したのである。それがいまや最大の「反日テレビ局」として指弾されるとは、水野が存命であれば卒倒したことであろう。

　知人のフジテレビ記者は、弱りきった表情で私に打ち明けた。

「いつのまにか北朝鮮の手先などというワケのわからない批判まで沸きあがっている。たしかに他局と比較すれば韓流ドラマの放映は多いかもしれませんが、それは単に数字（視

聴率）が取れるからといった理由でしかありません。自社で制作することなく番組を買いつけるだけですからコストもかからない。まあ、手抜きといえば手抜きなんでしょうが、テレビ局では数字が絶対ですからね。意図的な偏重なんてことは絶対にありえない。ウチにはそもそも、なにかを意図するような政治性なんて、少しもありませんからね」

もちろん、こんな〝言い訳〟が通用するほどにネット言論は甘くない。

同局の日枝久会長がかつて労組の活動家だったこと、韓国の高麗大学から名誉博士号を授与されていることなどが〝暴露〟され、ますますその〝容共性〟が攻撃対象とされていくのである。

ただし——ここは大変重要なポイントだが——こうした「反フジテレビ」のうねりをつくったのは、けっして在特会ではない。在特会はむしろ、その波に便乗しただけである。フジテレビや韓流番組への攻撃の主体となったのは、あくまでもネットによって触発された「一般市民」だった。そのことは強調しておきたい。

だからこそ、私はそこに、在特会という存在を生み出す、今日の日本の「土壌」を感じざるを得なかったのである。

６０００人もの群集が港区お台場のフジテレビ本社を取り囲む。

「韓流なんて観たくないぞ！」

「Ｋ－ＰＯＰなんて聴きたくないぞ！」

「フジテレビを解体しろ」

日の丸を手にした人々がシュプレヒコールを繰り返す。後に「８・21フジテレビ抗議デモ」と呼ばれる、この大規模なデモがおこなわれたのは２０１１年８月21日のことだった。

彼らの中心を成していたのは20～30代と思しき若者たちである。だが、中にはデート中のようなカップルや、幼児をベビーカーに乗せた母親、あるいは２人の子供を連れた夫婦といったような文字どおりの家族連れの姿まで散見される。この日はフジテレビのイベント「お台場合衆国」が開催中だったが、むしろそちらの客ではないかと思えるような、ごくごく一般の人々が抗議活動に加わっていたのだった。

ベビーカーを押す30代のおとなしそうな女性に話しかけると、彼女は一気にまくしたてた。

「韓流ドラマばかりが増えて、うんざりするんです。ここは日本ですよ。日本人にふさわしい番組をつくるべきです。テレビ局は愛国心が足りないんですよ！」

この日のデモは、ネット掲示板「２ちゃんねる」で参加を呼びかけられたものである。

呼びかけの中心となったのは「2ちゃんねる」ユーザーの有志であり、在特会など特定の市民団体、政治団体は加わっていない。

デモに先立ち、主催者側のスタッフが大型のトラメガで参加者に事前説明をおこなった。

「みなさん、人種差別と受け取られかねない発言は控えてください」

「警察官の指示には必ず従ってくださいね」

「私たちが『シュプレヒコール！』って声をあげたら、みなさんは『おーっ』って応えてください」

いかにも素人くさいこの物言いが、デモに不慣れであること、逆に言えば主催者も参加者も大部分が自発的に集まった人々であることを表している。

「参加者数6000人」は決して大袈裟ではない。集合場所の青海南ふ頭公園から200人ほどで編成された〝小隊〟が順次出発していくのだが、その小隊が目視できただけで30隊近くあった。周辺の道路を行進し、フジテレビ社屋前を通りすぎるというコースだが、先頭のデモ小隊が出発して1時間後にようやく最後尾の隊が出発するほどの大部隊であった。

先頭の横断幕には「金の亡者フジテレビから公共の電波を取り返そう！」と大書されて

いたほか、「媚韓フジテレビ」「くたばれフジテレビ」「韓流いらない」「フジテレビは、うじテレビと名前を変えろ」などとスローガンが書かれた手製のプラカードを手にした人々も多い。それも単なる手書きではなく、きちんと整版・印刷されたような、なかなか手が込んだものが大半である。

「くたばれフジテレビ」などと書かれたプラカードを手にお台場を行進するデモ隊。その大半はネットを通じて自発的に集まった「素人」だった

文言はそれなりに過激だが、全体としてはピクニックのような雰囲気と言えなくもない。事前にスタッフからの注意があったせいか、差別的な言葉を口にする参加者は少ない。ただし、一部の連中はスタッフが先導するシュプレヒコールを無視し、「民主党を許さないぞ」「日本のテレビ局から朝鮮人は出ていけ」と声を張りあげた。

フジテレビの正面玄関前では「お台場合衆国」に遊びに来た人々と、デモ参加者とが近接した。機動隊に囲まれなければ、日の丸を持っていなければ、あるいは「日枝（会長）は出て来い」「俺たちの姿を報道しろ！」などと叫んでいなければ、両者の区別がつかないほど、デモ参加者はごく普通の人々であった。

デモ終点となったお台場海浜公園では「感動的」なシーンが待ち受けていた。

行進を終えた者たちの多くがそのまま公園に居残り、後続部隊が到着するたびに拍手とハイタッチで出迎えるのである。

「おつかれー」

「どうもー」

見知らぬ者同士が手を合わせ、笑顔で互いの〝健闘〟を讃えあう。感極まって涙を流す女性もいる。すぐに公園はデモの余韻に浸り、名残を惜しむ参加者たちで一杯になった。1000人とはいかなくても数百人はいただろう。公園の奥では、一部の者たちが日章旗を打ち振り、君が代を斉唱し、「天皇陛下万歳」を三唱していた。

実に楽しそうだ。彼らの表情は何かを達成した者に特有の高揚感に満ちている。

――すごいね。

私は同行した担当編集者の青木肇に声をかけた。

「ええ。なんだかよくわからないけどはじめて見ました。すごいですね、この熱気は……」

お互いに言葉は少なかった。私たちは、ただただデモの規模に圧倒されていたのだ。

「参加者がなんか普通なんですよ。みんなが一般人というかフツーの人っぽくて。見かけも、言葉も。だからなんだか、余計に圧倒されますよね」

青木がそう漏らした。私も同感だった。在特会のデモのような〝刺激〟は少ない。耳障りな罵声もほとんど聞こえない。乱闘もなければリンチもない。あまりに上品なデモだった。

正直に打ち明けよう。私はそこに、在特会以上の「怖さ」を感じたのである。

よくよく考えてみれば、テレビ局が他国の番組を必要以上に放映したからといって、これほどの大騒ぎになるほうがおかしい。公共放送の使命？　そのような言葉を、商業メディアそのものに批判的な旧左翼が口にするのならばまだ理解できる。だが、このデモに参加した彼ら彼女らは、そんなにも国家に寄り添った番組を欲しているのか。

キムチ鍋が人気ランキング1位だと紹介することのどこが〝偏向〟なのか——はっきり言えば、そんなくだらない事柄で、これほど大勢の人々が集まった事実に、私はショックを受けた。

これは祭りだ。「反フジテレビ」「反韓流」に名を借りた祭りである。どんなに上品なデモであっても、差別的な言動が少なかったといっても、それは世間一般に漂う、うっすらとした「反韓国」「反北朝鮮」の声を、もう少しだけ洗練させただけのものではないのか。

私はそこに、在特会の〝背景〟を見たように思うのだ。反フジテレビデモの参加者は、けっして突出した言動こそ見せないものの、主張の到達点は在特会とそれほど変わらない。つまり在特会のような過激な者たちを生み出しているのは、こうした〝洗練〟された人々の、何か鬱屈とした怒りである。在特会を透かして見れば、その背後には大量の〝一般市民〟が列を成しているのだ。私が感じる「怖さ」はそこにある。

「日本が貶められている」

「生理的に韓国の番組が嫌い」

「韓国に日本のテレビ局が乗っ取られてしまうような気がする」

デモに参加した幼児を抱えた母親や、ごくごく普通に見える仲睦まじげな若いカップルが、話しかけた私にそう訴えてくる。

フジテレビ問題など、あくまで一つのきっかけにすぎない。日頃から抱えている「日本が危うい」といった危機感が、これだけの規模のデモを引き起こしたのだろう。

高岡蒼甫が投げた火は、燎原《りょうげん》の火となって広がった。少なくない日本人の危機意識を熱く燃やしたのである。おそらく、それがいまの日本の「気分」なのだ。

帰りがけ、このデモの「主催者代表」を名乗る36歳の男性に話を聞いた。細面のおとなと思います」

しそうな人物である。

――デモは成功しましたか。

「これだけの人が集まって意思表示したのだから、フジテレビになんらかの影響は与えたと思います」

――そもそも、なぜ、デモをおこなおうと思ったのですか。

「僕も含めて参加者の大半は韓流のゴリ押しに反発しているんです。もともとは保守系だと思われていたフジテレビの偏向ぶりに、裏切られた思いが強いんですよ。フジはかつて、浅田真央ちゃんがスケートで優勝したときに国旗掲揚と国歌斉唱のシーンをカットしたこともあります。日本のテレビ局として許せない」

――あなたは何者なのか。

「普通の人間ですよ。どこの団体にも属したことはありません。IT系企業で働いています。高岡騒動をきっかけに、『2ちゃんねる』にフジの問題を書き込んだのですが、7月下旬に2ちゃんのユーザーによるオフ会があり、そこで正式にデモが決まり、いつのまにか私が代表ということになってしまったんです」

――いままで、他の保守系団体のデモに参加したことは？

「チャンネル桜が主催するデモなどに参加した経験はあります。ただし僕は活動家ではありませんよ。どこかの団体に属しているわけでもありません」

彼の話をすべて額面どおりに受けとめるならば、たいした手腕である。これだけ大規模なデモをまったくの素人がやりとげたのだ。組織や党派を頼らない見事な大衆運動だ。素直に脱帽せざるを得ない。

デモはここで終わらなかった。翌月以降は大阪、名古屋、福岡など大都市で、やはりネットユーザー中心による「反フジテレビデモ」が開催された。それだけではない。東京ではフジが放映する韓流ドラマの最大のスポンサーだった「花王」に向けた抗議デモまでおこなわれたのだった。反花王デモでは「フジの偏向放送に協力するな」といったシュプレヒコールに紛れて、エプロン姿の女性から「身体に悪い合成洗剤を売るな」といった叫び声もあがった。まるで消費者運動である。日の丸をしゃもじに持ち替えれば主婦連（主婦連合会）だ。

なにかを「奪われた」と感じる人々の憤りは、まだ治まっていない。静かに、そしてじわじわと、ナショナルな「気分」が広がっていく。それは必ずしも保守や右翼と呼ばれるものではない。日常生活のなかで感じる不安や不満が、行き場所を探してたどり着いた地平が、たまたま愛国という名の戦場であっただけだ。

ここでは敵の姿は明確である。韓国、メディア、そこへカネを貢ぐスポンサー、そしてこれらに融和する者。これらの者は日本人のためのテレビ番組を奪い、日本人の心を奪い、あげくに領土も富も奪いつくしているのだ。世の中の不条理は、すべてそこへ収斂《しゅうれん》される。その怒りの先頭を走るのが在特会だとすれば、その下に張り巡らされた広大な地下茎こそが、その「気分」ではないのか。

繰り返し述べたい。在特会は「生まれた」のではない。私たちが「産み落とした」のだ。

9 在特会に加わる理由

疑似家族、承認欲求、人と人同士のつながり……みんな〝何か〟を求めている

「動画、見たよ」

久しぶりに会った在日朝鮮人の友人が、困惑した表情を顔に浮かべながらそう言った。京都事件の直後である。

「まーたん、在特会だったん?」

しゃあないな。バレてしまったなら否定することもない。「まーたん」こと宮井将(32歳)は無言で頷いた。

でも——これで高校時代から仲の良かったこの友人を失うことになるな。宮井はそう思った。案の定、それ以来、彼からの連絡は途絶えた。これも仕方ないことなのだと宮井は自分に言い聞かせている。

逮捕こそ免れたものの、京都事件での宮井の〝活躍〟は、件の動画でも確認することができる。

「朝鮮人はウンコでも食っとけ」

「キムチ臭い」

朝鮮学校関係者を激怒させたこの罵声の主が、宮井だった。

ひどいヤツだと私も思った。人格攻撃というレベルにも達していない。こういう人間《ヤツ》に限って取材からは逃げ回るに違いない――そう確信していたのだが、宮井は意外にもすんなりと私の申し出を受け入れた。

大阪駅近くのホテルのラウンジ。真っ昼間から芋焼酎のロックをぐいぐい呷《あお》りながら、それでも宮井は真摯な態度で私と向き合ってくれたと思う。

「いま、動画を見ると、エライことやってしまったなぁと思いますよ。行動じたいは正しいことだったと思っていますけどね。それにしても幼稚な発言だったことは間違いないですね」

そして、これまた予想もしていなかった次の言葉に私は拍子抜けした。

「別に朝鮮人が嫌いなわけじゃないし」

宮井はそう何度も強調した。

彼もまた、私の前では礼儀正しい男だった。「安田さんは敵方の人間やけど」と言いながらも、きちんと私の目を見て話す。芋焼酎の力で多少、口は滑らかになってはいるが、下卑たことを言うわけでもない。シティホテルのラウンジという場所をわきまえた姿勢を崩すことはなかった。

在特会やその関係者を取材するようになってから、拍子抜けばかりしている。動画やネットの書き込みを目にするたび、いったいどんなヤツなのかと身構えてもみるのだが、実際に会ってみれば「フツー」としか形容する以外にない者がほとんどだ。もちろん、目を吊り上げていまにも襲いかからんばかりに突っかかってくる者もいたが、とはいえ、そのような輩もせいぜいが陳腐な脅し文句を口にするくらいで、それもまた、振り返ってみれば可愛いものだ。

彼らは「ファシスト」「レイシスト」「ネオナチもどき」などと非難されることが多い。私もそのとおりだとは思う。彼らが街頭でしていることは「レイシズム」以外の何物でもない。容赦ない言葉の暴力で、どれだけの人が傷ついたことだろうか。その被害者の怒りを私は共有したい。

だが、一人ひとりと直接に対峙してみれば、その言葉から連想されるおどろおどろしい感じを、彼らから受けることはない。

いや、ファシズムもレイシズムも、実際にはそうした「フツー」の人々によって育まれていくものなのだろうかとも考えてみる。歴史上、独裁への熱狂を下から支えてきたのは、こうした普通の人々だった。左翼がいうところの「人民」である。

ドイツの社会心理学者エーリッヒ・フロムは、ファシズムの構造を描いた名著『自由からの逃走』において、ナチズムに傾倒していくドイツ国民の姿を次のように記している。

〈普通の発展過程では金や力を獲得する機会のほとんどない何十万というプチブルが、ナチ官僚機構のメンバーとして、上層階級を強制して、その富と威信の大きな部分を分けあたえさせたということが問題であった。ナチ機構のメンバーでない他のものはユダヤ人や政敵からとりあげた仕事をあたえられた。そして残りのものについていえば、かれらはより多くのパンは獲得しなかったけれども「見世物」をあたえられた。これらのサディズム的な光景と、人類の他のものにたいする優越感をあたえるイデオロギーのもたらす感情的満足によって、かれらの生活が経済的にも文化的にも貧困になったという事実をおぎなうことができた〉（『自由からの逃走』日高六郎訳・東京創元社）

わかりやすく表現すれば、ナチを支えたのは、まさに〝一般市民〟であった。暴力的で傲慢な絵に描いたような〝ファシスト〟ではなく、常に何かを渇望していた普通の人々である。

在特会会員の多くは、ここでいう「パンは獲得できなかったが、見世物をあたえられた」人々ではなかったかと私は思う。失われるものがあまりにも多い時代、孤独を強いられる時代、人々は抱えていた自由を放棄してでも、強いものにすがろうとする。

人間はファシストやレイシストとして生まれるのではなく、環境によって育てられるのだ。

たとえ優しさと慈愛に満ちた人間であっても——。

大好きな、おかあちゃん

宮井も、そんな一人だ。

建築関係の専門学校を卒業した後、肉体労働の現場を渡り歩いてきた。ディズニーシー、ユニバーサル・スタジオ・ジャパン、そして関西空港の2期工事。これらの大型プロジェクトに、現場労働者の一人として関わってきた。

現在は大手運送会社の集配センターでアルバイトとして勤務している。夜勤も多く、肉体的にも苛酷な労働環境だが、けっしてサボったりはしない。〝愛国活動〟に合わせてバイトのシフトを組む。プライベートな時間はほとんどない。

在特会に入ったのは、例の「カルデロン一家追放デモ」を動画で目にしたことがきっかけだった。「不法入国者を追い出せ」といった主張に共感したという（それにしても在特会広報局長の米田が口にした「カルデロン事件がエポック」という言葉は本当だった。この事件を在特会入会の動機とする者が、これほど多いとは思わなかった）。

宮井は当初、在特会員として活動を始めたが、その後、街宣中に抗議に来ていた労組役員のメガネを破損したことで逮捕され、その責任を取って退会している。とはいえ活動から離れるわけでもなく、いまでも「チーム関西」の主要メンバーとして〝活躍〟している。

宮井は酒が進んでも冷静さを失わずに話し続けた。「日本に住んでいながら日本を批判する外国人が許せない」「一部の外国人は利権のために政治活動している」「日本は大和民族のものだ」。

これまで何度も耳にしてきた言葉が繰り返される。それはけっして私の心に響くものではなかったが、しかし、彼が自分の母親について言及したときには、思わずペンを持つ手が止まってしまった。

「おかあちゃんのこと、好きだったんですよ。僕は生涯、マザコンです」

彼はしんみりと母親について話した。

宮井が22歳のとき、くも膜下出血で母親が亡くなった。

その日、京都地方裁判所の改修工事現場で「はつり作業」（ドリルで資材を削るなどの仕事）をしていた宮井の携帯に「入院中の母親が危ない」という連絡が入った。急いで病院に駆けつけると、母親は集中治療室のベッドで、すでに虫の息だった。

呆然としながら、彼は心電図のモニターを見続けた。心臓の動きを示す波がだんだん弱くなる。「おかあちゃん、死ぬな」。必死に祈り続けた。しかし、母親はそのまま永遠の眠りについた。

「人生で一番のショックでした。もう、なんにもする気がなくなってしもうてね。半年くらい、ずっと家の中に引きこもってました。この経験があるからね、僕はなんにもコワイものなんかないんです。おかあちゃんの死以上の恐怖なんて、あらへん」

宮井の目が少しばかり潤んでいた。

「いつかね、おかあちゃんの名前を身体に彫りたいと思ってます」

感傷に浸る宮井に申し訳ないと思いつつも、私はちょっと意地の悪い質問を投げた。

――お母さんが生きていたら、いまの活動のこと、どう思うだろう。

宮井は躊躇《ちゅうちょ》なく即答した。

「おかあちゃんならば、きっと認めてくれると思う」

その日、宮井がムキになった声を発したのは、このときだけである。

一方、いまも一緒に住んでいる父親とは折り合いが悪いという。

「おとうちゃんとは、ほとんど会話もない」

宮井はそっけなく答えるばかりだった。

いま、親族以上に宮井が大事だと感じているのは「チーム関西」の仲間たちだ。なかでもリーダー格の西村斉に心酔している。

「カッコええなあと思いますよ。普段はとてもナイーブな人なのに、活動するときは、ビシッと言いたいこと言いますしね。一種の侠客ですよ」

宮井は「(原稿では)僕は斉さんの子分ってことにしてもらってもいいです」と付け加えた。

西村斉はたしかにアニキ肌の人物だと私も感じることが多い。良い意味での不良の香りがする。おそらく面倒見はいいのだろう。

宮井はもしかしたら、西村に「あるべき父親の姿」を求めているのかもしれないと私は思った。

私は宮井の父親に会ったことがある。線の細い、おとなしそうな人物だった。宮井を訪ねて自宅に足を運んだとき、不在を告げる父親は、こちらが気の毒に思うほど、どこかおどおどした印象だった。おそらく優しい性格の人なのだろう。わが子をメディアにさらしたくないという、父親らしい気持ちが伝わってきた。だが、宮井はそんな父親を嫌っている。宮井が求める「父性」を持っているのは、おそらく西村斉のような人物なのだ。

実際、在特会のような保守系組織には、どこか疑似家族の雰囲気が漂う。

宮井だけではなく、西村斉や荒巻靖彦といった年長者を「兄貴分」のように慕う若手会員は少なくない。第3章で触れた21歳の岡本裕樹も「荒巻さんは男ですよ」と何度も私に訴えた。大阪の高級マンションに住むS（桜井誠に1000万円を渡した女性・第7章参照）も、かつてはチーム関西の仲間から母親のように慕われ、彼女自身もまた、メンバーを息子、娘のように可愛がっている。

「彼らと付き合って、よくわかりましたよ。みんな家族を欲しているんだな――と」

私にそう話したのは、東京都内に住む藤井正夫（66歳）という人物である。

若い頃に自民党議員の選挙活動を手伝ったのが縁で、その後もさまざまな保守系活動に関わってきた。現在は「誇りある日本の会」なる名前の団体で理事長を務めている。

実は、在特会の桜井がいま一番信頼を寄せているのが、この藤井だという話を、私はある現役の幹部から聞いた。

「チャンネル桜の水島さん、そして西村修平さんなど、かつて桜井会長のそばにいた〝大人〟が、どんどん離れていくなかで、いまは藤井さんだけが唯一の保護者みたいなものです。デモや街宣を終えると、藤井さんの自宅で打ち上げの飲み会を開くことも少なくありません」

私が最初に藤井の自宅を訪ねたとき、ちょうど桜井ら在特会幹部が家のなかで酒盛り中だった。玄関で応対してくれた藤井は私に「いまキミをウチに招いたら、収拾がつかなくなるだろう」と苦笑しながらも、「都合の良い日に、また来てくれ」と玄関で耳打ちしてくれたのである。

藤井は約束を守る人間だった。日を改めて足を運んだ私に、彼は年配者らしく紳士的に応対してくれた。

チャンネル桜が設立された際、藤井は同放送局の「私設応援団」として視聴者拡大に協力した経験を持つ。桜井とはその頃からの知り合いだ。藤井は桜井を、そして在特会を高く評価していた。

「私も色々な保守系団体に関わってきたが、在特会は保守の歴史を塗り替えた。正面切って在日の問題に深く斬り込んだのは在特会がはじめてでしょう。これには感心しましたよ。いままで保守どころか右翼も民族派も、手をつけてこなかった分野ですからね。桜井君は、そうした意味においての開拓者です」

私は、これまで在特会が起こしてきた事件や、右翼・民族派からの批判について触れてみたが、藤井は「うーん、よくわからないなあ」と口を濁す。

「なにか行動を起こせば、批判や非難もあるだろう。でもね、大事なのは自分自身が国のために行動しているかどうか、ということなんだ。その点、桜井君たちは頑張っているじゃないですか。勉強もよくしているよ」

古くから保守活動にたずさわっている人間で、これほどまでに桜井や在特会を持ち上げてくれる者など、他にはいないだろう。桜井が寄り添いたくなる気持ちも理解できる。

そして藤井は「在特会の連中は、みんな可愛いよ。私の前では素直な子たちばかりだ。それで思ったんだ。ああ、この子たちは家族みたいな関係を欲しているんだろうなあと。在特会ってのは疑似家族みたいなもんだね」と語るのだった。

藤井は若い頃の一時期、ある任侠系組織に属していた。有体《ありてい》に表現すれば、ヤクザ者だった。藤井はそのことを隠さない。

「だからこそ、わかるんですよ、彼らが家族を求めたくなる気持ちも。ヤクザ者の世界でも、そうした要素に憧れて組織に入る人間は少なくない。組織こそが彼らにとって、もっとも居心地の良い〝家〟だからね。もちろん在特会はヤクザじゃないし、彼らはそんなものと繋がりなんてないよ。だけど、家族への欲求みたいなものは不思議と同じなんだな」

在特会は「帰る場所」なのだ。

むろん、そのためには強い信頼感と、互いを認め合う気持ちが必要だ。在特会は、そうした要素を兼ね備えている――そう話してくれたのは、元在特会員で「チーム関西」メンバーでもあった30代の青年である。彼は「仲間といるときだけが気持ちよかった」と素直に私へ打ち明けた。

「街宣しているときに突然、妨害者が現れたことがあるんです。思わず僕は『叩き出せっ！』と叫んでしまったのですが、そのとき、周囲の仲間がみんなして僕に同調してくれた。自分が大声で指示を出したときの快感と、仲間が守ってくれているんだという安心感。僕が一時期とはいえ在特会にハマったのは、この感覚なんですよ。人生のなかで、これほど高揚感を得たことはありません。ああ、仲間っていいなあと心から思ったんです。ぶっちゃけ、僕らって親からも世間からもたいして評価されていないじゃないですか。なのに、活動仲間は必ず僕を認めてくれた。（チーム関西の）荒巻さんや西村さんなんて一見ガラは悪いけど、実はものすごく親切な人ですよ。仲間内で困っている人がいると放っておけないタイプなんですね」

仕事の関係でしばらく活動を休んだことがあった。久しぶりに街宣に顔を出したら、咎《とが》められることもなく、そればかりか全員が「よう来てくれた」と拍手して迎えてくれたという。

「みんなから慕われてる荒巻さんは、街宣を終えると参加者一人ひとりと握手して回るんです。そりゃ誰だって感激しますよ、そんなことされたら。家にも会社にも学校にも拠り所を持たない人間からすれば、なおさらですね。自分を見てもらえる、認めてもらえる、そしていざとなれば助けてもらえるという安心感は、仲間になってみないとわからないかもしれませんけどね」

だが彼の場合、その高揚は長く続かなかった。

「関西に住んでいますとね、やはり在日の友人もいるわけです。最初の頃は『朝鮮人を叩き出せ』と叫ぶたびに気持ちよかったけど、しだいにね、頭のなかに在日の友達の姿が浮かぶようになってしまったんです。僕の友人は子ども時代、在日部落の、いわゆる〝ハモニカ長屋〟に住んでいて、よくその近くで一緒に遊んでたんですけど、そこの住人の顔まで浮かんできた。いったい、この人たちに、どんな特権があるんやろうって。なんだかだんだん冷静に考えるようになってしまったんですね。そういう根幹的な疑問を口にしてしまったら、もうダメですね。こうなると誰も相談に乗ってくれないし、今度は敵扱いされてしまう。あくまでも同じ道をまっすぐに疑わずに歩いている限りは、家族であり兄弟でもあるんだけど、活動そのものに疑いを持ってしまったら許されない。まあ、脆くて壊れやすい家族ではあるんです」

だが、それでも「活動にのめりこんでいるときは幸せだった。認めてもらえるということがこんなに気持ちいいことだとは思わなかった」と、取材者の私に、しつこいくらいに強調するのである。そう話すときの彼は、どこか満足げな表情でもあった。

前出・西日本で在特会の支部長を務めていた会社員の男性も、「（在特会の）メンバーには、ここではじめて〝認められた〟喜びを得る人間が多い」と打ち明けた。

「最初はみんな、おそるおそる活動に参加するわけですよ。こわごわと日章旗を手にして、なれない手つきでマイクを握る。普通は、街頭での演説なんて、うまくできるもんじゃありません。はっきり言えばグダグダになるんです。それでもね、演説の最後にシュプレヒコールをやると、みんながちゃんと唱和してくれるんです。これが病みつきになるんですね。次回の街宣からはマイクを離さなくなる。一度自信を持つと、人間は見違えるようになっていきます。僕はそうした場面を何度も目にしてきました。だから在特会にはね、引っ込み思案の子を、戦闘的な愛国者に変えるだけのパワーがあったと思うんです。けど実際ね、酒でも飲みながら話してみると、リアル社会では生きづらいだろうなあという若い連中は多かったですよ」

在特会は、ネットが大きな原動力となっているのはたしかだが、その反面、ネットには「在特会のメンバーはみんな人生のおちこぼれ」といった、彼らを揶揄するような書き込みも溢れている。パソコンで掲示板やソーシャルネットワークを眺めてみれば、会の幹部やメンバーを「ニート」だ、「引きこもり」だと決めつけるような物言いは多い。

だが、この元支部長は、そうした見方も否定する。

「たしかにニートや引きこもりだった人間がいないわけじゃない。でもそれは多数とは言えませんね。仕事とか学歴とか、そんなこととは関係なしに、どこか人間関係に難点を抱えているようなタイプが多いんです。在特会のいいところは、〝来る者を拒まず〟を通していることなんです。自分たちが少数派であることを理解しているから、誰でも大歓迎なんですよ。とにかく行動をともにしてくれるのであれば、参加者が在日であろうと他の外国籍であろうと構わない。一緒に街頭で叫んでくれさえすれば、大事にされるんです」

私は在日韓国人の祖父を持つ岡本裕樹や、イラン人の母親を持つ星エリヤスを思い出した。彼らもまた、在特会から「認めてもらえた」ことを誇りにも思っていた。星にいたっては「在特会だけが僕を日本人として認めてくれた」と言い切っている。偏狭なナショナリズムを煽っているようにしか見えない在特会だが、そうした「懐の深さ」がある面は否定できない。

在日コリアンの支持者

事実、アクティブな——つまり、積極的に活動に加わるようなメンバーではないものの、在特会のなかには在日コリアンの会員も実在するという。

そして在特会と関係の深い在日コリアンといえば、「在特会のお抱え映画監督」と私が呼んでいる朴信浩《パクシンホ》（48歳）について触れないわけにはいかない。

在特会は現在、戦前の「韓国併合」を正当化するアニメ映画を製作中だ。その監督を務めているのが、在日韓国人の朴なのである。

彼は不思議な人物だ。記念大会など、在特会の大きなイベントには必ずと言っていいほどゲストとして呼ばれ、壇上から「在日の悪業」を訴える。ときに北朝鮮の政治状況などをテーマに、在特会主催の講演会でスピーチすることもある。

桜井は在特会が「レイシスト集団」ではないことを訴えるために、この朴を引き合いに出すことが多い。

「我々がレイシストというのであれば、なぜ、朴さんに映画の監督を任せるのでしょうか」

桜井がこう話すのを私は何度か聞いている。私はそんな朴に興味を持ち、取材をしたいと電話すると、彼は「いいですよ、いいですよ」と快く承諾してくれたのだった。

新宿の沖縄料理屋。朴は泡盛を何度もお替わりしながら私の取材に付き合ってくれた。

朴は同胞が多く住む大阪の生野区出身、韓国籍の在日コリアンである。その朴は、近畿大学の学生だったときに「留学同」に加入した。正式には「在日本朝鮮留学生同盟」という。平たく言えば在日コリアンの学生組織だ。

同盟のホームページには次のように記されている。

〈在日同胞団体の中でも旧い歴史と伝統を持つ留学同は、日本の各大学・短大・専門学校で学ぶたくさんの同胞学生が集う学生団体です。留学同は、各自の個性を大切にし、大衆的で、開かれた運営をモットーにしています。

留学同は結成以来、同胞学生を祖国のもとに固く結集させ、祖国の平和・統一・発展、同胞社会の繁栄に少なからず貢献してきた祖国愛、民族愛を大事にする団体です。

留学同は、祖国の北・南・海外の同胞青年学生との団結と交流を強める一方、日本と世

界各国の学生との友好・親善を深める活動を活発に行っています〉

在日コリアンの学生団体としては他に「在日韓国学生同盟」（韓学同）という組織があるが、こちらは韓国籍中心であるのに対し、留学同は総連系組織の一つである。

韓国籍である朴のような者が総連系の留学同に入るのは、けっして珍しいことではない（朝鮮学校に多くの韓国籍の人々が通っているように）。ましてや朴が近大に入学したのは、韓国で光州事件（1980年に韓国・光州市で発生した、民主化を求めて民衆が蜂起した事件。韓国軍が鎮圧に乗り出し多数の死傷者を出した）から3年目。その頃はまだ、韓国の民主化を訴える日本のコリアンに南も北もなかった。いや、若者に限っていえば、南（韓国）の体制を支持する者のほうが珍しかった時代でもある。

朴は迷うことなく留学同に参加した。一足先に留学同に参加していた兄の姿が「まぶしく見えた」ことと、やはり、光州で民衆に銃を向けた韓国の政治体制を許せなかったからである。朴は「祖国韓国」の民主化のために活動した。集会や講演会を企画するだけではない。ときには夜の街で、電信柱やガード下に貼られた、北朝鮮を非難する右翼団体のポスターの上から、「祖国統一」と記されたステッカーを〝重ね貼り〟するなどの「裏仕事」もこなしたという。

だが、最も熱心に参加したのは演劇活動だった。歌と踊りで韓国の独裁体制打倒を訴えるのである。光州事件の真相究明を主張する演劇で、朴は舞台の上から「チョンドファン、ムロガラー！（全斗煥は出て行け！）」と叫んだ。当時、韓国の大統領だった全斗煥《チョンドファン》（光州事件の当事者）は、朴にとって「最大の敵」であったのだ。

大学を卒業した朴は東京に出た。本格的に演劇を学んでみたいと思ったからだ。まずは有名どころの「劇団四季」の研究生に応募したが、書類審査で落とされる。しかたなくアルバイトを続けながら小さな劇団を渡り歩いた。一時期、朴は東京ディズニーランドのダンサーもしていた。いかつい顔の朴からは、とても想像できないが、手を広げ、足を回転させ、パレードでは華麗に舞っていたのだという。

その朴は一度だけメジャー映画に出演したことがある。２００４年に公開された『血と骨』（崔洋一監督）だ。北野武が主演を務めて話題となったこの作品に、朴はチョイ役でスクリーンに登場している。

映画の前半部分。在日朝鮮人の群集が親日派の朝鮮人を吊るし上げるシーンだ。ポケットに手を突っ込み、ベレー帽を被った青年が親日派を怒鳴り上げる。セリフはたった一言だった。

「内鮮一体やなんやかや言うて、えらい、小突いてくれたのう！」

その後、役に恵まれることはなかったが、いまでも葬儀屋でアルバイトをしながら、今度は監督として自主映画を撮り続けている。

取材中、朴はコネや師弟関係が重視される日本の芸能界に対して呪詛の言葉を吐き続けた。なかでも芸能界の「在日ネットワーク」に対しては、きわめて冷ややかな視線を持っていた。

グラス片手に朴が言う。

「在日の連中、冷たいんですわ。役をくれ、手伝わせてくれと同胞が頼み込んでいるのに、相手にしてくれへん。芸能界の朝鮮人、あかんなあ。情が薄い。自分だけよければいいんかいな」

まさか、それがきっかけで在特会に肩入れしてる？　私がそう訊ねると、「そんなことはない」と否定はした。だが、彼が同胞社会に向ける視線もまた、ある意味、在特会並みに厳しいものだった。

「そりゃあねえ、在日朝鮮人、日本社会から嫌がられるのも当然ですよ。僕も朝鮮部落に住んでましたけどね、とにかく貧しいし、ひどいところでしたわ。僕ね、88年にはじめて韓国を旅行したんです。現地の韓国人に何と言われたと思います？　パンチョッパリ、ですよ（チョッパリは「豚足」を意味する言葉だが、豚の蹄《ひづめ》は先が二つに割れていることから下駄の鼻緒を連想させ、それが日本人に対する侮蔑語となった。パンは半分の意味。つまり在日コリアンのことを言う）。僕からすればね、せめてトンポ（同胞）と言ってほしかった。韓国人はね、本音では在日をバカにしてるんですわ。そんな国、好きになれますか？」

拉致事件の影響も大きい。

「なんやかんや言うてもね、僕は北朝鮮が『やってない』と言っている以上、それを信じていたんです。総連の手足として動いてきた人間の悲しい忠誠ですよ。でもね、結局は北の仕業だってこと、認めてしまったわけでしょう。そりゃあ日本人、怒るわな。もうだんだんイヤになってきますな。在特会の主張？　まあ、仕方ないんとちゃいますかね。ここは日本ですしね。朝鮮学校にカチ込むのも、時代の流れなんとちゃいますかねえ」

朴の同胞批判は止まらない。厳密に言えば、朴は在特会に入会しているわけでもないし、いまだに「嫌いな」韓国の国籍を保持し続けている。

在特会との縁は、同会広報局の米田が取り持った。朴と米田は10年以上も前から同じ演劇仲間として交流を続けている。米田が脚本、朴が監督を務め、これまでにも『かん天な人』『てんせいな人』といった自主映画も製作されている。いずれも「在日」をキーワードに、人権擁護法案や北朝鮮の危険性を訴えた内容だ。フィクションとノンフィクションの境目を曖昧に、独特の作風でまとめられたこれらの作品は、完成度はともかく、試みとしては面白い。ちなみに、『てんせいな人』には市民運動家の「桜井」という男が登場するが、これを演じているのは桜井誠本人だ。それだけにプロパガンダ臭が多少鼻につく点は否めないが、それがかえって在特会からは高く評価され、地方支部単位で上映会まで開催されている。

つまり、朴もまた在特会から「認められた」唯一の映画人であった。

「そのとおりですよ」と彼は悪びれることもなく言う。

「僕の作品を認めてくれたんは在特会だけですからね。素直に感謝しています。僕にとって映画人としての突破口は在特会だけなんですから。ただね、僕自身は在特会の主張のすべてを肯定しているわけじゃないんです。『ゴキブリ朝鮮人』なんて言葉を耳にすると、おまえらなあ、目くそ鼻くそやんけ、とは思いますね。それに僕はいまでも『君が代』とか『天皇』とかにはシンパシー持っていませんしね。金正日万歳と天皇陛下万歳の違いがわからん。僕は個人崇拝には、まったく興味ないです」

つかみどころのない人間である。

別の機会に、朴と酒を飲みに出かけたときのことだ。

「面白い店がある」と彼がいう。どこか怪しげな店にでも連れていってくれるのかと思いきや、彼が足を運んだのは新宿の歌声喫茶だった。アコーディオンの伴奏に合わせ、客がロシア民謡などを合唱するきわめて健全な店である。

朴はこの店の常連だった。客層は60代が中心で、いわゆる「旧左翼」な雰囲気が漂う。

「よお、久しぶり」などと他の常連客に迎えられた朴は、あちこちで会釈を繰り返す。人気者だ。

遅い時間に入店したので、すでに閉店が迫っていた。

「じゃあ、1曲だけ歌わせてもらいますわ」

そう言って朴は舞台に立つと、目を閉じて歌い出した。

朝鮮半島における南北分断の悲劇に思いを寄せた「イムジン河」だった。

その声は驚くほどに美しかった。ヤクザの高利貸しのような風貌なのに、透きとおるような高音は女性のような繊細さを含んでいた。客席の誰もが、うっとりした表情で朴を見つめ、そして手拍子を合わせる。私も思わず、歌声に合わせて上半身をスイングさせていた。

朴さん、やっぱり朝鮮人だよねえ。帰り際、私は朴にそう告げた。

「まあ、そうやろなあ。いまさら日本人にはなれんやろ」

朴はそう答えた。

——ねえ、もしかして朴さんは在特会のこと、利用してるだけなんじゃない？

彼は「うーん」と唸り声をあげ、そして私にこう告げた。

「利用してるかもしれんし、向こうが僕を利用してるのかもしれんし。ようわからんな。まあ、どっちでもいいねん。同胞にも相手にされんし、かといって日本人になりきることもでけへん。それもまた、唯一無二の存在や。なあ、そう思うやろ？」

そうなのかなあ。よくわからないよ——私は曖昧に答えることしかできなかった。

朴はそんな私の答えなど気に留める様子も見せず、「楽しかったなあ、久しぶりに歌ったわ」と満足げな表情を見せるのであった。

「専属カメラマン」の素顔

周囲から認められる喜び——多くの関係者から同じような話を聞くたびに、一人の若者の顔を思い浮かべた。

松本修一（34歳）。通称「ブレノ」。在特会の会員ではないが、同会にとっては最大の功労者と呼んでも過言ではないだろう。

在特会は活動のすべてを動画サイトにアップロードすることで、多くの会員を獲得してきた。会員の誰に訊ねても「ネットで動画を見た」のが、入会のきっかけになっている。その在特会の〝専属カメラマン〟として、これら多くの動画の撮影を担当してきたのが松本なのである。

彼は「カメラマン」を自称しているが、けっして商業的な作品を残しているわけではない。ただひたすら在特会やチーム関西の面々と行動をともにし、その様子を動画に収めるだけだ。徳島事件ではメンバーらとともに県教組事務所に乱入した容疑で逮捕もされている（その後、処分保留で釈放、不起訴となった）。京都事件でも一部始終を撮影し、ネットにアップしたのは松本だ。この件では朝鮮学校側が起こした民事提訴の被告の一人として、彼も名前を連ねている。

だが松本は終始一貫して「在特会会員ではない」点をもって、「僕はフリーのカメラマン」だと主張して譲らない。誰がどう見ても、松本は在特会、あるいはチーム関西の一員であることは明らかなのに、だ。

彼は撮影した動画をＤＶＤに焼き付け、それは主に在特会会員に向けて販売されている。大分支部の会員がマイカーの中に１００枚以上ものＤＶＤを積んでいたことは前述したが、その一部は松本から購入したものだった。さらに言えば、彼は撮影活動に当たっては在特会やチーム関西の有志から、交通費などを含めた資金カンパを受けている。

彼の生活が、常に在特会やチーム関西とともにあることが、すなわち彼の立ち位置をも表している。つまり、松本もまた、在特会やチーム関西だけに「認められた」カメラマンなのだ。

松本が処分保留で釈放されて間もない頃、私は彼の自宅を訪ねた。尼崎市内の住宅街。2階建ての木造アパートは、1階部分がガレージ、2階が住居となっていた。

昼すぎに玄関のドアを叩くと、眠たそうな顔をした松本が2階から降りてきた。髪の毛は寝癖で乱れたままだ。「寝てたんですよ」と彼は寝ぼけ顔で私に不満そうな表情を見せた。

おとなしそうな青年である。茶色のチノパンの中に、シャツの裾がしっかり納められていた。いまどき、家のなかでも〝パンツイン〟は珍しい。几帳面な性格なのだろう。

取材したいと告げると、彼が掲載媒体を訊ねてきたので、私は講談社の『G2』という雑誌である旨を告げた。すると松本は目の前にあるパソコンを開き、検索画面に「講談社」と打ち込む。とりあえずなんでも検索しなければ気がすまないようだった。

私はまず、勾留の労をねぎらった。まあ、社交辞令ではある。

――大変でしたね、本当に。

「しんどかったですよ。21日間、入ってましたから」

――何が一番しんどかったですか。

「ネットができなかったこと」

――ネットですか。

「僕は重度のネット依存症なんです。ネットできないのは本当にきつかったですね」

――普段からネット中心の生活ですか。

「撮影が入っていないときはね」

――ネットではどんなサイトを閲覧している？

「2ちゃんねる、かな」

このやりとりだけを見れば、典型的なネット中毒に思えなくもない。だが彼は、ひとたび撮影依頼が入れば、勇猛果敢なドキュメンタリストとして活躍する。私はこれまで、何度も彼のきびきびした撮影現場を目撃してきた。だから彼に「いま何がしたいか」と問えば、「撮影したい」という言葉がすぐに返ってくるのであった。

松本は理系の専門学校を中退し、化学メーカーなどに勤務した後、2年前から車のコーティングや洗浄を手がける仕事を、このアパートのガレージで開業した。ガレージにはさまざまなコーティング剤が並べられている。だが、商売がうまくいっているようには見えなかった。

「撮影が忙しくなって、週末でも仕事ができなくなってしまったんです。そしたらお客が離れてしまった。いまはもう事実上の開店休業状態です」

そんな松本が「政治」に目覚めるきっかけを与えてくれたのはネット掲示板の2ちゃんねるである。２００9年の春だった。

その頃、2ちゃんねるはＮＨＫが放映したドキュメンタリー番組「ジャパンデビュー」をめぐって抗議の〝祭り〟で盛り上がっていた。この番組は日本が西洋列強とどのように伍してきたのか、その検証をテーマにしていたが、「台湾の日本統治時代が一方的に悪だと描かれている」「日本を貶めている」「左翼史観に偏向している」といった批判が、主にネット言論の世界で噴出していた。その声はやがて各地でＮＨＫに対する抗議デモに発展し、大阪でも同大阪放送局に向けた大規模デモがおこなわれている。

松本は一連の流れを2ちゃんねるで知り、「ＮＨＫに裏切られた」と思ったという。

「僕はそれまでテレビの情報を鵜呑みにしてきたんです。でもネットのおかげで、そうした情報が捻じ曲げられていることを知ったんですよ」

憤りと興味、その両方を抱えながら松本はデモに参加した。趣味であるカメラも持っていった。松本はデモの一部始終を撮影し、それを動画サイトに投稿する。すると、そこには感謝の声、撮影を賞賛する声の投稿が相次いだのである。

それが縁で松本は在特会やチーム関西のメンバーと知り合う。以来、松本は小型カメラを手に、関西を中心に撮影のために飛び回るのであった。

ブレノ。ブレちゃん。「映像がブレない」ことから、いつしか松本は在特会メンバーらから、そう呼ばれるようになった。「天才カメラマン」と持ち上げる者も少なくなかった。京都事件の調書によれば、事件に参加したメンバーたちは異口同音に松本を「最大の同志」としている。

最初の頃は構図も関係なしにただカメラを回しているだけだったが、そのうち多様なテクニックを身につけるようになった。引く。迫る。俯瞰《ふかん》する。下からナメる。プロ並みの撮影技術だと仲間たちは絶賛した。それはいつしか松本の「生きがい」となり、カメラマンを自称するようにもなった。

松本は京都事件（民事）の裁判で証人として尋問を受けた際、職業を問われて次のように堂々と答えている。

「保守系カメラマンです」

もともとは車の洗浄を生業としてきた人間が、たまたま動画サイトに映像をアップロードしたことで評価を得て、ついには「保守系カメラマン」を名乗るまでになったのだ。そして松本は、父親の遺産を開業資金に充てたコーティングの仕事も、そこで得た顧客も捨てた。結果的に不起訴になったとはいえ逮捕までされている。それでも松本は「カメラマン」にこだわった。彼をそうさせたのは、周囲からの賞賛である。

「撮影を始めてみたら楽しくなったんです」

松本は私に向かって何度もそう口にした。

認められる喜び——。それは松本にとって、これまで味わったことのない多幸感だったに違いない。

「重度のネット依存」を自ら認める松本は、自宅にいるときはほとんどパソコンに向かっている。2ちゃんねるを「巡回」し、自分の動画の評判や閲覧者数をチェックし、そして、ときには他人が出演する「ニコニコ生放送」を熱心に視聴する。

「僕が好きなのは、メンタル面で問題を抱えた人の生放送なんです。僕、そういう人の相手をするの得意なんですよ。相手の苦しみを聞いて、相手の人生にプラスとなるような言葉を書き込んであげる。すると、とても喜んでもらえるんです」

それは松本の優しさでもあり、同時に、自分への感謝を求めた行為でもあるだろう。苦しんでいる人に声をかけることで癒されるのは自分自身なのだ。

認められたい。見てほしい。そして喜ばれたい。松本に限らず、在特会会員の多くからも、私はそんな強い欲求を感じてならない。

在特会の活動は、承認欲求を展開しているだけだ――。そう〝分析〟してみせたのは、やはり関西在住の30代の元会員である。いまでは会社員として普通に生活しながらも、ときおりツイッターで在特会批判の〝つぶやき〟を残している。

彼は一時期、熱心に活動に参加していたが、ある街宣の打ち上げの席で「朝鮮人は近親相姦を繰り返しているから知能の程度が低いんだ」などと大声で話している仲間を見て「怖くなった」という。それが会を離れる原因の一つになった。

「在日特権とかね、あまり関係ないように思うんです。盛り上がることができればいいだけで、要するに近親相姦云々いうのもネタの一つにすぎないんです。そんなことで盛り上がれるのも、彼らはリアルな〝世間〟というものを持っていないからなんですよ。僕自身もそうだったんですからね。よく考えてみてくださいよ。彼らのなかで、地域に根付いた活動に参加している人間がどれだけいます？　そもそも地域社会なんて視点はないでしょう。地域のなかでも浮いた人間、いや、地域のなかで見向きもされてないタイプだからこそ、在特会に集まってくるんです。そして日の丸持っただけで認めてもらえる新しい〝世間〟に安住するんです。ここで認められるのは簡単です。数多く活動に参加した者、街宣で大声を出した者、ネットでもなんでもいいから、とにかくネタを引っ張ってこれた者。

それだけでいいんです」

だから、と彼は続けた。

「朝鮮人を叩き出せという叫びは、僕には『オレという存在を認めろ！』という叫びにも聞こえるんですね」

一方で、存在を認めてくれない社会、存在を否定する人間に対しては、彼らはますます攻撃的になっていく。

たとえば、松本もそうだった。

最初の取材からしばらくの間、私と松本は顔を合わせれば普通に世間話をするような関係が続いていた。撮影機材について訊ねれば、松本は喜んで説明してくれたものだ。

しかし私は少しずつ、松本に対してある種の苛立ちを覚えるようにもなっていた。何と言えばよいのか、私は松本の映す動画が気に入らないのだ。彼は、仲間を撮影する際にはあらゆる角度から凝りに凝ったアプローチをするのに対し、「敵」の撮影は常に望遠か、または隠し撮りのような手法しか使わない。彼が「敵」に近づくのは、大勢の仲間に守られているときだけだ。カメラマンを自称しながら、その撮影スタンスはどうなのか。「覚悟」のようなものを感じられなかった。

ある日、活動現場で撮影していた松本に、つい私は怒鳴り上げてしまった。

「カメラマンならば、もっと堂々と撮影しろ。とにかく対象者に近づいて撮影しろ。こそこそするんじゃないよ！」

松本は不機嫌そうな表情を浮かべたまま黙っていた。

以来、松本は私が話しかけても無視を通している。そればかりか、あえて私の顔をアップで捉え、動画サイトに載せるようにもなった。彼は、私に「否定された」と思い込んでいるのだろう。

今にして思えば、大人気なかったかなと、実は少しばかり反省もしている。私は松本を否定したかったわけではない。せっかくカメラマンとしての自信を得たのであれば、在特会専属などではなく、もっと広い世界での活躍を願っていたのだ。

しかしブレノは最近ますます〝撮影〟に名を借りた活動に、より積極的に加わるようになり、〝カメラマン〟としての客観性はまったく感じられなくなった。いまでは彼自身が罵り言葉を発することも珍しくない。

愛国無産運動

「周囲から認められたい？　そんなのただの甘えにすぎん。よく言うわ、まったく」

取材中に私が何度か耳にした「承認欲求」という、在特会を理解するための〝キーワード〟を持ち出すと、増木重夫《ますき》（58歳）は心底から呆れたような声を出した。

「騒いで、鬱憤晴らしして、酒飲んで。それだけ。深く考えても、しゃあないで。別にあいつら、型破りでもなんでもないしなあ。もともと型なんて何も持ってないんだから。ほら、あんたも早く食べなさい」

そう言って増木はナイフでハンバーグを器用に切り分けると、猛烈な勢いで口の中に運んだ。

増木は保守系市民運動の草分けとして知られる。大阪で学習塾を経営する傍ら、長きにわたって「反日教組」といった運動に取り組んできた。大阪の〝保守業界〟で増木の名を知らぬ者はいないほどの有名人でもある。

実は、在特会の草創期には、同会の関西支部長を務めてもいた。

その増木もいまや「在特会なんて潰れてしまえ」と声を荒らげるのであった。

深夜のファミリーレストランで彼と会った。酒が飲めない増木は、ハンバーグとコーヒーだけで、そこらへんの酔っ払い以上の大声となり、周囲を気にすることなく話し続けた。よく言えば豪放磊落《らいらく》。悪く言えば、ちょっと下品なオッサンである。私はこうしたオッサンが嫌いじゃない。ただし、「心の闇」みたいな表現を用いようものなら、「そんなもん、誰もが抱えとるわ」と一蹴されてしまうのである。

「長いこと保守運動をやってるからな。桜井に頼まれて一度は支部長を引き受けた。でも結局、在特会ってのはただの差別集団でしかなかった、ってことですよ。運動？　あれが運動に見えますかいな。押し込み強盗みたいなもんでしょう」

増木は大学在学中から学習塾を経営している。当初は勉強を教えるだけの普通の学習塾だったが、途中から精神教育にも重きを置いた。子どもの人権や個性などといったものには目もくれず、「誇りある日本人」を育成するため、あえて厳しく子どもたちと接するようにしている。

きっかけはテレビのドキュメンタリー番組で戸塚ヨットスクールを知ったことだったという。校長の戸塚宏は「スパルタの鬼」と呼ばれていた。不登校や家庭内暴力など多くの〝問題少年〟を更生させたというその実績に、増木は感動した。戸塚に手紙を書いたうえでヨットスクールを訪ね、それから10年間、戸塚の姿勢を学ぶためにスクールへ通い続けた。訓練中の子どもが行方不明になったり自殺したりするといった事件が相次ぎ、マスコミから叩かれるようになっても、増木は戸塚を支援し続けた。

その経験から、増木は学校教育とメディアが日本をダメにしているのだと確信するようになる。なかでも「平和と人権」を口癖のように唱える日教組に反発した。そして「反日教組」を入り口に、さまざまな保守運動に関わっていくのであった。

このように彼は古いタイプの保守活動家である。ネット出自の集団を理解できないのは、ある意味、仕方ないともいえよう。作法がまるで違うのだから。

たとえば増木は、桜井がけっして本名を名乗らないことに対しても不快感を露にする。

「オレが支部長だった頃、荒巻（靖彦）が経営する新地のバーで桜井と一緒に酒を飲んだことがある。いい機会だったから彼に本名を訊ねたところ『いまは言えない。私を信じてくれ』などと言うわけですよ。これ、相当にカチンときましたね。オレが本名を名乗っているのに、なんでオマエが名乗らないのかと。もう、このへんからして理解できない」

やがて、若い会員たちと接するなかで見えてきたのは「愛国に名を借りた鬱憤晴らし」だったという。

「在特会の人間と付き合って、日本の伝統的な歴史観など感じたことは一度もない。だいたい、まともな仕事に就いてる人間がどれだけいるんか。足元おぼつかないのに、愛国の旗を掲げるや突然、正義を唱えだす。本来の保守が昆布だしだとすれば、在特会は化学調味料だな。刺激はあるけど後味が悪いんだ」

まさに言いたい放題である。その増木自身、「日教組組合員を処分しなければ街宣をかける」と小学校校長を脅した容疑で09年に逮捕されるなど、「昆布だし」にしては相当にアクの強いタイプではある。

年齢的な問題もあるだろう。たとえば在特会会員の少なからぬ者がフリーターのような非正規労働者であることをもって「まともな仕事に就いてない」と言い切っているが、いまや全労働者の4割近くが非正規なのだ。そこから生じる社会への不満が在特会の主張に結びつくことは私も同意するが、非正規という立場そのものはけっして「脱落者」を表すわけではない。

だが、さすがに至近距離から在特会を見てきた増木の言葉には、やはりそれなりの説得力はある。

「連中は社会に復讐してるんと違いますか？　私が知っている限り、みんな何らかの被害者意識を抱えている。その憤りを、とりあえず在日などにぶつけているように感じるんだな」

同じ言葉を私は、長らく関東で活動してきた40代の元地方支部幹部からも聞いたことがある。彼もまた「会員の被害者意識は強烈だった」としたうえで、在特会の会員が仕立て上げる具体的な〝加害者〟を口にした。

・大手メディア
・公務員（教師を含む）
・労働組合
・グローバル展開する大企業
・その他、左翼全般
・外国人

「なんとなく高学歴で、なんとなく高給与で、なんとなく守られている。そんなイメージが少しずつ、かぶりますよね。それ以上に重要なのは、在特会メンバーの多くは、これら加害者のような存在になりたくてもなれない、そんな場所で生きているということなのかもしれません」

それは、在特会広報局長の米田から「階級闘争」なる言葉を聞いて以来、私もうっすらと感じてきたことだった。

ひとまず、これらの〝加害者〟から遠く離れた地平に身を置いて考えてみよう。そこから「愛国」のフィルターを通してみれば、なるほど、ここにあげられた者は情報を独占し、安定した職を独占し、誰かに守られ、そして発言する回路を持っている。代弁者も多い。でありながら、耳触りの良い「人権」や「福祉」を声高に訴える者ばかりだ。弱者の味方ヅラしながら、自分たちは居心地の良い場所を独占し続けているではないか。富まで独占している。偽善者であり、略奪者だ——。

私は在特会やその周辺を取材するなかで、あらゆる〝被害〟を耳にしてきた。「マスコミにダマされた」「裏切られた」「日教組教育の洗脳を受けた」「外国人に職を奪われている」「外国人優先のおかげで日本人の福祉が後退した」等々。

「そうした不満や不安を、うまく掬《すく》い上げることに成功したのが在特会だと思いますよ」

そう〝解説〟してくれたのは、地元の福岡で、在特会とは一線を画した独自の保守活動を続けている近藤将勝（会社員・30歳）である。

近藤は高校時代に保守系の学生組織で活動し、大学生の頃にはブログで保守的な主張を展開しながら『正論』などの一般誌にも寄稿し、部落解放同盟や日教組を激しく攻撃した。一時期は街頭に出て在特会と共闘したこともある。会員のなかには知り合いも多い。そんな近藤も、いまでは在特会に冷ややかな視線を向ける。

「言葉が宙に浮いているような感じを受けたんです。それはやはり、ネットだけに依存し、学問的な考察や当事者との出会いがないからだと思うんですね。それに彼らには〝地域〟という視点がない。保守を名乗るのであれば、シャッター通りに象徴されるような地方都市の荒廃をどうやって食い止めていくべきなのか、考えなくちゃならないでしょう。ただ、彼らの怒りのメカニズムだけはなんとなく理解できるんです。要するに、価値観が混沌とした時代にあって、アイデンティティを探しあぐねていたんですよ。社会のなかで、確固たる立ち位置を得ることができない不安のなかで、彼らはようやくナショナルアイデンティティを『発見』したのだと思います。きっかけは左翼批判でも在日問題でもなんでもよかった。とにかくナショナルなものに目覚めた彼らは、彼らなりの抵抗運動を始めた。それは奪われたものを取り返すものでもあるのだけれど、徐々に本来の保守・愛国運動からは離れていってしまいますよね」

新手の愛国無産運動とでも呼べばいいのか。一種のレジスタンスである。

近藤が言うところの「奪われた」といった感覚を、私は2011年に全国で展開されたフジテレビ抗議デモの参加者からも感じることができた。

「日本のテレビ局が韓国に乗っ取られてしまう」

「ここは日本なのに、なぜ外国のドラマを放映する必要があるのか」

「韓国の芸能人より日本人の芸能人を優先してほしい」

問えばさまざまな主張が返ってくる。しかしそこに通底するのは異文化流入に対する嫌悪と、「私たちのテレビ局が奪われた」という喪失感、そして被害者意識である。

ここにある種のイデオロギーを注入すれば、その主張は一気に在特会に近づく。こうなればもう、国家レベルでさまざまなものが「奪われている」ことに気がつかないわけにはいかない。領土も雇用も福祉も、奪われっぱなしじゃないか——そう考える者が増えてもおかしくないのだ。それらはゼノフォビア（外国人嫌い）と容易に結びつく。自らを「被害者」だと位置づける者たちにとって、外国人を略奪者にたとえるシンプルな極論は一定程度の説得力を持ってしまう。「奪われた」と考える者たちが取り戻そうとしているのは、日本人である自分を守ってくれる、強い「日本」なのである。

本来、「奪われた」と感じる者の受け皿として機能してきたのは左翼の側だった。ところが、いまやその左翼がまるで機能していない。

福岡市天神。ある日、街頭で演説会をおこなっていた在特会に地元の労組がカウンターをかけ、一部で小競り合いが起こった。よくある光景ではある。これを遠目に眺めていた外山《とやま》恒一（42歳）は、「なんだ、在特会のほうが大衆性があるじゃないか」と感じたという。

「その日は会長の桜井も来ていたのですが、演説がなかなか上手なんですよ。難解な言葉を使わないし、わかりやすい。それに対して労組はケンカしてても難しいこと言うんだよね。在特会のほうが、よほど人民だった（笑）」

外山は一部で熱狂的な支持者を集める自称・革命家だ。高校在学中に反管理教育運動を展開し、後に極左活動家となるも、傷害罪などで逮捕され2年の獄中生活を送った。その後、極左からファシズムに転向したと本人は述べている。２００７年には東京都知事選挙に無所属として立候補。政見放送で「政府転覆」を訴えて話題となった。

現在も左翼から右翼まで幅広い人脈を持ち、彼が経営する福岡市内のバー（明治天皇と、連合赤軍の永田洋子の写真が一緒に飾られている不思議な空間である）には、元全共闘やら現役右翼やら、匂い立つような面々が集う。

そんな外山だからこそ、在特会には以前から興味を持ち、街宣を見に行くだけではなく、関係者とも交流を続けてきた。

その外山は、在特会に集う人々を「うまくいかない人たち」だと表現した。

「人生とか、仕事とか、勉強とか、人間関係だとか。そうしたルサンチマンみたいなものに、在特会はきちんと手を差し伸べているんですよね。いや、言ってることはメチャクチャだと思うことが多いですよ。自分たちは左翼教育の犠牲者だとか、外国人に仕事を奪われたとかね。だいたい日本のどこに左翼教育なんてあったのか。存在してたのは文部官僚が主導する管理教育だけじゃないですか。外人に仕事を奪われたなんてのは論外。本人のコミュニケーション不足が失職の原因というケースのほうが多いはずですよ。ただ、そうした人々にとって右と左のどちらが魅力的かといえば、そりゃあ右に決まっている。いま、左翼のどこに魅力がありますか？　半ば体制化した左翼よりも、アナーキーな魅力に富んだ右翼のほうが、よほど若者の危なっかしい欲求に応えている。どうせ将来の展望を見出すことができない世の中なら、刺激に満ちた運動のほうが面白い。まあ、日本人の知的水準が一番低い時期に、ネットを媒介として右だけが伸張したという不幸はあるけれど」

社会運動は理屈よりも勢いで広がるものだと思う。そして勢いは、「守り」よりも「変革」を希求する側に味方する。かつての学生運動が勢いを持ったのは、なによりも体制をブチ壊すことへシンパシーが集まったからではなかったか。一方、現在の左翼は「守り」一辺倒の運動だ。平和を守れ。人権を守れ。憲法を守れ。我々の仕事を守れ。片や在特会など新興の保守勢力は、それらをすべて疑い、「ブチ壊せ」と訴える。左翼が保守で、保守が革新という〝逆転現象〟が起きているのだ。

「うまくいかない人たち」が変革の側につくのは当然のことだといえよう。

それはたとえば大阪における「橋下《はしもと》人気」と重なるものがある。橋下徹・大阪市長は「変革」を掲げて市長選に挑み、市民の圧倒的な支持を受けて当選した。市民が期待したのは橋下が既成の秩序を壊すことである。公務員の数を減らし、給与を下げ、事業を次々と民間に任せるのだと橋下が叫ぶたびに市民は熱狂した。これは大阪市長選を取材した記者に聞いた話だが、公務員の間では「反橋下」の声が強かったものの、公務職場の下請けで働く低賃金労働者の間では、圧倒的に「橋下支持」が多かったという。

「うまくいかない人たち」による「守られている側」への攻撃は、一般社会でも広がっているのである。

ネットと愛国

「反体制も反権威も、いまでは〝右〟の持ち物ですよね」

ネット事情に詳しいフリーライター、渋井哲也（42歳）の言葉である。

渋井は「長野日報」記者を経てフリーランスとなり、ネットコミュニケーションをテーマとした多くの著書を持つ。

「ネットの上では、左イコール優等生といったイメージが強い。はっきり言えば面白くないわけです。対して右には破壊力がある。面白いし、何よりも刺激的」

渋井によると、たとえば「差別はいけない」などといった言論は、ネットではまったくウケない。まるで学校の先生みたいだ。正論ではあるのだが、どこかに〝権威〟のニオイがする。もちろんテレビや新聞であれば、それでも構わないが、匿名性が担保された自由な言論の場であるネットに正論は似合わないのだという。

ネットは誰もが自由に発信できるメディアだからこそ利用者を増やしてきた。新聞、テレビ、雑誌といった既存メディアでは表現できない〝本音〟こそがネット言論を盛り上げる。

だからこそと言うべきか、「差別はいけない」ではなく「差別は本当にいけないことなのか」と挑発する行為こそ、ネットでは求められている。それは学校の先生的なるもの、とりすました大マスコミといった〝権威〟への挑戦でもある。

「つまり、タブー破りの快感です」

渋井はネットの魔力をそう述べた。ただし彼は、こうした「快感」をけっして不真面目だとか下品だと言って切り捨てるようなことはしない。「誰だって、そんな暗い情念を抱えているから」と、さらりと言ってのけるところに、長きにわたってネット社会を取材してきた渋井の真摯な姿勢を感じる。

その渋井は、ネットにおけるナショナリズムの隆盛を、「あくまでも副次的な産物」だという。

「正面から愛国を論じたところで見向きもされない。そこにはやはり、さまざまなタブーという仕掛けがあったからこそ、ナショナリズムに火がついた。

たとえば外国人は日本から出て行けという言論もそうでしょう。今世紀に入ってから非正規労働者の割合が急増した。正社員の座をめぐる過酷な椅子取りゲームが始まったわけです。椅子が余っている時代であれば外国人のことなど気にはならないし、寛容でいることもできました。しかし椅子の数が少なくなれば、まず、椅子に座るべきは日本人からだろうといった声が出てくる。それがいつしか外国人は出て行けという罵声にも変わる。〝外国人に優しくすべき〟〝外国人は大事にすべき〟といった常識論を乗り越えてしまえば、あとは排外主義の競い合いですよ。これはナショナリストが指導したものではなく、もちろん愛国的な視点から生まれるものでもありません」

つまり生き残るための叫びが、必然的にナショナルな要素と結びついたというわけだ。匿名社会が原則のネットでは、なんの躊躇も検証もなく、こうした声が一気に盛り上がる。

そしてそれは在日コリアンへの視線にも通ずる。渋井が続ける。

「ネット言論では早い時期から在日コリアンが攻撃対象とされてきました。それは歴史的な経緯だとか、あるいは直接的な被害を受けたことからくる憎悪なんかではなく、『守られている』『保護されている』といった勝手なイメージが、いわゆる〝在日叩き〟を生み出してしまったのです。強制連行や従軍慰安婦の有無などは、これも後付けの議論ですよ」

それではネットにおける左派的、あるいはリベラルな言論はどうであったのか。

実はネット空間は、もともとリベラルなアカデミズムによって独占されていた時期もある。ネットはかつて大学の研究室のなかで主に運用されてきた。大マスコミで流通されることのない〝現場発〟の言葉が、研究者によってネットへ流されたのである。それはいかなる検閲も制約も受けることのない自由な言論――つまりカウンターカルチャーの一種であったのだ。

しかし90年代からパソコンや携帯の普及によって、ネット空間の大衆化が顕著になった。

「そのとき、主にアカデミズムの人々は、ネットは議論に向かないメディアだと逃げ出してしまったんです。気持ちはわかりますけどね。学者は罵声と対峙することは苦痛でしょうから。多くの左派やリベラルも、正しいことは声高に訴えなくても必ず世間に浸透するものだという素朴な正義感を持ち出して、ネット言論に関わることを敬遠しました。ネットを甘く見ていたというか、軽んじていたのでしょう」（渋井）

大衆化はネットの世界に論理ではなく感情を持ち込んだ。学者や研究者は旧来的な議論には慣れていても、感情の応酬にはついていけなかったのである。よく言われることだが、ネット言論は〝激しさ〟〝極論〟こそが支持を集める。彼らはそうした〝大衆的な〟舞台から降りることで、いわばネット言論をバカにした。いや、見下した。結果、大衆的、直情的な右派言論がネット空間の主流を形成していく。もともと「権威への抵抗」といった側面を持っていたこともあり、勢いは止まらなかった。この場合、舞台から降りたアカデミズム関係者を〝大衆〟は権威そのものとみなしたのである。

逃げる者と追う者。それはそのまま、戦後民主主義の価値観を守る者と、それを壊そうとする者とに置き換えられる。〝キャラ立ち〟するのは、どう考えたって後者だ。いまあるものを守ることよりも、全てを破壊し尽くすことに喜びを見出すのは、若い世代にとって、なかでも何かを「失った」「奪われた」者たちにとっては当然の感情であろう。「保守」を名乗りながら、何かを守ろうとするよりも、既存の体制を何もかもブチ壊そうとする〝愛国〟運動に重きをおく──ネットを媒介として成立した彼らの愛国運動に保守の理念が見えてこないのは、おそらくそのせいである。

平等・平和といった戦後民主主義の根幹など、内実はともかくも手厚く守られてきたものであるだけに、最大の〝敵〟として認知されてもおかしくない。

そこに立ち向かう者こそがヒーローなのだ。

在特会はこうした土壌のなかで生まれたのである。しかもネット空間に限定されていた言論を、そのまま路上に持ち込んだ。ネットとリアル社会の段差をなくしてしまったところが新しい。

在特会に批判的な、古くからの保守系活動家の一部から、「あれは〝行動する保守〟ではなくて、〝行動するML（メーリングリスト）〟」などと陰口も叩かれるわけである。

前出、在特会の元地方支部幹部は、入会したときの気持ちをこう語っていた。

「正直に言えば退屈だったんです。仕事もうまくいかないし、40代にもなれば友人とつるんで遊ぶこともできない。そもそもまともな40代であれば仕事と家庭で忙しいはずです。動身近に存在するのは高齢の親だけという環境で、刺激に飢えていたのかもしれません。動画を見て共感したというより、僕の場合はこの刺激を一緒に味わいたいと思ったんですね。たしかに最初の頃は楽しかったですよ。楽しいだけじゃなくて、国のためにやっているんだという大義も感じることができました」

退屈な日常のなかの、ちょっとした非日常と乱調。それは「うまくいかない人たち」にとって、心揺さぶられる祭りだった。

私は20代半ばで週刊誌記者になった。なぜ記者になりたかったのかと直属のデスクに問われた私は、「社会を変えたいからだ」と生真面目に答えた。へへへとデスクに笑われた。国家権力のタレ流しにすぎない新聞やテレビの報道に一泡吹かせてやるのだと意気込んでいた――めんどくさいヤツだったのだ、私は。いや、私もまた「うまくいかない人」だった。

考えてみれば、これも在特会の諸君と同じではないか。彼らのメディアに対する厳しい視線は、「マスコミは真実を伝えない」という〝確信〟から来ている。昔の私もそう思っていたし、「非日常」と「乱調」を求めていた。もしもその頃、ネットという手段があれば、私は独りでコツコツとブログでも書いていたかもしれない。

結局、そんな私は「社会を変える」どころか、週刊誌記者として社会に迎合するような記事を量産してきた。時間の流れは残酷だ。「最近のマスコミは」といった物言いに対して、カチンとくるまでに、私は大人になっていた。かなり、いやらしい形で。

週刊誌記者としてさまざまな事象を追いかけながら、世の中がなんとなく余裕をなくしているなと感じるようになったのは、90年代半ばからである。

それまで、イデオロギーや立場の違いを超えて、ぼんやりと形成されていた「社会合意」はあったと思う。それは、明日は今日よりも良い日になるに違いない、といった〝時間の約束〟である。日めくりカレンダーを破り捨てていくうちに、少しずつ豊かさが身についていくのが、戦後という時間だった。私たちは、ちょっと気恥ずかしい思いをしながらも、希望とか未来とかいった言葉を口にしさえすれば、なんとか明日を生きることができたはずだった。

でも、そんな時代は終わった。

雇用の流動化が進み、企業は正社員の割合を大幅に減らしていく。学校を卒業して普通に就職すれば、30代までに結婚して、子どもができて、いつしか郊外に小さな建売住宅を買うことができて、定年を迎えれば、そこそこの年金で孫に小遣いでもくれてやることができる——といったような未来は、限られた層にしか与えられなくなった。

あえて思い切った表現を用いるが、契約社員や請負といった非正規労働者は、基本的に「人間」として扱われていない。多くの企業にとって非正規労働者を担当・管理する部署は人事部ではなく、資材などを扱う部署だ。人間が、労働力が、資材の一つとして扱われる。そこから格差と分断が生まれる。何の「所属」も持たない者が増えていく。

そういった状況に自覚的であろうが無自覚であろうが、「所属」を持たぬ者たちは、アイデンティティを求めて立ち上がる。そしてその一部が拠り所《よどころ》とするのが、「日本人」であるという、揺るぎのない「所属」だった。けっして不自然なことではない。

この時期から、保守という立ち位置に自覚的な若者の発言が目立つようになった。「戦後体制」に、素朴な疑問がぶつけられるようになったのだ。それまでにも新右翼や民族派の一部から「ヤルタ・ポツダム体制打破」といった戦後体制への批判が語られることはあった。だが90年代半ばから目立つようになった戦後への疑問の声は、それと明らかにトーンが違う。革命、維新への雄たけびというよりも、怨嗟の声だ。日本が、自分たち日本人が、こんなにも貶められているという、悲鳴にも似た響きを伴っていた。

草の根保守の源流ともいうべき「新しい歴史教科書をつくる会」が結成されたのもその頃、1997年1月のことだ。歴史に「物語」を見出し、日本人の心を取り戻せと主張するこの運動は、多くの支持者を集めた。失われた「物語」を取り戻すことで、自信と希望をも手にしたいと考える人が増えた。それは「先進国・日本」の経済的没落と歩調を合わせていた。

「生きづらい世の中」をつくった戦後体制を見直せという叫びは、そのうち「敵」の姿を明確にし始める。国を貶める者たち――すなわち、左翼、外国人、メディア、公務員である。彼らは社会の「勝ち組」というよりも、混沌とする時代をうまく逃げ切った層に見えたのであろう。事実関係など、この際どうでもよい。恵まれ、あるいは保護され、世の中から認知されている者たちは、少なくとも生存競争を上から眺めるだけの者にしか見えなかったのだろう。

そうした空気のなかで在特会は生まれたのだった。

在特会に入って強烈な「反エリート主義」を感じたと感想を漏らす者は多い。

元会員の一人はこう話す。

「在特会という〝肩書〟は、ときに通行手形みたいな役割を果たすんですよ。一応、市民団体を名乗っていますから、抗議に向かえば役所も大企業も、びくつきながら応対してくれるわけです。僕らからすればずっとエリートの連中が神妙な顔つきして、『すみません』って言って頭を下げてくれたりする。これ、けっこう快感に思えたこともありました」

その一方で彼らが在日コリアンや部落解放同盟を執拗に攻撃するのは、それが「タブー破り」の快感であると同時に、「朝鮮人のくせに」「被差別部落の住民のくせに」一定の発言力と影響力が担保されていると思い込んでいるからである。

会員のなかには、世の中の矛盾をひもとくカギを、すべて「在日」が握っていると思い込んでいる者が少なくなかった。一部の者は、政治も経済も裏で操っているのは在日だと、本気で信じている。それを前提に、在特会こそが虐げられた人々の味方なのだと訴える。

在特会が雇用や福祉の問題にこだわるのは、そうした歪《いびつ》な〝正義感〟が存在するからであろう。会長の桜井にいたっては、これまでに何度も、外国人に職を奪われた日本人のための労働組合の設立すらほのめかしている。だから在特会は「階級闘争」を闘っているのだとする主張も飛び出す。

社会への憤りを抱えた者。不平等に怒る者。劣等感に苦しむ者。仲間を欲している者。逃げ場所を求める者。帰る場所が見つからない者――。

そうした人々を、在特会は誘蛾灯のように引き寄せる。いや、ある意味では「救って」きた側面もあるのではないかと私は思うのだ。

エピローグ

およそ1年半にわたる在特会の取材中――私は、これまで20年以上の記者人生で浴びた批判や罵倒を優に超えるほどのバッシングを受けた。

ただし、私への批判は、在特会の側だけから寄せられたわけではない。在特会とは対極に位置する、差別や人権のために闘っている活動家の一部からも猛烈な非難を受けた。

「在特会に理解を示しすぎだ」

「レイシズム、ファシズムに対する厳しい批判が足りない」

そう思われても当然だとは思う。いや、レイシズムと闘っている活動家であれば、そうした物言いはけっして間違っていない。

もちろん私だって差別は大嫌いだし、在特会の主張にシンパシーを持ったことなど一度もない。ごくたまに若い在特会会員から「もう(活動を)やめたほうがいいですかねえ」

などと相談されることもあるが、そんなとき私は「そりゃあ、やめたほうがいいと思う」くらいのことは言う。仮に、仲の良い私の友人が在特会に入りたいと言えば、胸倉つかんででも止めるだろう。

だが、私は在特会やその周辺にいる者を糾弾するために取材を続けてきたわけではない。論争で彼らを打ち負かしたいと考えているわけでもないし、その力量もない。人を善意の道に導くだけの術を持っているわけでもない。そもそも私が善意の人間であるという保証はない。

だから——。

私は知りたかっただけだ。それはけっして理解でも同情でもなく、ただ、在特会に吸い寄せられる者の姿を知りたかったのだ。

私がはじめて在特会の「大集会」を目にしたのは2010年8月15日である。それまでも、街中で小規模な彼らの街宣を見かけることはあったが、在特会の「本気」を目の当たりにしたのは、この日が最初だった。

「ヤスクニ解体」を訴える左翼系団体「反天皇制運動連絡会（反天連）」のデモ行進を迎え撃つべく、在特会は他の「行動する保守」団体とともに靖国神社近くの九段下交差点に結集した。同会らの呼びかけに応じて、当日、交差点周辺には約2000人が集まった。

「靖国神社を冒瀆する者は許さない！」

「極左を日本から叩き出そう！」

左翼系団体のデモ行進が近づくまでの間、トラメガを手にした参加者が次々と訴える。

報道腕章を巻いた民放のテレビクルーが現れ、参加者の一人にマイクを向けようとしたとたん、周囲ではたちまち非難の大合唱が起きた。

「反日マスコミは帰れっ！」

「どうせ嘘ばかり報道するんだろう！」

テレビクルーはすごすごと引き下がった。

こんな場所に腕章なんか付けてくるからだよ——罵声を浴びせられたテレビクルーに同情する気持ちは少しくらいあったけれど、どちらかといえば冷めた目で、私はその様子を見ていた。

炎天下、彼らは路上にブチまけられた火薬のようだった。マッチ1本を放り込めば、バチバチッと火花を散らしながら、どこまでも連鎖する。

午後3時。反天連のデモ隊が近づいてきた。デモ隊に脅しをかけるように、ウオォォォーッと一人ひとりの叫び声が絡み合い、大音量となって近隣のビルに反響する。まるでコンサート会場のようだ。日の丸の旗がいっせいに打ち振られる。喧騒のなかで白い波が揺れた。

デモ隊の前後左右は機動隊の装甲車が囲んでいた。

「くそう、(デモ隊が)見えねえじゃねえか！」

「機動隊は邪魔をするな！」

あちらこちらから警察を非難する声があがる。

参加者が陣取る交差点を反天連のデモ隊が通りすぎようとしたとき、興奮は最高潮に達した。

「死ねえ！　極左！」

「極左を東京湾に叩き込めーっ！」

興奮のあまり、「ウォーッ、ウォーッ」と、雄たけびを繰り返しているだけの者もいた。ただひたすら大声を出しながら、腕をぶんぶん振り回している。

私のすぐ真横にいた20代と思しき青年は、カバンのなかから10個入りの卵パックを取り出すと、一つずつ鷲掴みにし、デモ隊に向かって投げつけた。メガネをかけたおとなしそうな青年だ。

彼が投げた生卵は放物線を描いて装甲車のボディに当たる。

　そう言いながら青年は何度も卵を投げ入れるが、いずれもデモ隊には届かない。装甲車のボディから崩れた黄身がだらしなく流れ落ちる。青年は空になったパックを地面に投げつけ地団駄を踏んだ。

「くそっ、くそっ！」

「こちらは警視庁です。モノを投げるのはやめなさい」

　警備責任者が指揮車の上から警告を発するが、素直に従う者などいない。

「死ねぇ！　死ねぇ！」

　そんな叫び声に煽られるように、ペットボトルや丸められた紙屑など、さまざまな物体が宙を舞った。

　デモ隊が交差点を通りすぎた直後も熱狂は続いた。デモ隊を追撃しようと、参加者がわっとその後を追いかけようとしたのである。事前に設置されていた防護柵を乗り越えようとする人々が続出し、機動隊員は暴徒たちの波を必死に押し返す。

「邪魔するな！」

「バカヤロウー！　警察は極左の味方か！」

　機動隊員に体を押さえつけられながら、大声でわめいている男性がいる。

「通しなさいよ！　なぜ止めるのよ！」

若い女性はいまにも泣き出しそうな表情で金切り声をあげていた。

——それから20分も経った頃だろうか。

喧騒は止み、靖国の木立から漏れる蟬時雨《せみしぐれ》だけが周囲に響いていた。

「いやぁ、暑かったねえ」

「おつかれさん」

あれほど暴れていた参加者たちはそんな言葉で互いの労をねぎらいながら、三々五々、散っていった。各々の表情からは「極左を逃した」といった悔しさや、行動を制した国家権力への怒りといったものは、微塵も見ることができなかった。彼らの上気した顔には、むしろ、なにかをやり遂げたかのような達成感が浮かび上がっていたのだった。

本物の右翼であれば、「靖国を汚された」その一点のみに恥を感じ、英霊に深く頭を下げたかもしれない。人数で圧倒したとはいえ、彼らは機動隊に押さえ込まれ、「極左のデモ隊」の通過を許してしまったのだから。だが、彼ら彼女らには、そうした後ろめたさはない。

「飛んだ、叫んだ、ハネた。夏の日、精一杯の熱情をブチまけた。

青春だな。私はそう思った。２０００人が連帯し、団結し、一つになった。こんなにも熱狂できる〝祭り〟がほかにあるだろうか。

私はその後も同じような光景を何度か目に焼きつけることになる。

6000人のデモ隊がお台場を埋め尽くした「フジテレビ抗議デモ」。デモを終えた人々はハイタッチを繰り返し、「イエーイ」とVサインを交わした。

ただの鬱憤晴らしじゃないか。結局は、ハネたいだけだろうが――私はそうつぶやきながら、それでも胸のなかがざわざわと騒ぎ、背中の筋肉が強張った。

靖国で、お台場で、私のなかに否定したくともできない、小さな感情が疼《うず》いた。

私は、羨ましかったのだ。

楽しかっただろうな。気持ちよかっただろうな。

その思いがいまでも消えてなくならない。

青春なんて退屈そのものだ。若い頃、私はずっとそう感じていた。

政治的に早熟だった私は、子どもの頃から「いまとは違う社会」を夢想していた。

本書では孤立していた少年時代の桜井について触れたが、それはかつての私の姿でもある。

中学生の頃、開港を間近に控えた成田空港の管制塔に新左翼党派のメンバーが乱入した。警官隊によって制圧されたものの、機器をメチャクチャに壊されたことで、開港は延期になった。私は管制塔の攻防戦をテレビで見ながら、「やれー！」「行け！」「壊せっ！」と歓声をあげた。私はその興奮を親や友人に伝えたが、相手にしてくれる者はいなかった。

それから私は、夢想と妄想と空想で「革命」を遊んだ。

私を勇気づけたのは管制塔襲撃や、あるいはさらに昔の東大安田講堂攻防戦の映像である。私にとって左翼とは、資料映像のなかでしか生きていなかった。

20代の一時期、私はさまざまな党派に出入りしたことがある。「生きた」左翼と出会いたかった。

だが私の視界に映ったのは、孤立し、追い詰められ、タコ壺のなかで退却戦を闘う寂しい活動家の姿だった。それはそれで尊敬できるものだったと思う。たとえ成就できなくとも、どんなに非現実的な主張であっても、私は生真面目に「変革」を志す者をバカにできない。

三里塚で援農（空港反対派農民を支援する運動）しながら、街頭でビラ配りしながら、私は滅亡の美を自分に言い聞かせるしかなかった。それが80年代の「闘争」だった。

早熟だったから、ではない。私は寂しかったのだ。東京のアパートには布団と本棚しかなかった。冬は寒くて死にそうだった。

彼女がほしかった。カネがほしかった。その頃流行していたカフェバーにも行ってみたかったし、カッコいい車にも乗ってみたかった。

どうせ自分はこんな社会では、うまく立ち回ることができないのであれば、いっそ、社会なんて壊してしまったほうがいいと真剣に思った。私をそこに導いたのはマルクスでもレーニンでもトロツキーでも毛沢東でもない。世の中をブチ壊すことで、ダメな自分もようやく人と同じ地平に立つことができるのではないかという、一種の破壊願望だ。

だから、もしもそのとき――。私に差し出された手が在特会のような組織であったらと考えてみる。

よくわからない。よくわからないけれど、その手を握り返していた可能性を、私はけっして否定できない。意外とがっしり抱擁しちゃったりしたんじゃなかろうか、とも思ったりする。

青春なんて退屈だ。その鬱屈した気持ちがあればこそ、変革者は現れる。

若い頃、人見知りだった私は残念ながら、組織にも同志にもなじめなかった。破壊を熱望しながら、遠目で活動家を応援するヘタレでしかなかった。

だからなおさら、「連帯」がまぶしい。「団結」がうらやましい。

在特会の面々と向き合って取材しながら――正直に言うが――私はどこかで羨望を抱え

ていた。

みんな、しんどそうな人たちだった。どんなにカッコつけた物言いをしようとも、この社会で生きていくことが、本当につらそうな人ばかりだった。それだけは、よくわかる。だって、彼らは私の鏡のような連中なのだから。

一瞬の祭りでハネることだけに生きがいを見出す人々。それが在特会であり、そしてかつての私であった。在特会と向き合えば取材者ではなく、一人の「私」を意識せざるを得なかった。

京都市内の焼き肉店で、京都朝鮮第一初級学校のOBたちを取材したときのことだ。

そのうちの一人、金成奎《キムソンギュ》(36歳)がポツリと漏らした。

「でもね、本当に怖いのは、在特会じゃないような気もするんです」

すでに酒は相当に入っていた。「だから酔っ払いのたわごとだと思ってほしい」と彼は言った。私は「たわごと」のなかにこそ、人間の切実な思いを見る。

「在特会って、わかりやすいですよね。腹も立つし、悲しくもなるんやけど、あまりにわかりやすいだけに恐怖を感じることはないんです。僕が怖いのは、その在特会をネットとかで賞賛している、僕の目に映らない人たちなんです。いっぱい、おるんやろうなあと思

う と、正直、つらくてしかたないんですよ」

世論というものを、彼は彼なりに感じている。たとえば朝鮮学校の無償化問題。多くの人が拉致事件を持ち出して「無償化反対」の声をあげている。あるいはこれまで朝鮮学校に支給されてきた補助金が打ち切られると、その決断に世論はいっせいに喝采を送った。

「政治的な問題だけやったらいろいろな意見があってもいいと思うけど、根底ではやっぱり『これまで在日を甘やかしすぎた』とか、日本人は思ってるんじゃないでしょうか。在日って、僕らが考えている以上に、邪魔な存在なのかもしれへんなあと思わざるを得なくなるんです」

少し前、金は雰囲気の良い小ぢんまりとした居酒屋を京都市内で見つけた。家族的な感じが気に入って何度か通った。店主と気心が知れたと思ったときに、自分が在日朝鮮人であることを告げた。すると、それを境に店主はどこかよそよそしい態度を取るようになったという。

ある晩、酒に酔った店主が急に「君ら、日本に住まわせてあげてるんだから、もっと日本に感謝したほうがいいよ」と金に向かって言った。

「何も言えなかったですよ。店主は優しそうな人でしたし、けっして僕に敵対するような言い方だったわけでもない。ただね、考えてみれば、その主張は在特会とあまり変わらないでしょ。叩き出せとかゴキブリだとか、そんなことは絶対に口にしない優しい人ではあるんだけれど、僕は在特会よりも、この店主のほうが恐ろしかった。そんな主張が日常会話のなかで、さらりと出てくるところが、なんともやりきれんのです」

おそらく在特会はこうした人たちによって支えられている。いや、当人に支えている自覚がなくとも、在特会の側は、自分たちに無言の支持が集まっていることを知っている。たとえ在特会がどんなにグロテスクに見えたとしても、「社会の一部」であることは間違いない。彼らは世間一般の、ある一定の人々の本音を代弁し、増幅させ、さらなる憎悪を煽っているのだ。

在特会とは何者かと聞かれることが多い。そのたびに私は、こう答える。

あなたの隣人ですよ——。

人の良いオッチャンや、優しそうなオバハンや、礼儀正しい若者の心のなかに潜む小さな憎悪が、在特会をつくりあげ、そして育てている。街頭で叫んでいる連中は、その上澄みにすぎない。彼ら彼女らの足元には複雑に絡み合う憎悪の地下茎が広がっているのだ。

そこには「差別」の自覚もないと思う。引き受けるべき責任を、すこしばかり他者に転嫁しているだけだ。そうすれば楽だし、なによりも自分自身を正当化することができる。

私も、それが怖い。いや、私のなかに、その芽がないとも限らない。在特会について考えるとき、私がいつもヒリヒリと胸が焼けるような感覚を味わうのは、私のなかの「在特会的なるもの」が蠢《うごめ》いているからなのかもしれないと思ったりもするのだ。

本書は講談社のノンフィクション雑誌『G2』の第6号(2010年12月)、第7号(2011年4月)で2度にわたって掲載した「在特会の正体」を全面改稿し、大幅に加筆したものだ。

取材過程では多くの方々にご協力をいただいた。なかでも、ときに険悪な雰囲気となりながらも、辛抱強く取材に付き合ってくれた在特会およびその関係者、差別される側の心情を冷静に語ってくれた在日コリアンの若者たち、ナショナリズムやネットの問題に疎い私へ助言をくださったそれぞれの専門家には心から感謝したい。

在特会のみなさんからは罵声や怒声を浴びせられることも多かったが、それとて無視されるよりはマシだった。少なくとも私という存在を認めてくれたことになるのだから。なのに、自我をコントロールできず、私の側から発してしまった怒声は、どうか絶望的な求愛のようなものだとご理解いただきたい。あなた方に少しでも近づきたかっただけだ。

講談社学芸図書出版部の青木肇の適切なアドバイスには何度も助けられた。あの暑い夏の日、私たちは日の丸の波に囲まれながら、互いに顔を見合わせ、ため息を漏らし、そして途方にくれた。そこからすべてが始まった。目的地も到着時間もはっきりしない列車のなかで同じ風景を見続けた〝同志〟へ、あらためてお礼を申し上げたい。

文庫版　あとがき

結局、ネトウヨと呼ばれる人たちは何をしたいのでしょうか――。

単行本刊行から3年半が経過したいまも、私と同じくマスメディアに属する者たちから、こうした質問を受ける機会は多い。もちろん、できる限り誠実に答えたいとは思っている。

騒ぎたいだけ。目立ちたいだけ。仲間を見つけたいだけ。差別が娯楽になっている。歪んだ正義に酔っている。攻撃的になることで自我を支えている。不安や不満をぶちまけているだけ。

取材経験をもとに個別の事例を用いて、それなりの〝解説〟を試みても、しかし、膝をぽんと叩くような答えが私の口から飛び出てくるわけではない。当事者でもないのに、そもそも歩幅も速度もバラバラなネトウヨの〝目的地〟を明確化できるわけがないのだ。

すると少なくない記者は少しばかり不満げな表情を浮かべ、小さなため息を漏らし、こう言うのだ。

「まあ、いずれ淘汰されていくのでしょうけれどね」

私が取材を重ねてきた在特会に限定すれば、おそらくはそうだろう。そうであることを私も願っている。だが、在特会が存在感を失えば、それでよいのだとでもいうような物言いに、私もまた軽く舌打ちしたくなる気持ちにもなるのだ。

在特会が結成された直後、全国各地で〝差別デモ〟が繰り返されるようになったとき、メディアの多くはこれを無視した。

編集者も、知り合いの記者たちも「いつの時代にもバカなヤツはいるのだから」と取り合おうとはしなかった。そしてそのときもまた、お定まりの言葉が私に向けられた。

「淘汰されるから、いつかは」「そのうち消えてなくなるよ」

このような声を聞かされていく中で、情けないことに私もまた、彼らの側に傾いていった。消えてなくなるなら、それでいい。一時的な現象であるならば、継続して取材を続けても仕方ない。

だが「消えてなくなる」どころか、デモの隊列は増え続けた。「一部のヤツ」どころか、あらゆる層にシンパシーを広げていった。

後出しジャンケンであることを自覚しつつ、私はいま、はっきりとかつての仲間たちを、そして自分自身を批判することができる。私は、私たちは、肝心なものを見ていなかった。

在特会の姿は視界に捉えていたし、醜悪な言葉を耳奥に記録してもいた。

だが、見ていなかったこともある。

それは——被害者の姿だ。

差別する側の一挙手一投足に目を向け、怒ったり嘆いたりすることで、何かをわかったかのような気持ちになり、それでも「淘汰」を期待した。そうなることを信じた。しかし、〝差別デモ〟の通った後には必ず被害者が産み落とされるのだという事実に、さほどの関心を示してこなかった。

「いずれ消えてなくなる」と願望を語り合っているその間にも、被害者は増え続けた。「死ね、殺せ」といった罵声に眉をひそめても、いま、その場に、実際に「殺されるかもしれない」と脅えている者がいることに、想像を働かせることはなかったのだ。

要するに、かつての私は、私たちは、傍観者にすぎなかった。たとえば目の前で集団暴行がおこなわれていても、「ひどい」と口にしながら、しかし、暴行も長くは続かないだろうと身勝手な願望を抱えて、その場を離れてしまうようなものだった。殴られ続ける被害者を置き去りにして。

いま、確かに在特会はかつての勢いを失っている。デモの回数も、動員力も落ちている。だが、それは「淘汰」されたことになるのだろうか。

私は少しもそう思っていない。「淘汰」ではない。早い話、用済みになっただけのことだ。

在特会は差別のハードルを下げた。そして社会は無自覚にそれを飛び越え、憎悪の連鎖を広げている。もはや在特会など必要としない。つまりそれは、存在感を失くしつつある在特会に代わり、社会そのものが〝在特会化〟したということだろう。

■

私が単行本を執筆してからの3年半で何が変わったのか――。

もっとも大きな変化は「ヘイトスピーチ」なる言葉が一般化したことであろう。

2013年、「ヘイトスピーチ」はその年の新語・流行語大賞トップテンのひとつに選ばれた。憎悪と偏見を煽る「ヘイトスピーチ」が〝流行〟とされたことに苦々しい思いがないわけではなかったが、しかし、こうしたことによって世の中に認知されることも必要だと感じてはいる。

一方、いまだに「ヘイトスピーチ」を単なる不快語、罵倒語のことだと思いこんでいる向きも多い。

在特会のメンバーなどが差別デモに反対する人々へ向けて、「俺たちへのヘイトスピーチをやめろ!」と怒鳴り散らす光景は珍しいものではない。在特会を批判する私に対しても「安田のヘイトスピーチを許すな」といった批判は数多く寄せられる。講演先の会場周辺で「安田こそがヘイトスピーチを発している」といった内容のビラをまかれたこともある。

また、沖縄では「ヘイトスピーチ反対」をスローガンとして、辺野古新基地建設の〝推進運動〟を展開する地元ネトウヨまで現れた。

彼らは「チーム沖縄」を名乗り、辺野古新基地建設の現場に集団で出向いては「米軍、米兵に対するヘイトスピーチをやめろ！」と基地反対派を攻撃する。つまり、基地反対運動こそが「ヘイト」に基づいたものだという主張である。メンバーの一部は在特会とも関係が深く、那覇でおこなわれた私の講演にも顔を見せ、会場から不規則発言を連発した挙げ句、「オマエ（私のこと）こそヘイトそのものだ」と捨て台詞を吐いて出ていった。

「ヘイトスピーチ」とは、人種、国籍、民族、性などのマイノリティに対して向けられる差別的な攻撃を指す。言うまでもなく、抗弁不可能な属性への差別攻撃であり、しかもそれは社会的力関係を利用して発せられるものだ。

人種差別研究で知られるハワイ大学のマリ・マツダ教授は、ヘイトスピーチは「マイノリティに対して恐怖、過度の精神緊張、精神疾患、自死にまで至る精神的な症状と感情的な苦痛をもたらす」としたうえで、その定義を以下の三点にまとめている。

①人種的劣等性を主張するメッセージであること
②歴史的に抑圧されてきたグループに向けられたメッセージであること
③メッセージの内容が迫害的で、敵意を有し相手を格下げするものであること

つまり、絶対的に不平等な関係性のなかから生まれるのが「ヘイトスピーチ」なのだ。単なる不快語、罵倒語の類を「ヘイトスピーチ」としてしまえば、差別の本質が見えなくなる。それこそ子供の喧嘩や暴力団の抗争まで「ヘイトスピーチ」となってしまう。

だが、在特会はもちろんのこと、マスコミですらそれを理解しているとは言い難い。

たとえば以下に挙げる「産経新聞」のコラム記事こそが、その〝無理解〟の典型ではなかろうか。これは安保法案に反対する作家・大江健三郎を批判した記事だが、護憲集会における同氏のスピーチに対し、記者は次のように述べている。

〈「集団的自衛権の行使容認」イコール「戦争」と思い込んでいる人たちの言動が、荒れに荒れているのが気になります。

その代表が作家の大江健三郎さんです。彼は憲法記念日に横浜で開かれた「護憲集会」での演説で、安倍晋三首相批判に熱を入れるあまり、「安倍」と呼び捨てにしていました。

どんなに相手の考え方や性格が嫌いでも、一国の首相を呼び捨てで非難するのは、大江さんが大嫌いなはずの「ヘイトスピーチ」そのものです〉（2015年5月8日付）

思わず椅子から転げ落ちそうになった。いったい「一国の首相を呼び捨て」にする行為の、どこが「『ヘイトスピーチ』そのもの」なのか。安保法案に絡めて大江を批判することは産経の「立ち位置」として理解できたとしても、「呼び捨て」を「ヘイト」とするのは無理筋どころか無知に等しい。まるでわかっていない。

いや、リベラルだと思われている新聞でも同様の認識が示されることもある。

私が愕然としたのは「毎日新聞」（14年9月7日付）に掲載された社会面の四コマ漫画「アサッテ君」（東海林さだお作）だ。

その内容は、まず、アサッテ君の長男（小学生の夏男）が、友人に対して「バーカ！」と罵る場面から始まる。すると罵られた側の友人が「ア！　それいけないんだよ」と返す。

さらに「そういうのヘイトスピーチっていうんだよ」と続けると、夏男は「ソーナノ？」と愕然とした表情を見せる。そして最終コマでは両者が肩を叩きあいながら「なんだかやりづらくなってきたなあ」「おたがいにな」と苦笑するシーンで締められるのだ。

友人同士が「バカ」と罵りあうことは、日常的な風景でもあり、「ヘイトスピーチ」でもなんでもない。それ以上に不快であったのは、漫画から漂ってくる、ヘイトスピーチ批判への穏やかな「抵抗」である。「やりづらくなってきたなあ」という最終コマの一言は、明らかにヘイトスピーチ批判の〝窮屈さ〟を伝えている。「ヘイトスピーチ」が人間を傷つけ、その存在をも否定しているといった深刻さは、少しも感じとることができない。逆に、「ヘイトスピーチ」を批判する行為そのものが、いかにも「やりづらい」世の中をつくっているかのように揶揄している。この漫画を読んだ読者の一部は、一般的な罵倒表現をもヘイトスピーチだと受け止めるばかりか、被差別の側からヘイトスピーチを論じることすらをも「やりづらい」ことだと理解しかねないだろう。

「ヘイトスピーチ」なる言葉は、確かに一般化した。流行語にもなった。だが、その内実はまだまだ社会全体に正確に伝わっていない。

■

さて、もうひとつの変化は、本書の主役とも言うべき在特会の衰退である。

単行本『ネットと愛国』が2012年に刊行されて以降、しばらくの間、在特会の活動はより過激に、活発に、推移していた。在日コリアン集住地域である鶴橋（大阪市）、新大久保（東京都新宿区）でのデモを繰り返し、大きな社会問題として国内外のマスコミも注目した。

しかしいま、在特会にかつての勢いはない。同会や関係団体により、いまでも全国各地でデモや街頭宣伝は繰り返されているが、動員力はガタ落ちしている。100人規模のデモが当たり前だった13年頃と比較すると、現在は平均してもその半分にも満たないだろう。地方都市などでは5人、10人といった小規模デモも珍しくない。

理由の一つとして真っ先に考えられるのは、いわゆる「カウンター」の盛り上がりだろう。13年初頭から「アンチレイシズム」を掲げる人々が、こぞって街頭で在特会と対峙するようになった。党派や組合などが主導する運動ではなく、それぞれの政治的立ち位置を超え集まった人々が、「差別反対」のワンイシューで在特会を取り囲んだ。

「カウンター」のなかには右翼も左翼もアナーキストもいた。いや、そのどれにも当てはまらない人が大勢いた。学生が、主婦が、会社員が、ミュージシャンが、街のゴロツキが、とにかく差別デモをやめさせたい一心で、在特会に攻勢を仕掛けたのである。

カウンターの先駆けとして「レイシストをしばき隊」（現在はC.R.A.C.と改称）なるグループを組織したフリー編集者の野間易通《やすみち》は、私との対談でこう答えている。

「あえてコワモテで人相の悪い者を集めて、新大久保の要所要所を見張った。デモを終えて商店街にイタズラしにくる在特会を迎え撃つためです」

そして実際に、在特会を撃退した。野間は在特会を追い払ったその日、ツイッターに「文字通りの〝NO PASARAN!〟（やつらを通すな）完遂」と書き込んだ。

「あのころ（13年2月）からパラダイムシフトが起きた。あいつらの行動は止められる、状況を変えられるかもしれないという気持ちが、ネットの内外で広がっていったんですね」

「しばき隊」に続けとばかりに、さらにコワモテの「男組」、女性だけの「女組」、プラカードを掲げて差別デモに抗議する「プラカ隊」など、さまざまなグループが生まれた。もちろん、そうしたグループとは無関係に、抗議のために足を運ぶ人々も一気に増えた。

「差別をやめろ！」

「レイシストは帰れ！」

デモ隊に向けて沿道に集まったカウンター勢が一斉に罵声を飛ばす光景は、いまやおなじみである。衝突や小競り合いも頻発した。これが面倒で（おそらくは怖くて）、差別デモから抜けた者は少なくない。

さらに「カウンター」の側は、あらゆるイベントや集会で、差別の実態を告発した。これによって「ヘイトスピーチ問題」は、世間にも大きく知られるようになる。それをマスコミが報じることで社会的関心も高まった。いうなれば在特会に対する社会的圧力が高まったことにもなる。

■

こうした社会の包囲網が広がることにより、「ヘイトスピーチ規制」を求める声も広がりを見せている。たとえば、「ヘイトスピーチ対策」を求める意見書を採択した自治体は、いまや全国で200を超えた。先駆けとなったのは国立市《くにたち》（東京都）である。

同市議会は2014年9月19日、社会的マイノリティへの差別を禁止する新たな法整備を求める意見書を賛成多数で採択し、衆議院議長、参議院議長、内閣総理大臣、法務大臣宛てに「ヘイトスピーチ規制」を求める意見書を提出した。

提案者のひとりである上村和子市議は、私の取材に対して次のように答えた。

「マイノリティが安心して暮らせるような社会を作ることも行政の大事な役割。その使命を放棄したくなかった」

上村はニュースや新聞記事でヘイトスピーチの現状を知り、それがきっかけで差別問題に関する学習会などに足を運んだ。そこで京都朝鮮学校襲撃事件の映像や差別デモの様子を写した動画を目にした。

「一部の人間による、特別な事件なのだと考えることができなかった。これは社会の問題であり、また地域の問題だと思ったんです」

素案をつくり、自民党から共産党まで、すべての同僚議員を説得してまわった。反対する者はいなかった。「みんな、わかってくれるんだ」と安心した。だが採択が決まり、それが報道されると、今度は非難の声が上村に寄せられたのだった。

「なぜ在日のためにそんなことをするのか！」

「ヘイトスピーチを規制する必要なんてない！」

「在日は嫌われて当然なんだよ！」

　上村の自宅に抗議電話が相次いだ。市役所にも決議を非難する声が電話やメールで届けられた。上村はすさまじい抗議の嵐に一瞬たじろいだというが、それでも筋は曲げていない。

「被差別の当事者であれば、もっと激しい罵倒もされるのだろうと思うと、落ち込むわけにいかなかったんです。ますます当事者の思いが理解できるようになりました」

　結果、国立市の動きは全国に知られるようになり、ヘイトスピーチ対策を求める自治体決議が全国に広まっていくことになる。

　15年夏の通常国会でもヘイトスピーチへの懸念から、包括的な差別禁止法案が野党から提出された。自民党の一部から強い反対があったため、現在も継続審議のままだが、「ヘイトスピーチの危険性」が国会内で議論されたことは前進だ。

　また、14年夏に開催された国連人種差別撤廃委員会において、日本に対し「ヘイトスピーチ」規制の法整備を求める「総括所見」が発表された意味も大きい。

「総括所見」は次のように述べ、毅然たる措置をとるよう日本政府に勧告を行った。

〈外国人やマイノリティ、とりわけコリアンに対する人種主義的デモや集会を組織する右翼運動もしくは右翼集団による切迫した暴力への煽動を含むヘイト・スピーチのまん延の報告について懸念を表明する。委員会はまた、公人や政治家によるヘイト・スピーチや憎悪の煽動となる発言の報告を懸念する。委員会はさらに、集会の場やインターネットを含むメディアにおけるヘイト・スピーチの広がりと人種主義的暴力や憎悪の煽動に懸念を表明する。また、委員会は、そのような行為が締約国によって必ずしも適切に捜査や起訴されていないことを懸念する〉

実際、先進各国のなかにあって、人種差別に対する法的規制が存在しないのは日本くらいのものだろう。ヨーロッパではヘイトスピーチに対して刑事罰を設けている国がほとんどだ。米国ではヘイトスピーチに関しては日本同様「表現の自由」を理由に法的規制はないものの、公民権法やヘイトクライム判決強化法などにより、ヘイトクライム犯に対して通常の犯罪の刑罰より反則レベルを3段階厳しくし重い刑を適用するよう法整備がされている。

私もジュネーブで行われた国連人種差別撤廃委員会の日本審査を傍聴したが、各国委員がそろって「法整備」を求めるなか、「わが国には法整備を必要とするような深刻な差別はない」「表現の自由を守らなければならない」と頑強に〝抵抗〟し続ける日本政府代表団の〝孤立〟ぶりが印象に残っている。

■

いずれにせよ、こうした国内外の圧力が在特会の衰退を促したことは間違いない。

朝鮮学校への補助金を打ち切り、「差別的」と批判されることの多い、あの橋下徹大阪市長でさえ、2014年10月20日に行われた桜井誠・在特会会長（当時）との会談では、「差別主義者！」と桜井を罵った。この会談は、まさに罵倒の応酬に終始したが、在特会の醜悪さがテレビを通じて全国に知れ渡ったという点で、画期的だったとも言える。

ちなみにその2ヵ月後、桜井は突然に在特会会長の座を降りた。

同会の設立以来、8年にわたって会長を務めてきた桜井の「引退表明」は様々な憶測を生んだ。桜井自身は「組織のトップが替わらないと新陳代謝ができない」ことを引退の理由としたが、会員のなかでもそれを額面通りに受け止める者は少ない。

「政界進出を目指している」

「金をめぐるトラブルで会員の反発を呼んだ」

「彼女ができたらしい」

そんな噂話をわざわざ私に吹き込んでくる会員も一人や二人ではなかった。

西日本在住の支部幹部は「伝え聞いた話だが」と前置きしたうえで次のように話した。

「要するにヘイトスピーチ批判をはじめとする社会的圧力への対応だと聞いています。橋下会談などで確かに『桜井誠』の知名度は上がりましたが、同時にヘイトスピーチの代名詞のように会が世間から認識されてしまっているのが現状です。イケイケ路線を突っ走っているように見えるかもしれませんが、実は昨今の露骨なヘイトスピーチが嫌で活動から離れる会員も後を絶たない。世間からの批判を恐れて機能停止状態にある地方支部も少なくありません。桜井さん自身もそうした状況に危機感を持っているのですから、本来ならば自分で軌道修正を図ればよいのですが、それでは会を支えてきた強硬派の会員が納得しない。そこで新しい顔を立てることによって、世間のイメージを変えていきたいといった思惑があるようです」

もちろん、在特会から桜井が抜けたくらいでイメージを一新できたわけがない。動員力が落ちたとはいえ、いまなお在特会は醜悪なデモを繰り返しているし、当然ながら「ヘイトスピーチ」が消えたわけでもない。

だが、組織としての在特会が、もはやかつてのような求心力を失ったことだけは確実だ。

■

一方、在特会が凋落傾向にあるとはいえ、日本社会の一部に巣くう〝在特会的〟な気分は、むしろ広まりつつある。

私が今、危機感を持っているのはそうした「空気」に対してである。

２０１５年２月、川崎市（神奈川県）で起きたリンチ殺人事件。13歳の少年は年上の少年グループからリンチを受け、無残にも殺された。許しがたい凶行である。

だが、この事件もまた、「外国人排斥」を訴えるグループからは最大限に〝利用〟された。

３月14日、この事件を糾弾するデモ（参加者約50名）が川崎市内でおこなわれた。事件の主犯少年の母親が外国人であり、父親もまた外国人の家系であったことから、当初からネット上では「外国人叩き」の文言が飛び交っていた。待ってましたとばかりに差別主義者たちが街頭で跳ねまくることになったのだ。

デモの前段集会で、主催者の男は声を張り上げた。

「今回は上村遼太君の弔い合戦です！」

事件で犠牲となった少年の名前を出した。そして参加者が「そうだあ！」と唱和する。

続けてマイクを持った女性が大声で叫んだ。

「日本人が犠牲になることなど許されない。日本では外国人による殺人やレイプがどんどん増えているのにマスコミも警察もはっきりと発表しない！」

そして彼ら彼女らは「気持悪い川崎国」などと記されたプラカードを手にして、「大切なご子息が反日に狙われています！」とシュプレヒコールを繰り返しながら練り歩いたのであった。

デモ終了後、私は主催者の中年男性に声をかけた。

——今日のデモ。あれはいったい何を訴えたかったんですか？

「そんなこと自分で考えろ！」

男の怒声が響き渡る。デモを終えたばかりで、まだ興奮状態にあるのかもしれない。私はもう一度同じ質問を重ねた。

——何を訴えたかったんですか？

「答える必要があるのか！」

——そう思いますよ。あなたはデモの主催者なのですから、説明する義務はあるでしょう。そして私には聞く権利があります。

「うるせえ、風俗ライターの分際で！　つきまといはやめろ！」

こうした罵倒の応酬には、私も慣れてしまった。だが、事件が起きた地域でデモをしながら、地域を貶めるような文言しか飛び出さないことが許せなかった。それでも、こうしたわかりやすい「敵」を発見しては、食いついて回る暗い情念が、各所で暴発している。

水俣市（熊本県）に住む緒方正実（当時56歳）の自宅に、見知らぬ男の声で電話があったのは14年5月1日夜のことだ。不在の緒方に代わって、妻が電話を受けた。

「そんなにカネがほしいのか」――。

　男はさらにこう続けた。

「テレビのニュースに出ていたのは、あんたのダンナか。いつまで騒いでいるのか。そんなことだから国がおかしくなる」

　男はそれだけ言うと、名前も告げることなく電話を切った。

　緒方は水俣病認定患者であり、現在は地元の水俣病資料館で「語り部」を務めている。その日の昼、緒方は地元テレビ局のインタビューに応じ、「多くの被害者を出した水俣病の記憶を消してはいけない。これからも発信していきたい」と訴えた。

　男はその模様を報じたニュースを見たうえで電話してきたのだろう。以降、約1ヵ月にわたって数十本の無言電話が続いた。電話は深夜や明け方に集中したという。

　深いため息を漏らしながら、緒方は話した。

「水俣病に対する差別と偏見があるからでしょう。電話の主からすれば、公害病認定患者というのは『国を騒がす』迷惑な存在であり、さらには何らかの特権を持っているとでも思っているのでしょうか」

　水俣病認定を「特権」だとする物言いは、ネットの中でも見ることができる。権利回復や権利獲得のために動くと、とたんに非難の波が押し寄せる。それだけで「敵」と認定される。吊るされて叩かれる。それがいまの日本社会を覆う「空気」だ。それでも緒方は「電話の主を恨んではいない」と私に告げた。

「その男に憎悪することを仕向けたのは誰なのか。誰が憎悪を教え込んだのか。はっきりしているじゃないですか」

そう言って緒方は力なく笑った。生まれながらの差別主義者など存在しない。差別と偏見と憎悪を〝仕込む〟のもまた、我々が住む国であり、社会だ。

生活保護受給者へのバッシングはいまも続くが、それを煽ったのは政治家であり、メディアだった。煽られた者たちは日の丸を打ち振りながら「国に迷惑をかけるな」と絶叫した。

広島では原爆の被爆者に対して「被爆者特権を許すな」と主張する者たちのデモがあった。その広島では14年夏、大雨による水害が発生した。その際、「被災地に外国人の窃盗団が押し寄せている」とのデマが飛び交い、実際に有志による自警団設立の動きがあった。

福島では原発事故によって住む場所を奪われた人々を「プロ避難民」と蔑む街頭宣伝がおこなわれた。参加者らは「国に甘えるな」と被災者を糾弾した。

憎悪し、差別する側の主体は、必ずしも在特会やそのシンパとは限らない。

ネット上で〈韓国人とは宇宙人だと思って付き合え〉〈韓国人は整形をしなければ見られた顔ではない〉〈共産支那はゴキブリと蛆虫、朝鮮半島はシラミとダニ。慰安婦だらけの国〉などと書き込んでいる者がいた。調べてみたら世界遺産にも指定される神社の宮司だった。

私は奈良県吉野にあるその神社を訪ねた。

なぜ、そうした書き込みをするのかと問うと、宮司は激怒した。

「私の書き込みをヘイトスピーチだというのか！　そんなことを書いたら許さない！」

それでも言葉を交わすなかで、冷静さを取り戻した宮司は次のように答えた。

「ヘイトスピーチを肯定しているわけじゃない。在特会だって好きじゃない。しかし、日本を貶めているものには怒りを感じているだけなんです」

憎悪でも偏見でもなく、理由がはっきりした怒りなのだと、宮司は何度も繰り返した。

おそらく、差別する側の平均的な心情ではないかと私は思うのだ。

だが、「理由」を以《もっ》て差別が肯定されるのであれば、世界中のあらゆる差別が許されてしまう。問題は差別する者と、煽る者のなかにこそ存在する。

ちなみにこの宮司、13年3月に自らの思いをエッセーとしてまとめた本を自費出版していた。帯には「戦後失われた『日本人の誇り』をテーマとして、自分の国は自分達が守らなければならないという強い意思を感じます」と推薦の言葉が記されている。
言葉の主は——安倍晋三首相であった。
差別する側を追いかけていくと、その先に見えるのは、いつだって為政者の姿である。
差別的心情は上と下で呼応しながら、排他の気分をつくりだす。
そんな社会を私たちは生きている。
差別と闘うのか、差別に飲み込まれるのか。社会の力量が試されている。

安田浩一

解説　それでも希望はある

鴻上尚史

発売当初、僕はこの本をむさぼるように読みました。その衝撃は今でもはっきりと覚えています。

とにかく、「在特会」というものを理解したいと思ったからです。

人間が人間に対して「ゴキブリ!」と叫べる心性とはなんなのか。

京都朝鮮第一初級学校の門前で叫ばれた「約束というのは人間同士がするものなんですよ。人間と朝鮮人では約束が成立しません!」という言葉を生む精神とは何か?

どこまで本気で「殺す!」と言い、「朝鮮人大虐殺」と思っているのか。

読み終えた後、僕は抱えきれない思いで、『イントレランスの祭』という一本の戯曲を書き、上演しました。著者の安田浩一さんも見に来てくれました。一冊の本を読んだことで、ひとつの芝居が生まれる、というのは僕にとってはとても珍しいことでした。いつもは、複数の本、複数の事件に刺激されるのですが。それぐらい、『ネットと愛国』は、僕には衝撃だったのです。

上演した芝居は、宇宙から日本に住み着いた25万人ほどの宇宙人の物語だったのですが、その作品を書き、演出しながら、僕はずっと「どうして、人間はこんなことをするのだろう?」と考え続けていました。

この本はいくつかの意味で希望の本です。ここまで、悲しく胸つぶれる現実を描きながら、それでも希望です。

ひとつは、ジャーナリスト安田浩一さんのフットワークとエネルギーです。

安田さんは、面と向かって怒鳴られ、小突かれ、憎しみの目を向けられながら、それでも、現場に突入します。逃げようとする桜井誠会長に対する「桜井さん、少しでいいから話をしましょうよ。一緒にメシでも食いませんか」という言葉に僕は唸ってしまいました。強制的に追い出され、インタビューでは悪態をつかれ、もうお前とは話さないと言われている相手に、「メシを食おう」と言える安田さんのタフさに圧倒されたのです。

この本で安田さんは、膨大な人数に会い、様々な話を引き出しています。こういうジャーナリストがいる限り、この国のメディアは大丈夫だと思います。

これはいわゆる「調査報道」に分類されるものです(安田さんはそうじゃなくて、ルポルタージュだと言うかもしれませんが)。報道と言えば記者クラブに所属しているマスコミが、警察の言葉をそのまま伝える「発表報道」になっている現在、「スクープ」と言えば、他者に先駆けて警察発表を「ぬく」ことだと思われている現在、「自分の足で調査し、そしてそれを伝えるのがジャーナリストの当然の仕事だ」という大切な例です。これこそが、希望です。

二つ目の希望は、この本によって「在日特権は幻である」ということが明確になったことです。在特会が、「ゴキブリ！」と叫べる根拠としていたものがじつは存在しない、彼らは、在日特権があるから韓国・朝鮮人が嫌いなのではなく、ただ嫌いだから嫌いなんだという、なんの論理も根拠もないんだ、ということを明確にしたのです。

僕は、別の芝居で「日本人が一番嫌っているアジアの国の人」を登場人物にしたことがありました。その時のアンケートに「お前は、チョンコの肩を持つのか？　戦後、朝鮮進駐軍が何をしたのか知らないのか！」という怒ったようななぐり書きの文字がありました。

その時は「朝鮮進駐軍」という言葉を僕は知らなかったので、ただ戸惑っただけでした。なにかあるとこの言葉を持ち出していた（であろう）アンケートを書いた人も、この本が出版されてからは、簡単に言えなくなっただろうと思います。

桜井誠氏は8年間、会長を務めたあと、２０１４年、会長を辞めました。形としては、組織の新陳代謝のための禅譲のようでしたが、僕は、この「在日特権は幻である」という、本書の指摘が彼を追い詰めたのではないかと思っています。

意見が違う時に、ただ罵り合うのではなく、論理的な事実をひとつひとつ積み重ねていくことが大切だと教えてくれる——これも希望です。

ただし、桜井氏は、会長退任の挨拶文で「もはや嫌韓は国民のスタンダードな感情になったのです。未だに韓国に親近感を抱いている人なんて、よほどの馬鹿か『情弱』にも程がある人だけでしょう」と書いていますから、「在日特権」は否定されても、「嫌韓」が、会の存在意義だと考えているようです。

三つ目の希望は、あなたがこの本を手に取ったことです。あなたは、「ようし、俺は『在特会』だが、この本の矛盾を見つけて、安田を攻撃してやろう」と思ったわけではないと思います。あなたは、ただ僕と同じように「いったい、『在特会』とはなんなんだ?」という気持ちでこの本を手に取ったはずです。相手を理解したい。レッテルを貼るのではなく、面罵するのではなく、相手を知りたい——それは希望です。

ネット時代になり、人は「自分の見たいものしか見ない」まま、生きていくことが可能になりました。新聞やテレビのように、あらゆる情報が並列的に一気に飛び込んでくるのではなく、ネットでは安心して自分の世界だけに生きられるのです。だからこそ、「相手を知りたい」と思うのは希望なのです。

「しかし90年代からパソコンや携帯の普及によって、ネット空間の大衆化が顕著になった」という文章の後に紹介されているフリーライター渋井哲也氏の言葉は重大です。

「そのとき、主にアカデミズムの人々は、ネットは議論に向かないメディアだと逃げ出してしまったんです。気持ちはわかりますけどね。学者は罵声と対峙することは苦痛でしょうから。多くの左派やリベラルも、正しいことは声高に訴えなくても必ず世間に浸透するものだという素朴な正義感を持ち出して、ネット言論に関わることを敬遠しました。ネットを甘く見ていたというか、軽んじていたのでしょう」

それは間違いだったと、今、はっきりと分かります。ネットはリアルと同じぐらいちゃんと向き合わなければいけない世界なのです。安田さんは、ネットが何を生み、リアルとどうつながろうとしているかを克明に描きます。それはつまり、未来がどうなるかを描く、ということなのです。

僕は安田さんのツイッターをフォローしています。時折、炎上しながら、安田さんはさまざまな書き込みと戦っています。そのたびに、僕は、現実と戦う勇気をもらうのです。もちろん、それも希望なのです。

（作家・演出家）

●本書は、二〇一二年四月に小社より単行本として刊行されました。文庫化にあたり、一部を加筆・修正のうえ、改題しました。

安田浩一－1964年静岡県生まれ。「週刊宝石」「サンデー毎日」記者を経て2001年よりフリーに。事件、労働問題などを中心に取材・執筆活動を続ける。2012年『ネットと愛国 在特会の「闇」を追いかけて』（講談社）で第34回講談社ノンフィクション賞受賞。2015年には「ルポ 外国人『隷属』労働者」（「G２」〔講談社〕掲載）で第46回大宅壮一ノンフィクション賞（雑誌部門）を受賞した。著書に『ルポ　差別と貧困の外国人労働者』（光文社）『ヘイトスピーチ　「愛国者」たちの憎悪と暴力』（文藝春秋）『ネット私刑』（扶桑社）ほか。

講談社＋α文庫 ネットと愛国《あいこく》

安《やす》田《だ》浩一《こういち》

2015年11月19日第１刷発行
2022年２月18日第３刷発行

発行者――――鈴木章一
発行所――――株式会社 講談社
東京都文京区音羽2-12-21 〒112-8001
電話 編集(03)5395-3522
販売(03)5395-4415
業務(03)5395-3615

デザイン――――鈴木成一デザイン室
本文データ制作――講談社デジタル製作
カバー印刷――――凸版印刷株式会社
印刷――――――豊国印刷株式会社
製本――――――株式会社国宝社

KODANSHA

落丁本･乱丁本は購入書店名を明記のうえ､小社業務あてにお送りください｡
送料は小社負担にてお取り替えします｡
なお､この本の内容についてのお問い合わせは
第一事業局企画部「＋α文庫」あてにお願いいたします。
Printed in Japan ISBN978-4-06-281632-8
定価はカバーに表示してあります。

講談社＋α文庫 Ⓖビジネス・ノンフィクション

今起きていることの本当の意味がわかる 戦後日本史	福井紳一	歴史を見ることは現在を見ることだ！ 伝説の駿台予備学校講義「戦後日本史」を再現！	920円	G 257-1
しんがり 山一證券 最後の12人	清武英利	'97年、山一證券の破綻時に最後まで闘った社員たちの物語。講談社ノンフィクション賞受賞作	900円	G 258-1
日本をダメにしたB層の研究	適菜収	いつから日本はこんなにダメになったのか？——「騙され続けるB層」の解体新書	630円	G 259-1
Steve Jobs スティーブ・ジョブズ I	ウォルター・アイザックソン	あの公式伝記が文庫版に。第1巻は幼少期、アップル創設と追放、ピクサーでの日々を描く	850円	G 260-1
Steve Jobs スティーブ・ジョブズ II	ウォルター・アイザックソン	アップルの復活、iPhoneやiPadの誕生、最期の日々を描いた終章も新たに収録	850円	G 260-2
ソトニ 警視庁公安部外事二課 シリーズ1 背乗《はいの》り	竹内明	狡猾な中国工作員と迎え撃つ公安捜査チームの死闘。国際諜報戦の全貌を描くミステリ	800円	G 261-1
モチベーション3.0 持続する「やる気！《ドライブ！》」をいかに引き出すか	ダニエル・ピンク 大前研一 訳	人生を高める新発想は、自発的な動機づけ！ 組織を、人を動かす新感覚ビジネス理論	820円	G 263-1
ネットと愛国	安田浩一	現代が生んだレイシスト集団の実態に迫る。反ヘイト運動が隆盛する契機となった名作	900円	G 264-1
アメリカは日本経済の復活を知っている	浜田宏一	ノーベル賞に最も近い経済学の巨人が辿り着いた真理！ 20万部のベストセラーが文庫に	720円	G 267-1
警視庁捜査二課	萩生田勝	権力のあるところ利権あり——。その利権に群がるカネを追った男の「勇気の捜査人生」！	700円	G 268-1

＊印は書き下ろし・オリジナル作品

表示価格はすべて本体価格（税別）です。本体価格は変更することがあります

講談社+α文庫 Ⓖビジネス・ノンフィクション

早稲田ラグビー 黄金時代2001-2009 主将列伝　林 健太郎
清宮・中竹両監督の栄光の時代を、歴代キャプテンの目線から解き明かす。蘇る伝説!!　838円 G 238-1

できる人はなぜ「情報」を捨てるのか　奥野宣之
50万部大ヒット『情報は1冊のノートにまとめなさい』シリーズの著者が説く取捨選択の極意!　686円 G 240-1

憂鬱でなければ、仕事じゃない　見城 徹　藤田 晋
日本中の働く人必読!「憂鬱」を「希望」に変える福音の書　648円 G 241-1

絶望しきって死ぬために、今を熱狂して生きろ　見城 徹　藤田 晋
熱狂だけが成功を生む! 二人のカリスマの生き方そのものが投影された珠玉の言葉　648円 G 241-2

新装版「エンタメの夜明け」ディズニーランドが日本に来た日　馬場康夫
東京ディズニーランドはいかに誕生したか。したたかでウイットに富んだビジネスマンの物語　700円 G 242-2

箱根駅伝 勝利の方程式 7人の監督が語るドラマの裏側　生島 淳
勝敗を決めるのは監督次第。選手の育て方、10人を選ぶ方法、作戦の立て方とは?　700円 G 243-1

箱根駅伝 勝利の名言 監督と選手34人、50の言葉　生島 淳
テレビの裏側にある走りを通しての人生。「箱根だけはごまかしが利かない」大八木監督(駒大)　720円 G 243-2

うまくいく人はいつも交渉上手　齋藤 孝　射手矢好雄
ビジネスでも日常生活でも役立つ! 相手も自分も満足する結果が得られる一流の「交渉術」　690円 G 244-1

ビジネスマナーの「なんで?」がわかる本 新社会人の常識 50問50答　山田千穂子
挨拶の仕方、言葉遣い、名刺交換、電話応対、上司との接し方など、マナーの疑問にズバリ回答!　580円 G 245-1

「結果を出す人」のほめ方の極意　谷口祥子
部下が伸びる、上司に信頼される、取引先に気に入られる! 成功の秘訣はほめ方にあり!　670円 G 246-1

＊印は書き下ろし・オリジナル作品

表示価格はすべて本体価格(税別)です。本体価格は変更することがあります

講談社+α文庫 Ⓖビジネス・ノンフィクション

エンデの遺言 根源からお金を問うこと	河邑厚徳＋グループ現代	ベストセラー『モモ』を生んだ作家が問う。「暴走するお金」から自由になる仕組みとは	850円	G 223-1
本がどんどん読める本 記憶が脳に定着する速習法！	園　善博	「読字障害」を克服しながら著者が編み出した、記憶がきっちり脳に定着する読書法	600円	G 224-1
情報への作法	日垣　隆	徹底した現場密着主義が生みだした、永遠に読み継がれるべき25本のルポルタージュ集	952円	G 225-1
ネタになる「統計データ」	松尾貴史	ふだんはあまり気にしないような統計情報。松尾貴史が、縦横無尽に統計データを「怪析」	571円	G 226-1
原子力神話からの解放 日本を滅ぼす九つの呪縛	高木仁三郎	原子力という「パンドラの箱」を開けた人類に明日は来るのか。人類が選ぶべき道とは？	762円	G 227-1
大きな成功をつくる超具体的「88」の習慣	小宮一慶	将来の大きな目標達成のために、今日からできる目標設定の方法と、簡単な日常習慣を紹介	562円	G 228-1
「仁義なき戦い」悪の金言	平成仁義ビジネス研究所 編	名作『仁義なき戦い』五部作から、無秩序の中を生き抜く「悪」の知恵を学ぶ！	724円	G 229-1
エネルギー危機からの脱出	枝廣淳子	目指せ「幸せ最大、エネルギー最小社会」。データと成功事例に探る「未来ある日本」の姿	714円	G 230-1
世界と日本の絶対支配者ルシフェリアン	ベンジャミン・フルフォード	著者初めての文庫化。ユダヤでもフリーメーソンでもない闇の勢力…次の狙いは日本だ！	695円	G 232-1
「3年で辞めさせない！」採用	樋口弘和	膨大な費用損失を生む「離職率が入社3年で3割」の若者たちを、戦力化するノウハウ	600円	G 233-1

＊印は書き下ろし・オリジナル作品

表示価格はすべて本体価格(税別)です。本体価格は変更することがあります

講談社+α文庫 Ⓖビジネス・ノンフィクション

古代史謎めぐりの旅 神話から建国へ
関 裕二
古代への扉が開く！ 出雲の国譲り、邪馬台国、縄文、ヤマト建国のドラマを体験する旅へ
920円 G 211-8

古代史謎めぐりの旅 ヤマトから平安へ
関 裕二
古代を感じる旅はいかが？ ヤマトを感じる奈良、瀬戸内海、伊勢、東国、京都、大阪を楽しむ
920円 G 211-9

東大寺の暗号
関 裕二
「お水取り」とは何なのか？ ヒントを握るといわれる早良親王を、古代案内人・関裕二が語る
750円 G 211-10

「与える」より「引き出す」！ ユダヤ式「天才」教育のレシピ
アンドリュー・J・サター ユキコ・サター
アメリカのユダヤ人生徒は全員がトップクラスか天才肌。そんな子に育てる7つの秘訣
670円 G 212-1

同和と銀行 三菱東京UFJ〝汚れ役〟の黒い回顧録
森 功
超弩級ノンフィクション！ 初めて明かされる「同和のドン」とメガバンクの「蜜月」
820円 G 213-1

許永中 日本の闇を背負い続けた男
森 功
日本で最も恐れられ愛された男の悲劇。出版社に忌避され続けた原稿が語る驚愕のバブル史！
960円 G 213-2

大阪府警暴力団担当刑事 捜査秘録を開封する
森 功
吉本興業、山口組……底知れない関西地下社会のドス黒い闇の沼に敢然と踏み込む傑作ルポ
781円 G 213-3

60歳からの「熟年起業」
津田倫男
定年こそが「起業」のチャンス！ 豊富な成功例、失敗例と共に独立ノウハウを伝授する
657円 G 214-1

＊クイズで入門 戦国の武将と女たち
かみゆ歴史編集部
乱世が生んだ「難問」「奇問」。教科書には載っていない戦国男女の、面白エピソード
657円 G 215-1

時代考証家に学ぶ時代劇の裏側
山田順子
時代劇を面白く観るための歴史の基礎知識、知って楽しいうんちく、制作の裏話が満載
686円 G 216-1

＊印は書き下ろし・オリジナル作品

表示価格はすべて本体価格（税別）です。本体価格は変更することがあります

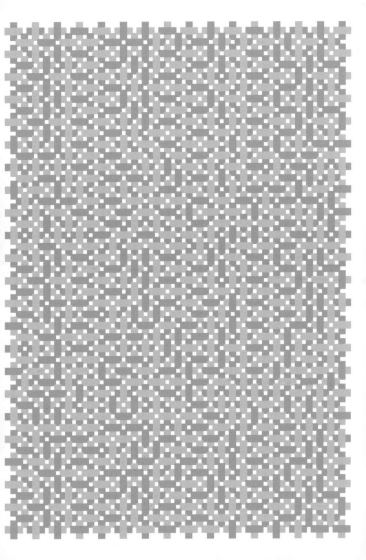